V

LE

PEINTRE-GRAVEUR

PAR

J. D. PASSAVANT.

4120

LE

PEINTRE-GRAVEUR

PAR

J. D. PASSAVANT.

CONTENANT

L'HISTOIRE DE LA GRAVURE SUR BOIS, SUR MÉTAL ET AU BURIN
JUSQUE VERS LA FIN DU XVI. SIÈCLE.

L'HISTOIRE DU NIELLE AVEC COMPLÉMENT DE LA PARTIE
DESCRIPTIVE DE L'ESSAI SUR LES NIELLES
DE **DUCHESNE AÎNÉ**.

ET

UN CATALOGUE SUPPLÉMENTAIRE AUX ESTAMPES DU XV. ET XVI.
SIÈCLE DU PEINTRE-GRAVEUR
DE **ADAM BARTSCH**.

TOME CINQUIÈME.

LEIPSIC,

RUDOLPH WEIGEL.

1864.

CONTENU DU TOME CINQUIÈME.

VIII.

Gravures Italiennes.

Graveurs de Milan etc.

Ecole de Bologne.

LES

MAÎTRES ITALIENS

DU XVᵉ. ET XVIᵉ. SIÈCLE.

SUPPLEMENT

AU

PEINTRE-GRAVEUR DE ADAM BARTSCH.

VOL. XII–XVI.

————————

VIII.

GRAVURES ITALIENNES.

Additions au Catalogue de Bartsch. Vols. XII. à XVI.

Avant-propos.

Nous avons déjà, dans notre introduction sur l'origine et le progrès de la gravure en taille douce, donné un aperçu historique de cet art en Italie pendant le XV. et le XVI. Siècle, en faisant également mention des gravures sur bois et sur métal exécutées par des maîtres de ce pays. Nous ne pouvons que renvoyer à ce que nous avons déjà dit à ce sujet.

Dans la disposition générale des notices qui vont suivre, nous nous en sommes tenus au plan indiqué dans la partie historique de notre ouvrage, en rangeant les anciennes gravures italiennes, autant qu'il nous a été donné de le faire, par ordre chronologique et par écoles. La première partie contiendra l'oeuvre des maîtres italiens dans l'origine et le premier développement de la gravure sur cuivre, c'est-à-dire pendant le XV. Siècle et le commencement du XVI. Nous commençons d'abord par les Florentins qui ont, les premiers, exercé l'art de la gravure en Italie, pour passer à Mantegna, à ses élèves et à ses imitateurs. Nous faisons suivre les Vénitiens et les maîtres de l'école lombarde, pour en venir aux anciens graveurs bolonais, dont le Francia peut être considéré comme le chef.

De là, par une transition naturelle, nous passons à Marc-Antoine et à l'école romaine fondée par lui en y rattachant la série nombreuse de maîtres qui se sont formés à l'école du graveur bolonais ou qui ont adopté sa manière. C'est alors que l'art de graver en Italie atteignit son apogée, à Rome surtout, où, s'aidant des dessins de Raphaël, cet art acquit un éclat impérissable.

1*

La troisième période de l'art de la gravure en Italie commence avec les maîtres de l'école de Mantoue qui se sont formés sous Jules Romain. A cette division se rattachent les oeuvres de plusieurs artistes de la haute Italie, celles du Parmésan, de Martin Rota, etc. Nous y ajoutons également les gravures de l'école de Fontainebleau, en terminant la période par la description des gravures sur bois en clair-obscur, mentionnées par Bartsch dans le XII. volume de son ouvrage.

En tête de l'oeuvre de chaque maître, nous avons cherché, en nous appuyant sur des documents authentiques, à donner une courte notice de sa vie et de sa carrière d'artiste, en complétant ou corrigeant au besoin les indications données à ce sujet par Bartsch, dont nous n'avons pu toujours suivre la marche quand il s'est agi de distribuer les gravures italiennes par écoles. C'est ainsi que nous avons remis à leur place plusieurs gravures attribuées à des maîtres anonymes, qui appartenaient évidemment à des maîtres ou à des écoles connues. Nous avons accompagné les descriptions de Bartsch, dans cette première partie de son ouvrage, de remarques qui justifient les changements que nous avons pu y apporter.

Cet écrivain, en suivant l'exemple déjà donné par Mariette, a cru devoir réunir, dans un même catalogue, l'oeuvre de Marc-Antoine à celle d'Agostino Veneziano et de Marc de Ravenne, ainsi que de plusieurs élèves ou imitateurs inconnus du graveur bolonais. Ce procédé, entre autres inconvénients, avait celui d'induire en erreur sur les productions de chacun de ces maîtres, et se trouvait en contradiction avec le plan général suivi par nous, de décrire l'oeuvre de chaque maître distinctement et à part. Il était d'autant plus indispensable de suivre cet ordre pour Marc-Antoine, que ce graveur a non-seulement copié d'après Raphaël, Jules Romain, Michel-Ange et Bandinelli, mais qu'il a reproduit plusieurs de ses propres inventions, ce qui n'a point été le cas pour ses élèves ou ses imitateurs qui, tout en ayant une certaine analogie dans la manière avec l'oeuvre du maître, en diffèrent par le talent d'abord, par mille autres particularités ensuite. C'est pour cette raison et en réfléchissant qu'Agostino Veneziano, après s'être établi à Venise, y a fait école, que nous avons divisé ce chapitre en trois parties, sous les noms des trois maîtres déjà cités, en rejetant dans une quatrième l'oeuvre des maîtres anonymes formés à leur école.

Nous avons dû également nous éloigner de Bartsch dans la description de l'oeuvre de Nicoletto da Modena et de Reverdino, que nous avons dù rétablir en entier, pour éviter les erreurs d'attribution déjà consacrées, en ajoutant un nombre considérable de pièces inconnues à cet écrivain.

Bartsch a donné également la description de plusieurs gravures d'anciens maîtres français dans son catalogue de l'oeuvre des maîtres allemands, pour n'avoir point su en distinguer la provenance. Comme, à partir du plus ancien de ces maîtres, Jean Duvet, ils ont de préférence suivi la manière italienne, soit en se formant sur Marc-Antoine, soit en adoptant la manière de l'école de Fontainebleau, nous les avons placés après l'école italienne, en suivant, dans la description de leur oeuvre, les données qui nous ont été fournies par Rob. Dumesnil dans son ouvrage: „Le Peintre graveur français", du moins en ce qui concerne les graveurs de cette école pendant le XVI. Siècle.

Gravures des anciens maîtres anonymes de l'Italie.

Remarques à Bartsch XIII. 69.

P. 60. No. 1. La Création d'Eve. Pièce traitée dans le style de Baccio Baldini; mais plus sentie en ce qui concerne le dessin.

P. 70. No. 2. Sampson saisi par les Philistins. Pièce gravée dans la manière de Giovanni Antonio da Brescia.

P. 71. No. 3. Le déluge. Ancienne gravure de l'école florentine, dans le genre des Triomphes, B. XIII. p. 277. Nos. 39 — 314. Le dessin est d'un bon maître, mais la taille est inexpérimentée, quoiqu'elle soit conduite avec assez de délicatesse. Les hachures, qui ont une direction diagonale comme dans les gravures de Pollajuolo, indiqueraient l'école de la haute Italie, ce qui a induit Bartsch à penser qu'elle pourrait appartenir à l'école de Nicoletto da Modena, en se rapportant aux Triomphes qu'il a, par erreur, attribués à ce maître. Zani (Encyclopédie II. 2. p. 302) dit que les figures sont dessinées dans le goût de Giovanni Bellini et du Mantègne et que les Triomphes avaient quelque analogie dans le maniement du burin avec cette pièce. Zani ajoute qu'il a trouvé un exemplaire des Triomphes, ajouté par le premier possesseur du livre, dans une édition du Pétrarque donnée par Bernardino da Novara, en 1488, à Venise; mais on ne peut conclure de cette circonstance que ces gravures soient d'origine vénitienne. M. Hertzen possède l'épreuve d'une troisième planche de cette pièce, qui est différente de l'original, ainsi que de la copie mentionnée par Bartsch.

P. 73. No. 1. Les trois mages. Pièce traitée comme un nielle, à hachures fines et serrées. Le vêtement de la Vierge est d'une grande ampleur et excessivement riche de plis. Cette gravure paraît avoir été faite à Rome, puisqu'on y retrouve une représentation du château Saint-Ange, avec les armes du pape Sixte IV, qui régna de 1471 à 1484 et que les épreuves postérieures portent l'adresse de A. Salamanca.

P. 74. Nos. 2—15. La Passion. Ces pièces archaïques sont d'un travail excessivement médiocre, gravées au simple contour, avec quelques maigres hachures pour les ombres.

P. 77. Nos. 16—25. Ces pièces, mal dessinées, révèlent pourtant chez le maître une certaine connaissance de l'anatomie qui lui a fait accuser les muscles des figures avec beaucoup de relief. Les têtes sont trop fortes et les draperies jetées sans goût et ballonnées. Elles appartiennent au même maître auquel Bartsch attribue les Triomphes du Pétrarque, p. 116. Nos. 12—17. L'artiste semble être Florentin et avoir appartenu à l'école du Verrochio.

P. 81. La Cène, d'après Léonard de Vinci. De ces trois pièces, la troisième, qui est la meilleure, est traitée dans le style du Mantègne. On trouve encore trois anciennes gravures du même sujet et qui sont restées inconnues à Bartsch, mais dont Zani cite deux. Nous reviendrons sur ces gravures en parlant de Léonard de Vinci.

P. 83. No. 29. Le Christ en croix entre les deux larrons. Bartsch remarque avec raison que cette pièce est du maître qui a gravé la Passion, Nos. 2—15.

P. 84. No. 1. La Vierge. Pièce très-médiocre.

P. 85. No. 2. La Vierge entre deux Saintes. Mauvaise gravure dans le style vénitien.

— No. 3. La Vierge entre deux Anges. Pièce gravée dans la manière de Zoan Andrea et appartenant au maître qui a gravé les Sept Amours que Bartsch décrit page 302, dans l'oeuvre du graveur vénitien.

P. 86. No. 4. L'Assomption. Cette pièce remarquable appartient à Sandro Botticelli, et nous y reviendrons dans la description de son oeuvre.

87. No. 5. Ste. Catherine de Sienne. L'exécution de cette pièce présente quelque analogie avec celle d'une gravure du même sujet qui porte une inscription dans le dialecte toscan et doit être attribuée à quelque orfèvre florentin. Musée britannique.

P. 88. No. 4. Le martyre de deux religieux. Cette pièce représente la mort de St. Pierre le martyr. Les draperies ont des hachures croisées.

P. 88. No. 7. Fra Marco de Monte Santa Maria in Gallo. Cette pièce de l'ancienne école florentine est traitée dans la même manière qu'une gravure représentant le Jugement dernier d'après Fra Angelico da Fiesole et c'est assurément un monument original de l'art du XV. Siècle, puisqu'il en existe à Paris et à Oxford d'anciennes épreuves. qui ne portent point encore la date de 1632 et qui, du reste, s'accordent assez bien avec celles qui ont été exécutées plus tard et, selon toute apparence, d'après une planche restaurée.

P. 90. No. 8. L'Enfer du Dante. Cette pièce, qui appartient à l'ancienne école florentine, montre, dans l'exemplaire de Paris, avec une encre d'impression très-pâle, une taille raide comme celle de Baccio Baldini, mais d'après le dessin d'un bon maître. Les épreuves, d'une encre plus noire et à traits croisés, comme celle de Londres, paraissent avoir été faites sur la planche retouchée et sont d'un travail très-rude.

P. 91. Nos. 9—20. Les Sibylles. Comme le fait observer Bartsch, deux de ces pièces (les Nos. 12 et 20) ont été copiées d'après les originaux de Baccio Baldini. Les autres, et pour la composition et pour le dessin, s'éloignent beaucoup du style de ce maître et ont été gravées par l'artiste qui a exécuté les copies des Prophètes d'après Baldini.

95. Nos. 21—32. Même sujet. Cinq de ces pièces ne sont que des reproductions des gravures que nous venons de citer d'après les planches retouchées. Les autres sont de nouvelles compositions très-différentes des premières, surtout sous le rapport du dessin. Comme Bartsch n'en a décrit qu'une partie, nous ajouterons ici les autres.

— 23. La Sibylle de Delphes. Cette gravure est une imitation de la pièce originale, avec cette différence que la tête de la Sibylle est ornée d'une guirlande, au lieu d'une coiffe, comme dans le No. 11.

— 24. La Sibylle Cimmérique. La tête n'est point ailée, comme dans le No. 12. Elle pose la main droite sur son sein et le pied droit est visible. Au haut, dans une banderole, SIBILLA CHIMICA.

— 25. La Sibylle d'Erithrée. Pièce tout à fait semblable à l'original No. 13.

— 26. Sibylle Hellespontique. L'erreur dans la souscription de l'original NELLA MIE SCOLA est ici corrigée par MIA.

— 27. La Sibylle de Cumes. Epreuve de la planche retouchée.

— 29. La Sibylle Phrygienne. Semblable au No. 17.

— 30. La Sibylle Tiburtine. Reproduction du No. 18.

— 31. La Sibylle Europe. Copie du No. 19.

Il paraît qu'il existe une seconde série de copies de ces Sibylles gravées d'un style raide et dur; à tout événement, nous en avons retrouvé les deux suivantes dans le Musée britannique:

— (No. 14.) La Sibylle Hellespontique. Absolument semblable à l'original, à cela près que les supports du siége sont couverts de hachures, tandis que le côté éclairé est resté blanc dans l'original. La partie éclairée du genou droit est aussi plus grande dans l'original. H. 6 p. 6 l. L. 3 p. 10 l.

— (No. 18.) La Sibylle Tiburtine. Les draperies ont les parties éclairées plus larges que dans l'original, et la tête de la Sibylle est coiffée d'un haut bonnet qui est tenu plus bas dans l'original de la seconde série. (No. 30). H. 6 p. 6 l. L. 3 p. 10 l.

P. 99. Nos. 1 et 2. Amours. Ces deux petites pièces rondes sont traitées dans le style de Baccio Baldini et d'un dessin très-arrêté. Duchesne croit que ce sont des nielles et les décrit comme tels dans son catalogue, sous les Nos. 230 et 231.

— 3. Hercule et Anthée. Copie de la gravure de Giovanni Antonio da Brescia. B. No. 13.

P. 100. No. 5. Statue d'Hercule mutilée. C'est une gravure du même Giovanni Antonio da Brescia.

P. 101. No. 6. La femme assise au milieu de trois hommes et d'un Satyre. Epreuve d'un nielle que Ottley croit avoir été exécuté par Francesco Francia; mais le dessin de cette pièce n'est pas bon, les têtes ne sont point belles et l'ensemble ne correspond point aux autres travaux de ce maître. Cependant, on ne peut nier que la composition et le style mouvementé des figures ne rappellent jusqu'à un certain point la manière du Francia, de sorte qu'on pourrait croire cette gravure exécutée sur le dessin du maître d'après un de ses élèves. Voyez à ce sujet Duchesne, „Essai sur les nielles," No. 243.

— No. 7. Frise avec des Tritons. Cette pièce, ainsi que la suivante (No. 8), a été exécutée par Girolamo Mocetta de Venise.

102. No. 1. Jeune homme en buste. Pièce gravée dans

le style de Baccio Baldini et d'un dessin très-ferme. Duchesne la
range parmi les nielles sous le No. 346.

P. 103. No. 3. Buste de femme de grandeur presque nature.
Rumohr attribue cette pièce à Giacomo Francia, et nous sommes en
ce point entièrement de son avis.

P. 105. No. 2. Une bataille. Bartsch dit que ce morceau
approche beaucoup de la manière de graver de Giacomo Antonio da
Brescia. En effet, la pièce appartient indubitablement à ce maître.

P. 106. No. 3. Hector. Pièce archaïque et d'une taille maladroite avec des hachures très-serrées dans le genre d'un nielle. Sans
doute le coup d'essai de quelque orfèvre.

— 4. Le triomphe de Paul Emile. Cette pièce, d'un travail
un peu rude, doit appartenir à l'ancienne école de la haute Italie.
Comme le fait observer Bartsch, on y trouve sur une pierre carrée et près
d'un sabre le mot GIACHER ou CIACHER, dont la première et la
dernière lettre sont mal formées. Il est très-douteux que ce mot nous
indique le nom du graveur, comme Bartsch penche à le croire.

108. Virginius tuant sa propre fille. Cette pièce, qui
semble appartenir à l'ancienne école florentine, est traitée néanmoins
d'une façon toute particulière. Les hachures en sont très-serrées et
ne laissent que fort peu d'espace pour les lumières, et comme elles
sont en même temps très-fortes elles donnent à la gravure entière
l'aspect d'une planche métallique. Ottley, dans son Inquiry, p. 458,
a émis l'opinion que cette pièce a pu être exécutée par le maître
Gherardo de Florence, dont Vasari dit qu'il a imité la manière de Martin Schongauer et même gravé d'après lui. Cependant, la gravure dont
il s'agit n'offre aucun trait de ressemblance avec celles du maître allemand. Dans le Catalogue de Wilson, p. 33, on croit pouvoir attribuer cette pièce à Robetta, mais elle diffère, dans la manière, de celle
des travaux de ce maître, quoiqu'elle ait pu être exécutée par un autre
orfèvre de la même époque.

P. 110. No. 8. Pièce emblématique ou Allégorie relative
au Pape et à l'Empereur. On trouve deux gravures de cette composition dont Ottley a donné un fac-simile Pl. 14, qui diffère en quelques points de celle décrite par Bartsch et qui se trouve dans la
Bibliothèque de Vienne. Dans l'exemplaire de Londres, qui est d'une
impression très-fraîche, quelques-unes des inscriptions manquent, entre
autres celles sur les rames et sur l'arbre sec, et deux des inscriptions
latines ne sont point encore gravées sur des banderoles, mais sur le

fond même de l'estampe. Enfin, la souscription, qui diffère de celle de la gravure de Vienne, est dans l'exemplaire de Londres comme suit: Profecia dela Sibilla Tiburtina trovata ī una grāda pietra ī la cita Daltini ī uno loco ruvinato fata ināti lavenimēto dl n̄ro Si͞or ꞁ ꜧ vx añi 19 cosi come qua retrata e sculpita e fu translata a Venecia.

Cette pièce est gravée dans la manière vénitienne des cartes de Tarots. H. 7 p. 9 l. L. 5 p. 3 l.

P. 113. No. 10. Midas sur son trône, ou la Calomnie d'Appelle. Cette pièce a été gravée par Girolamo Mocetta de Venise. Nous en reparlerons dans la description de son oeuvre.

P. 114. No. 11. La Nymphe endormie. Cette pièce appartient également à Girolamo Mocetta.

P. 116. Nos. 12 — 17. Les Triomphes du Pétrarque. Pièces d'un travail rude et inexpérimenté par le maître de la Passion Nos. 16 — 25. Dans cette série, les muscles sont très-souvent accusés sans aucune connaissance de l'anatomie, ce qui est surtout le cas pour l'Hercule de la pièce No. 15. Les draperies sont ballonnées dans le style du Verrochio.

On trouve de ces Triomphes des copies en petit format et toutes les six imprimées sur une même feuille. Bartsch les décrit à p. 423 de son ouvrage, sous le No. 60; en les attribuant à Baccio Baldini, opinion que nous ne saurions partager. Ces deux séries, la grande et celle de dimensions plus petites, se trouvent dans la Collection Albertine à Vienne.

P. 120. Nos. 18 — 67. Les Cartes de Tarots. Cette suite, que Bartsch a décrite en premier lieu, a été considérée par lui comme l'original de la série qu'il donne plus tard sous le No. 123, tandis que c'est précisément le contraire. Nous donnerons à propos de ces anciennes cartes vénitiennes très-remarquables de plus amples détails, en ajoutant une description de là série originale dont une partie seulement était connue de Bartsch.

P. 138. No. 68. L'enfant couché entre une femme et un vieillard. Cette pièce, dans le style de Giovan Antonio da Brescia, a été probablement exécutée par lui à Rome, où il étudia dans l'école de Marc-Antoine.

P. 139. No. 69. Sacrifice au dieu Mars. Cette pièce est l'épreuve d'un nielle. Les formes pleines du dessin indiquent l'école vénitienne de la fin du XV. Siècle.

Voyez Duchesne, Essais, etc. No. 211.

P. 139. No. 70. D e u x e n f a n t s m o n s t r u m e u x. Cette pièce est du maître I B à l'oiseau, Giovan Battista del Porto, et se trouve signée de son monogramme dans les épreuves postérieures.

P. 140. No. 72. L e s t r o i s v a i s s e a u x. Les hachures sont croisées et recroisées et la pièce paraît appartenir à l'école vénitienne.

P. 141. No. 73. D i v e r s o r n e m e n t s d'o r f é v r e r i e. Pièce traitée dans la manière florentine de Baccio Baldini.

P. 141. A p p e n d i c e. Ces 24 pièces de la Collection Otto sont de B. Baldini, et la plupart, sinon toutes, d'après les dessins de Sandro Botticelli qui aurait même mis la main à quelques-unes d'entre elles. Nous en reparlerons dans l'oeuvre de ces deux maîtres.

P. 424. A d d i t i o n s No. 61. S t. N i c o l a s. Bartsch croit pouvoir attribuer ces pièces à Baldini, mais nous ne sommes point de cette opinion, pour les mêmes raisons que nous avons données à propos des Triomphes No. 12. 17. Ce Saint-Nicolas est dans la manière de l'école vénitienne. H. 8 p. 3 l. L. 6 p. 2 l. Coll. Albertine.

— 62. L e v a i s s e a u. Pièce gravée dans le même style que les Tarots vénitiens.

Additions à Bartsch. Vol. XIII. p. 69.

A.
Gravures italiennes d'école incertaine du XV. Siècle et des premières années du XVI.

I. Sujets de l'Ancien testament et Saints.

1. Jonas. Il vient d'être rejeté par la baleine et se voit assis appuyé contre un arbre. Dans le fond, la baleine et un petit vaisseau. Pièce au simple contour et dans le genre des nielles, ronde de 5 p. 7 l. de diamètre. (Coll. Malaspina, à Pavie. Cat. II. p. 14.)

2. Le baptême du Christ. Il est dans l'eau, les mains croisées sur la poitrine, tandis que St. Jean, placé sur le bord et tenant une croix de la gauche, lui verse sur la tête l'eau d'un vase. Trois anges sont agenouillés vis-à-vis. H. 9 p. 2 l. L. 6 p. 5 l. (Cabinet Durazzo, à Gènes. Voyez aussi Zani, Encycl. II. 6. p. 120.)

3. La Transfiguration. Le Christ est debout au milieu, vu de face, tenant, de la main gauche, le globe du monde et bénissant de la droite. Devant lui sont assis les trois disciples éblouis par la lumière. On voit en haut et sur les côtés les deux demi-figures de Moïse et d'Elie sur des nuages et, plus loin, à côté du premier, Moïse recevant les tables de la loi et à droite, le même législateur qui les montre aux Hébreux. Bonne pièce du XV. Siècle et dont le jet des draperies rappelle l'ancien style allemand de l'époque. H. 5 p. 7 l. L. 4 p. 1 l. (Musée britannique.)

4. La Flagellation. Dans une salle, on voit le Christ attaché à une colonne et fustigé par quatre bourreaux. A droite et à gauche,

deux portes où se tiennent, dans chaque, une figure d'homme. A une
fenêtre de gauche, deux personnages contemplent le spectacle, tandis
qu'un troisième, coiffé d'un turban, regarde par une ouverture semblable
à droite. Belle pièce du XV. Siècle, à légers contours, avec très-peu
de hachures. H. 5 p. 6 l. L. 3 p. 11 l. (Musée britannique.)

5. Le Christ apparaît à la Madeleine. Celle-ci est agenouillée à droite. La composition a beaucoup d'analogie avec la manière
de Martin Schongauer, tandis que la taille est de l'école italienne, par
un graveur dans le style de Nicoletto da Modena. H. 9 p. 2 l. 6 p.
4 l. Paris.

6. La Conversion de St. Paul. Le Saint précipité à terre
est étendu sous son cheval, tandis que ses compagnons l'aident à se
relever, quoiqu'ils paraissent encore éblouis par la splendeur de l'appa-
rition céleste. Cette pièce, qui se trouve dans la Collection Malaspina,
de Pavie, est imprimée sur papier de couleur et rehaussée de blanc.
H. 10 p. 2 l. L. 15 p. 4 l. (Cat. Malaspina II. p. 36.)

7. La Vierge entre deux Saints. Elle est assise sur un
trône placé entre deux candélabres ornés et donne le sein à l'enfant
Jésus debout devant elle. A sa gauche, se tient debout un Saint avec une
épée (St. Théodore?); à sa droite, Ste. Catherine. En haut et sur les
côtés, l'Annonciation, puis, dans une gloire, les deux mains divines
dirigées vers la Vierge. Cette pièce est peu ombrée et incomplète
dans l'effet. H. 9 p. 2 l. L. 7 p. 1 l. (Dans la Collection du roi
de Saxe et provenant de la Coll. Sternberg, Cat. No. 1789.)

8ᵃ. La Vierge entourée d'Anges. Elle est assise sur un
trône et tient devant elle l'enfant Jésus. Au bas se trouvent deux
demi-figures représentant un homme et une femme, probablement les
donataires. Au bas, sur une plinthe, la représentation de l'Ecce
homo entre deux lions. Cette pièce est presque cintrée et entourée
d'une bordure de feuillages. H. 4 p. 3 l. L. 3 p. 3 l. (Cat. Malaspina II. p. 15.)

8ᵇ. La Vierge entourée de dix petits compartiments.
Dans le grand compartiment du milieu, la Vierge est debout avec l'enfant Jésus qui tend une fleur vers la gauche, où un pape est agenouillé entouré de plusieurs ecclésiastiques. Vis à vis on voit, également agenouillés, un roi, une reine et deux princes. Devant gisent
à terre une tiare et une couronne, tandis qu'au-dessus de la tête de
la Vierge deux petits anges en tiennent une autre très-grande. Deux
autres anges faisant de la musique sont assis aux côtés. Les petits

compartiments, dont il y a cinq de chaque côté, contiennent des sujets
de la vie de la Vierge qui commencent par l'Annonciation et terminent
par le couronnement de Marie. Dans la marge du bas, on voit
St. Dominique tenant une croix et un lys, accompagné de quatre
autres Saints de son ordre. Epreuve récente d'un travail inférieur
au simple contour. H. 8 p. 2 l. L. 6 p. 9 l. Berlin.

9. La Vierge. Elle est debout, tenant sur le bras l'enfant
Jésus, sous un baldaquin en forme de coupole et dont les quatre colonnes sont embrassées par de petits anges. Sur la plinthe au bas, on
lit l'inscription:

Sancta Maria dello Horeta, hora pro nobis.
Ce travail un peu rude paraît appartenir au commencement du XVI.
Siècle. H. 7 p. 3 l. L. 5 p. (Coll. du Dr. Wellesley à Oxford.)

10. La Sainte Vierge évanouie. Elle est soutenue par
St. Jean et trois Saintes femmes. Deux autres femmes et un homme se
tiennent près d'elle exprimant leur douleur. Dans la marge qui entoure cette composition, on voit représentés des yeux, des coeurs, des
jambes et autres ex-voto de ce genre. A en juger par la taille, cette
pièce appartiendrait à l'ancienne école vénitienne. H. 10 p. L. 7 p.
(Cat. Malaspina II. 18.)

11. Mort et Couronnement de la Vierge. Elle est éten-
due sur un lit très-simple, derrière lequel le Christ, donnant sa bénédiction, reçoit dans ses bras l'âme de sa mère. Aux côtés, se trouvent
les Apôtres dont un, debout à gauche, prie; l'autre à droite est assis
et lit dans un livre. En haut et dans une guirlande de lauriers tenue
par quatre anges se voit représenté le Couronnement de la Vierge,
en petit, et les nuages offrent la forme conventionnelle antique. Dans
cette dernière composition, la Vierge, de profil à droite, est agenouillée
devant le Christ, qui lui pose une couronne sur la tête. Au-dessous
de la guirlande se trouvent deux anges faisant de la musique. Pièce
archaïque à contours très-durs, avec hachures obliques. H. 3 p. 6 l.
L. 7 p. 4 l. Musée britannique.

12. L'Assomption. Au bas, onze apôtres sont agenouillés, les
regards dirigés vers le ciel, où la Vierge, entourée de chérubins, est portée sur les nuages, où six Anges assis font de la musique. St. Thomas,
agenouillé à droite, tient la ceinture que la Vierge lui a laissée. Dans
le fond du paysage, terminé par des rochers et des édifices, on voit sur
un fleuve cinq petits vaisseaux, puis, auprès d'un moulin, huit hommes

occupés à battre du blé. H. 17 p. L. 12 p. (anglais). (Voyez Ottley
p. 456.)

13ᵃ. L'Homme de douleurs. Il est debout dans un sarcophage antique et montre, avec l'expression de la douleur, les plaies de
ses mains. Immédiatement au-dessus de lui on voit le Saint Esprit,
puis Dieu le père, les bras étendus, et de chaque côté, dans les airs,
un petit ange agenouillé. A la droite du sarcophage, St. Jean Baptiste se tient debout, la croix appuyée sur l'épaule droite, les mains
jointes et les yeux élevés au ciel. A gauche, un jeune Saint, dans le
costume de l'époque, joint également les mains en appuyant sur le
terrain la pointe de son épée nue. Sur le milieu du sarcophage, dans
une guirlande de lauriers attachée par quatre rubans, on lit le nom
JESV, et la composition est entourée d'une bordure également de feuilles de laurier. H. 8 p. 5 l. L. 6 p. 7 l.

Cette pièce du Musée britannique provient de la Collection Mund.
La manière dont elle est gravée rappelle, à ne pas s'y méprendre, celle
des Cartes de Tarots, mais le dessin a moins de finesse et l'exécution
a quelque chose de plus rude et de plus archaïque; le croisement très-
serré des hachures ressemble à celui des nielles. (Archives de Naumann II. p. 245.)

13ᵇ. Même sujet. Le corps du Christ est dans un sarcophage soutenu par un Ange. Dans le fond, se trouve la croix avec
les instruments de la Passion. Cette pièce médiocre paraît être une
imitation d'une gravure allemande plus ancienne, et les plantes sont
traitées dans le style du maître E S 1466. (Zani, Encicl. II. p. 249,
dans la Collection Starck de Milan.) H. 9 p. 3 l. L. 6 p. 3 l. (Mus.
britannique.)

Une pièce semblable est indiquée dans la Coll. Malaspina II. 17.
H. 8 p. 7 l. L. 6 p. 2 l., et une troisième se trouve à Dresde dans
la Coll. privée du Roi de Saxe et provenant de celle de Sternberg,
Cat. No. 7410. H. 9 p. 4 l. L. 6 p. 2 l.

14. Même sujet. Le corps du Christ assis sur le sarcophage, les bras croisés sur la poitrine est soutenu, à gauche, par la
Vierge, à droite, par St. Jean. Derrière, on voit les croix avec l'échelle
et la colonne d'où pendent les verges. Fond de paysage avec rochers
boisés. Le sarcophage a trois ornements en forme de rose. L'exemplaire de Berlin est une impression très-nette sur papier récent. H.
8 p. 2 l. L. 6 p. 9 l.

15. La Vierge tenant le corps de son fils (Pietà). Elle

est assise au pied de la croix, les bras étendus et portant sur ses genoux le corps de son fils. MADALENA, IACOMA, SALOME et GOVANNI
sont debout derrière elle (ces noms sont écrits dans leur auréole).
Au bas l'inscription:

IESVZ NAƷARENVS CRISTUS CRVCIFISSVS RE JVDEORVM.........
MISERERE MEI.

Cette pièce est terminée, en haut, par une bordure entrelacée.
Travail grossier avec hachures croisées dans les draperies qui sont
légèrement coloriées en rouge-laque et bleu dans l'exemplaire du Musée
britannique. H. 4 p. 9 l. L. 3 p. 6 l.

16. St. Sébastien. Il est debout, un peu élevé, sur un tronc
d'arbre, couronné par deux Anges qui planent au-dessus de lui dans
une position presque horizontale. A gauche, se trouve représenté
l'Ange conduisant le petit Tobie; à droite, St. Roch en prières; au-
dessus du Saint Sébastien on lit l'inscription:

OBƷECRO TE bEATE ƷEbASTIANE ꟼVI MAGNA ES ...... NOƷTRA.
AMEN.

Au bas, près de l'Ange:

ANGELVM NObIS MEDICVM etc.

Et à côté de St. Roch:

ORA PRO NOBIS, bEATE etc. PRO MISERIS.

Cette pièce fait pendant à la précédente et l'exécution en est
aussi rude. H. 5 p. L. 3 p. 6 l. (Musée britannique.)

17. St. Jean Baptiste. Il est debout appuyé à un pilastre.

18. Un Saint debout avec un livre. Il est appuyé sur un
piédestal où se tiennent deux enfants faisant de la musique.

Ce sont deux fragments de gravures dans la Collection Malaspina
II. 35, traitées dans le style du Mantègne, mais avec des hachures
croisées. Bianconi les attribue à Marco Zoppo de Bologne qui fut en
même temps que Mantègne élève du Squarcione à Padoue.

19. St. Jérôme. Il est tourné vers la droite, agenouillé devant
le crucifix et se frappe la poitrine d'une pierre. A droite, devant lui,
est assis le lion et on voit un ours derrière un rocher. Dans le lointain, un cerf sur une montagne et quelques nuages dans les cieis.
Pièce archaïque à tailles très-fines et imprimée d'une noir pâle. H.
6 p. 4 l. L. 4 p. 2 l. **Paris.**

20. Même sujet. Le Saint est agenouillé à droite, devant une
caverne et tient la pierre dont il se frappe la poitrine. A côté de lui,
un crucifix avec l'inscription IꟼNI. Sur le devant une lionne, tandis

V.

2

qu'à gauche un lion attaque une autre bête fauve. Dans le lointain on voit deux gros vaisseaux et un passage entre deux tours.

Pièce archaïque à hachures croisées et, à en juger par le dessin, de la dernière moitié du XV. Siècle. Aux coins du haut on aperçoit des traces de l'équarrissage de la planche et comme l'inscription de la croix est à rebours, on en peut conclure qu'il ici s'agit d'empreintes récentes d'une ancienne planche niellée. H. 8 p. 1 l. L. 10 p. 5 l. Musée brit. Francfort s/M.

21. Même sujet. Le Saint est agenouillé, à gauche, devant un petit crucifix, le bras gauche étendu et tenant de la main droite la pierre dont il se frappe le sein. A droite, se voit couché un petit lion qui ouvre la gueule. Dans le fond, un riche paysage avec vue de la mer. Les muscles de la figure sont très-accusés et les cassures des plis si multipliées dans la draperie que tout l'effet s'en trouve annullé. H. 8 p. 2 l. L. 6 p. 3 l.

On remontre souvent des épreuves récentes de cette pièce que Bartsch XV. 472 No. 13, attribue à Reverdino auquel elle appartient aussi peu qu'à Robetta, comme le veulent quelques autres.

22. St. Augustin. Le saint évêque est debout sous un arc, tenant de la gauche un livre ouvert dans lequel on lit la phrase:

Ante omnia, fratres carissimi.

Dans quatre niches se trouvent les bustes des SS. Gélase, Onuphre, Adrien et Serge. Autour de l'arc on lit:

Ora pro nobis beate pater Augustine

et dans la marge inférieure:

S. Augustinus canonicor. Regular. pater.

Et aux pieds du Saint les initiales D. I. A. M. H. 5 p. 11 l. L. 4 p. 7 l. (Cat. Malaspina II. 18.)

23. St. Dominique (?). Il est debout sur un tapis tenu par deux petits Anges, levant la droite dans l'acte de parler et tenant, de la gauche, un livre avec les mots:

TEMETE DEVM ET DATE ILLI HONOREM QVIA VENIET HO ....

A la gauche du haut on voit une demi-figure, en petit, du Sauveur avec l'étendard de la croix et vis à vis un petit Ange qui sonne de la trompette. La bordure est composée de deux lignes, l'une très-forte l'autre plus légère. Bonne pièce du XV. Siècle. L'exemplaire que nous décrivons est colorié. H. 4 p. L. 3 p. 1 l. Musée britannique.

24. St. Bernardin de Sienne. Il est debout, tourné vers la gauche, tenant de la main droite le monogramme ihs entouré de

rayons et dans la gauche un livre. A gauche, le St. Esprit lui souffle
à l'oreille; au bas se trouve un enfant avec une béquille. A ses pieds
trois mitres avec autant de crosses. Suscription: 𝖘𝖆𝖓𝖈𝖙𝖚𝖘 𝖇𝖊𝖗𝖓𝖍𝖆𝖗𝖉𝖎-
𝖓𝖚𝖘. Le contour bien dessiné est rempli de petits points et les draperies sont traitées dans le goût de l'école du Pérugin.' H. 7 p. 8 l.
L. 5 p. 9 l. Munich.

25. Un Saint avec la poitrine percée de flèches. Il
porte une longue barbe et se voit assis, à gauche, dans l'acte d'écrire,
tandis qu'il dirige ses regards en haut. Trois flèches sont enfoncées
dans sa poitrine et la bordure de son vêtement est ornée de caractères
qui n'offrent aucun sens, à l'exception du mot DEI qu'on parvient à déchiffrer. En haut, des rayons avec six livres. Pièce traitée dans le
style de Nicoletto da Modena. H. 9 p. 7 l. L. 5 p. 6 l. (?) Il manque
à l'exemplaire de Bâle un morceau à gauche.

26. Ste. Catherine de Sienne. Elle est debout dans une
niche, foulant aux pieds le démon et tient, de la main droite, un crucifix, une palme et un lys et, de la gauche, le modèle d'une petite
église. Aux côtés, quatre petites compositions avec sujets de la vie de
cette Sainte.

1. Elle prie pour les âmes du purgatoire.
2. Elle reçoit les stigmates en entendant la Messe.
3. Elle chasse le démon du corps d'un possédé.
4. Sa mort, avec la guérison de plusieurs estropiés.

Cette pièce, avec l'inscription S. Chaterina de Siena, a pour
bordure un bâton à enlacements et la taille qui n'en est pas belle a
de fortes hachures croisées. H. 9 p. 2 l. L. 6 p. 10 l. (Musée
britannique.)

27. Ste. Gertrude de Nivelle. La sainte abesse est tournée à gauche ayant, dans la main droite, la crosse d'Abesse, dans la
gauche, un livre. A ses pieds quatre souris et, à gauche, une femme
et des raisins. Dans le fond une rivière avec deux cygnes. Paysage
montagneux où l'on aperçoit deux femmes qui se dirigent vers une
chapelle. Pièce cintrée appartenant à l'école italienne du commencement du XVI. Siècle. H. 6 p. 5 l. L. 3 p. 3 l. Musée britannique.

28[n]. Les trois dominicains. Riche composition représentant quelque légende. Trois religieux dans le costume de l'ordre de
St. Dominique, du moins en apparence, sont debout à droite et l'un
près de l'autre sur le premier plan. L'un deux à droite est vu de
dos, tandis que celui de gauche se tourne vers un homme barbu qui

2*

le montre du doigt. Sur un rocher, à gauche, on voit encore les trois moines et plus bas, à gauche, l'un deux ou quelque autre saint personnage semble se dépouiller de ses vêtements. Plus à droite, un homme nu s'entretient avec un des saints personnages, tandis que les deux autres descendent de la montagne et que l'homme nu paraît vouloir s'avancer vers eux. Dans le fond, à droite, deux figures qui se promènent et dans le lointain une ville vers laquelle s'avance une femme montée sur un âne. Forte gravure dans le gout lombard du commencement du XVI. Siècle. L'épreuve en est récente et la planche cintrée. H. 12 p. L. 8 p. 2 l. Berlin et Dresde, dans la Collection du roi de Saxe.

II. Sujets mythologiques et historiques.

28[b]. **Troilus.** Un héros debout en costume ancien et tourné vers la droite, appuie à terre la pointe de son épée et tient de la gauche une lance. On lit en haut TROILVS. H. 7 p. 6 l. L. 3 p. 6 l.

29. **Thésée.** Il est vu de face couvert d'une riche armure, appuie de la droite son epée sur le terrain et porte la gauche à la hanche. En haut THESEVS. H. 7 p. 6 l. L. 3 p. 6 l.

Comme ces deux pièces sont d'égales dimensions, on pourrait croire, en tenant également compte du style de la gravure qui n'est pas d'une grande finesse, qu'elles faisaient partie de quelque jeu de cartes du commencement du XVI. Siècle. Elles sont passées de la Collection Sternberg dans celle du roi de Saxe à Dresde.

30. **Cinq Amours.** Pièce déjà décrite parmi les nielles.

31. **L'Amour sur un bélier, accompagné d'un Satyre.** Cupidon, couronné de pampres, est assis sur un bélier qu'un Satyre, à droite, tire en avant. Dans le coin de droite, un vase avec quatre lys, d'où paraît vouloir s'élancer un serpent sur un autre Satyre qui joue de la double flûte. Dans le fond à droite, un grand rocher et, vers le milieu, une ville. Belle pièce gravée dans le genre des nielles ayant près de 5 p. en carré. Oxford.

32. **Enfants vendangeurs.** Sous une treille deux enfants foulent le raisin dans une cuve tandis que sept autres s'occupent à le cueuillir et que dix autres plus loin les aident ou s'amusent. On remarque que l'un des deux enfants qui se battent se trouve dans l'attitude d'un des Dioscures du Quirinal. Dans le fond à gauche, une

ville sur un site élevé entouré d'eau. Pièce traitée dans le goût d'un nielle. H. 5 p. 4 l. L. 7 p. 3 l. Paris.

33. Rome ou la Victoire. Une femme en costume antique est assise, tournée à gauche, sur des trophées et tient élevée, de la main droite, une petite figure de la Victoire. Dans le fond, à gauche, un arbre sec et un arc de triomphe. Pièce gravée dans le style de Nicoletto da Modena. H. 8 p. 3 l. L. 5 p. 5 l. Coll. du roi de Saxe.

34. Deux femmes assises avec une figure de la Victoire. Elles sont placées l'une vis à vis de l'autre, celle de gauche tenant un vase en forme de cloche, celle de droite une statuette de la Victoire. Les mains de la femme de gauche et le vase ne sont point terminées dans l'exemplaire que nous avons eu sous les yeux. Belle pièce dans le goût de Giulio Campagnola. H. 3 p. 11 l. L. 5 p. 9 l. Coll. du roi de Saxe.

35. Un enfant avec une tête de mort. Il est couché à gauche, appuyé du bras gauche sur une tête de mort, tandis qu'il en tient une autre d'où s'élève un serpent. Dans le fond à gauche, des rochers; à droite, une ville près de la mer; le tout dans une guirlande d'ornements. Au bas les initiales D — M. V. Pièce d'une taille un peu raide et appartenant au commencement du XVI. Siècle. Coll. du roi de Saxe.

36. Le gagne-petit. Il est vu de dos et aiguise des ciseaux sur la meule qu'il fait tourner du pied. A droite et à gauche, deux apprentis et sur les montants une petite figure de l'Amour qui pisse sur la meule. Pièce presque au simple contour, du XVI. Siècle. H. 1 p. 11 l. L. 1 p. 5 l. Coll. du roi de Saxe.

37. L'Orateur. Il est debout et adresse la parole à un roi assis sur son trône et derrière lequel on voit plusieurs soldats. La scène se passe dans l'intérieur d'une ville avec plusieurs palais d'ordre toscan.

38. Même sujet. Le même personnage de la pièce précédente est entouré de personnes qui lui font honneur et dont un lui présente une bourse, qu'il accepte. Le fond est un palais d'ordre toscan. Ces deux pièces ovales mesurent 3 p. sur 3 p. 5 l. (Cat. Malaspina II. p. 16 où l'on trouve la remarque qu'il est impossible de déterminer le sexe du personnage principal ni de savoir s'il s'agit ici de quelque Saint ou Sainte.)

39. Le vainqueur. Au milieu est assis un prince en armure complète et derrière lui on voit une armée. D'une ville dans le lointain s'avance une jeune dame accompagnée de plusieurs citoyens et qui, dans l'acte de présenter au conquérant les clefs de la ville, semble

lui demander grâce. Au-dessus plane un génie tenant une couronne
et l'estampe est entourée d'un rinceau avec des fruits. Pièce ovale
ressemblant à un nielle. H. 7 p. 2 l. L. 6 p. Coll. Malaspina II.
p. 16.

40. Sacrifice d'après un bas-relief antique. A droite,
un homme agenouillé tient par les cornes et les naseaux un taureau
qu'un autre s'apprête à tuer, par derrière, d'un coup de hache.
Dans le fond, à droite, une jeune fille joue du tambourin et un jeune
garçon, à gauche, de la double flûte. Le feu du sacrifice brûle sur un
petit autel. A gauche, un vieux prêtre étend, de la main gauche, une
draperie et tient une couronne de la main droite. Sur le devant, une
corbeille d'où sort un serpent. Le fond représente un temple avec
quatre colonnes. Gravure délicate à hachures croisées et traitée comme
un nielle avec peu de lumières. H. 7 p. 8 l. L. 6 p. 1 l. avec marge
de 1 l. Paris, Musée britannique.

41. Fragment d'un bas-relief antique. A droite, un général romain avec deux autres guerriers à cheval est arrêté par deux
hommes qui semblent lui adresser à genoux une prière qu'appuient
des soldats derrière eux. Un autre soldat tient par la bride le cheval
du général. A gauche, un autre soldat de la suite tient une lance.
Pièce traitée comme un dessin à la plume avec talent mais peu d'adresse.
Le contour est très-accusé, tandis que les hachures sont maigres, dans
le style de la haute Italie. H. 12 p. 2 l. L. 10 p. 11 l. Musée britannique.

42. Virgile l'enchanteur. A gauche, une maison en forme
de tour de la fenêtre de laquelle la courtisane fait suspendre Virgile
dans une corbeille. Deux cavaliers et trois autres personnages à pied
sont au-dessous et contemplent ce spectacle. A droite, on aperçoit
la courtisane nue sur un piédestal élevé et les gens de la ville qui
viennent allumer leurs torches éteintes, au milieu d'une foule de spectateurs, tandis que d'autres regardent aux fenêtres. Sur le devant, à
gauche, un des cavaliers tient attaché à un cordon un singe qui est
attaqué par deux chiens. Dans le fond, un théâtre antique. On lit
en haut:
ESSENDO. LA MATINA. CHIARO. GIORNO. IL POSE. IN TERRA.
CON SUO. GRANDE. SCHORNO. VERÈ. CHE POI. CONSVA. GRAN.
  SAPIENZA. CONTRA. A COSTEI. MANDO. ASPRA. SENTENZA.
Pièce à guise de nielle avec hachures croisées dans le goût de Baccio
Baldini. H. 7 p. 9 l. L. 11 p. Coll. du roi de Saxe.

43. **Martyre du petit Simon de Trente.** Il est couché sur un banc entouré de quatre hommes et d'une femme. Celle-ci apporte des aiguilles, tandis que le juif à gauche tord le cou de l'enfant. On lit sur le banc:

bEATVƧ ƧIMON. MARTIRE. DELA. CITA. DI TRENTO

et plus bas sur deux rangées chacune de 4 lignes:

PIANGA CIASCUN .... MIRACOLI NO NIEGA.

Pièce gravée avec rudesse. H. 6 p. 2 l. L. 9 p. 10 l. Coll. du roi de Saxe.

44. **La nef de fortune.** Sur la mer cingle un vaisseau qui représente la fortune ou le désir. Un jeune homme nu en tient la voile, tandis que, sur la poupe, est assise une jeune fille richement vêtue qui étend la main gauche ouverte. En haut, à droite, un petit Amour tient une coupe. Au milieu, le soleil et, à gauche, deux têtes de Vents. Dans la mer deux autres têtes vomissent de l'eau contre le navire. Au loin, une montagne très-boisée. Vers le haut, une inscription, à demi détruite dans l'exemplaire du Musée britannique et ne laissant voir que les fragments suivants:

IMI. LASO. POR .... ALVIN. DAVER .... NT

Cette pièce mal dessinée a de rares hachures croisées. H. 9 p. 8 l. L. 6 p. 2 l.

45. **Allégorie. La Fontaine d'Amour et de la Discorde.** En haut, à droite d'une fontaine, un couple amoureux, richement vêtu, s'embrasse. Derrière eux, un enfant joue avec un chien et, au-dessus d'eux, se tiennent un fou et un jeune homme qui donne du cor. Au milieu du haut, près d'un arbre, deux hommes sauvages s'attaquent avec des massues tandis qu'un Centaure, à gauche, leur décoche une flèche. Au bas, un chevalier lutte contre un dragon et un chien contre un hérisson. Au milieu du bas, s'élève une montagne sur laquelle on voit un lion s'élancer contre une lionne. A droite, un hibou. Pièce archaïque presqu'au simple contour. H. 3 p. 2 l. L. 5 p. Paris.

46. **Bêtes fauves.** Dans un paysage traversé par une rivière quatre chiens relancent un cerf, tandis que d'autres tiennent un sanglier en arrêt; derrière on voit un tigre. Sur le premier plan, à gauche, un lion attaque un dragon et, à droite, on voit un autre lion avec une lionne et un lionceau. Dans les airs plusieurs oiseaux. H. 14 p. L. 9 p. 13 l.

Cat. Sternberg I. No. 1790 où l'on observe que cette pièce paraît être un travail allemand.

47. **Un lièvre couché.** Il est tourné à droite, la tête de trois quarts, la patte gauche repliée sous le corps et la queue tournée vers le spectateur. Pièce à la pointe sèche, à hachures légères et croisées, assez bien conduite et imprimée d'un noir pâle sur papier très-mince. H. 4 p. 10 l. L. 6 p. 11 l. Coll. Bütsch d'Augsbourg.

III. Portraits et Têtes.

47ᵃ. **Alexandre,** dans un médaillon. Il est vu de profil couronné de laurier. Autour du fond on lit:

ALEXANDER PIVS. AVG. IMP. CAES. MAVR. ꕕEY.

Et dans le cercle du médaillon:

ꕕNCT. DIGNVS. IMP. ꕕI NON IVI MAMEAE etc.

Pièce peu importante de 3 p. de diamètre. Musée britannique.

48. **Julia Pia.** Buste dans une couronne de lauriers; de profil à droite, avec une coiffure en forme de dauphin. Le nom se trouve sur le fond. Les ombres assez rares sont poinçonnées au maillet et le tout exécuté d'une manière assez fine dans le goût de Giulio Campagnola. Pièce ronde de 3 p. de diamètre. Musée britannique.

49. **Portrait d'un vieillard.** Un peu moins de trois quarts, tourné à droite, et sans barbe. La tête est couverte d'une barrette très-simple et une petite fraise entoure le cou avec un vêtement uni. Fond obscur à hachures croisées. En haut et en bas, on aperçoit la trace de deux trous dans la planche. Probablement une épreuve de nielle par un bon artiste. H. 2 p. 6 l. L. 2 p. 2 l. Musée britannique.

50. **Tête d'homme sans barbe.** Il est vu de profil à droite, la tête couverte d'un casque dont la visière est ornée d'un petit aigle. Sur le bourrelet du casque, un enfant nu qui tient un bouclier et une bannière. Cette pièce d'armure termine par derrière en tête de bouc. Le personnage porte une chaîne au cou. Bonne pièce d'un travail qui paraît appartenir à la haute Italie. H. 3 p. 10 l. L. 2 p. 9 l. Musée britannique.

51. **Deux bustes de guerriers,** placés l'un vis à vis de

l'autre et la tête couverte de casques fantastiques. Entre eux se tiennent deux enfants avec un bouclier sur lequel on lit:

 RO — SPQR — RV

Le tout dans une bordure de feuilles de chêne. Pièce archaïque imprimée au moyen du rouleau. H. 3 p. 9 l. L. 6 p. 2 l. Paris.

IV. Ornements et Vases.

52. Huit listels d'ornements par le même graveur et d'une impression pâle. Musée britannique.

53. Faisceau de fruits qui s'élève d'un vase et qui a été emprunté aux belles portes du baptistère de Florence par Ghiberti. Il représente des pommes et des pignons.

54. Même sujet. Groupe composé de siliques, de fraises, d'oranges et de prunes. Ces deux dernières pièces mesurent H. 3 p. 4 l. L. 1 p. 2 l.

55. Autre groupe semblable composé de pavots, de coings et de poires.

56. Même sujet avec des raisins, des grenades et des amandes. Ces deux dernières pièces mesurent H. 4 p. 2 l. L. 1 p. 2 l.

57. Montant d'ornement. D'un vase peu profond s'élève une arabesque soutenant un aigle les ailes étendues et, au-dessus, deux Amours. La partie inférieure de cette pièce manque. H. 8 p. 4 l. L. 1 p. 9 l.

58. Deux montants d'ornement. Au bas de l'un un socle sur lequel est une assiette avec des fèves. Au milieu de l'autre, un vase avec des grenades et des pignons. En haut, deux dauphins dans du feuillage. H. 5 p. L. 1 p.

59. Listels d'ornement, en hauteur avec onze oeillets. Pièce peu importante. H. 4 p. 11 l. L. 9 p.

60. Montant d'ornement avec quatre rinceaux de lierre et feuillage avec fruits. H. 4 p. 2 l. L. 10 l.

61—66. Gaines de poignard et bordures d'assiette. Pièces largement taillées dans le genre des Nielles; à Dresde.

— **61.** Gaine de poignard. Au bas, un hibou, les ailes déployées; au-dessus un arc et des flèches, vis à vis une tête de boeuf. H. 7 p. 3 l. L. 1 p. 9 l.

— **62.** Même sujet. En haut, un Amour assis soufle dans

une flûte et tient de la droite un fruit. Au bas, trois compartiments remplis de feuillage. Pièce arrondie du bas. H. 5 p. 9 l. L. 1 p. 3 l.

— 63. Même sujet. En haut feuillage de fantaisie; en bas deux dauphins opposés. H. 7 p. L. 1 p. 8 l.

— 64. Même sujet. D'une coupe s'élèvent des ornements mêlés de fleurs. H. 7 p. 4 l. L. 1 p. 7 l.

— 65. Fragment de bordure d'assiette. A côté d'un écusson se tiennent deux Amours avec lance et bouclier; vis à vis un autre donne du cor; à gauche, une espèce de harpie avec des rinceaux. H. 1 p. 7 l. L. 5 p. 7 l.

— 66. Les trois quarts d'une bordure ronde. Au dedans, six côtés d'un polygone avec trois Amours dans des rinceaux de feuillage. Pièce ronde de 3 p. 11 l. de diamètre.

67. Un navire. Il est vu de poupe à pleines voiles. Dans les ciels sept petits nuages. Pièce au simple contour. H. 8 p. 5 l. L. 4 p. 2 l. Coll. Wellesley à Oxford.

68. Titre avec sujet de la livraison d'une des épines de la couronne du Christ. A la gauche du bas, un évêque accompagné de deux dominicains est prosterné devant un autel sur lequel se voit la couronne d'épines; vis à vis est agenouillé un prince avec deux conseillers, qui présente un reliquaire. Dans la partie supérieure de l'estampe, on voit le couronnement d'épines et sur l'arc un pélican qui nourrit ses petits de son sang. Le tout est sous un riche portail soutenu par deux colonnes avec deux médaillons dans les coins et aux côtés deux anges en prières. Les draperies rappellent l'ancienne école italienne du XV. Siècle tandis que l'architecture est du style de la Renaissance dans le XVIᵉ, en France. H. 8 p. 4 l. L. 4 p. 11 l. Bibl. roy. de Bruxelles et Musée britannique où cette pièce est attribuée à Nicoletto da Modena.

Ecole Florentine.

Baccio Baldini et Sandro Botticelli.

(Bartsch XIII. 158 — 200 et 142.)

Dans la partie historique de notre ouvrage, à propos des origines de la gravure sur cuivre et des plus anciens maîtres qui se sont exercés dans cet art, nous avons fait voir comment Maso Finiguerra fit pour son propre usage quelques empreintes sur papier des nielles qu'il avait exécutées, et cela vers 1450 et comment dix ans plus tard Baccio Baldini, né à Florence en 1436, fut poussé par cette découverte à graver sur cuivre afin de multiplier ses dessins et en tirer profit en les vendant. Nous avons ajouté que les plus anciennes gravures de ce maître avec une date sont de 1465 et qu'au dire de Vasari, elles sont d'un dessin très-faible jusqu'à ce que s'étant mis en rapport avec Sandro Botticelli, excellent orfévre et qui fut peintre depuis, celui-ci lui fournit beaucoup de dessins pour la gravure. Nous avons vu également que ces rapports entre les deux artistes ne purent avoir lieu avant 1470, puisque Sandro Botticelli, d'après la declaration de son père Alexandre, naquit en 1457. Nous ne pouvons donc que renvoyer à ce que nous avons déjà dit à cet égard et aux documents qui prouvent ce que nous avons avancé.

Sandro Botticelli d'ailleurs, comme nous l'avons également déjà dit, a gravé lui-même beaucoup sur cuivre et ses travaux en ce genre se distinguent très-aisement par une plus grande entente de dessin, surtout dans les contours. Ce qui le distingue entre autres de Baccio Baldini c'est qu'il emploie souvent la pointe froide, surtout dans ses hachures obliquement croisées comme le firent pareillement les anciens maîtres allemands et, parmi eux, le maître de 1464 ou de la Création. Comme ces hachures disparaissaient ordinairement après les premières impressions, il s'en est ensuivi que les épreuves postérieures ont un aspect assez rude. Botticelli employa ce mode de graver dans ses estampes des Prophètes et des Sibylles, mais surtout dans ses illustrations du Dante. Il nous faut ajouter ici qu'il paraît avoir signé quelques-uns de ses travaux, comme la pièce du prophète Zacharie, d'un A B et celle de la Sibylle Delphique de $\frac{b}{A}$ indiquant ainsi son nom Alessandro Botticelli. Nous n'avons vu que ce dernier chiffre, le premier a été donné par Zani quoiqu'il ajoute que ce maître ne s'est servi que du petit b.

Il est même probable que Botticelli mit lui-même la main à plusieurs gravures dont il a fourni les dessins à Baccio Baldini et cette circonstance fait qu'il est extrêmement difficile de séparer avec certitude ce qui appartient aux deux maîtres. Nous donnerons, par conséquent, le catalogue de leur oeuvre réuni en ajoutant les considérations qui nous porteraient à attribuer une pièce à l'un ou l'autre des deux.

Bartsch ne connaissait qu'une partie de cet oeuvre et, relativement aux Planètes, seulement l'ancienne copie décrite par Strutt. En ce qui concerne les 24 pièces du Cabinet Otto à Leipsic, il les décrit d'après Heinecken et Huber, à l'exception toutefois du No. 4 qu'il trouva à Vienne et qui lui donna la conviction qu'on ne pouvait attribuer ces gravures à Maso Finiguera sans pouvoir découvrir cependant qu'elles appartenaient à Sandro Botticelli. Il a commis également l'erreur d'attribuer, dans son Appendice à l'oeuvre de Baldini, plusieurs gravures qui appartiennent évidemment à d'anciens graveurs italiens, au vieux maître florentin. Dans le catalogue suivant, nous nous en tiendrons par conséquent, dans nos remarques, à la première partie du catalogue de Bartsch en y ajoutant une description des gravures de ces deux anciens maîtres qu'il nous a été donné de découvrir.

Remarques sur le catalogue de Bartsch.

1 — 24. Les Prophètes. Les gravures originales sont d'un contour très-ferme, très-énergique et d'une bonne entente de dessin. Dans les épreuves un peu fraiches l'effet général est large et grandiose. Comme nous l'avons dit, le prophète Zacharie porte la signature de Sandro Botticelli et on peut en deduire par conséquent que cet artiste n'a point seulement fourni le dessin de ces pièces mais qu'il les a exécutées lui-même. Deux gravures inconnues à Bartsch, représentant, avec les figures de la Vierge et de St. Joseph, la Nativité du Christ à laquelle se rapportent les prophéties, semblent appartenir à cette suite. Cette opinion est corroborée par le fait que ces gravures sont de la même grandeur, que celles des Prophètes et portent une sous-cription analogue, mais aussi par la circonstance que le No. d'ordre sur le premier des prophètes ressemble beaucoup à un 2. Ottley observe à ce sujet que lorsque ces deux pièces se trouvent réunies dans le même cahier, elles représentent une Nativité qui devrait naturellement trouver sa place comme complément de la série des prophètes. A propos de l'observation faite ci-dessus que le No. 21 représentant le prophète Zacharie porte la signature A. B., Zani (Encycl. II. Vol. IV. p. 150) dit que ces initiales peuvent être facilement distinguées devant le commencement de la troisième ligne de la souscription. Cependant comme dans toutes les pièces signées de l'oeuvre réuni de Baldini et Botticelli nous retrouvons toujours le petit b, dans la pièce représentant la Sibylle Delphique entre autres, on peut en conclure que Zani veut indiquer la marque mentionnée déjà $\frac{b}{A}$.

Bartsch a décrit en détail divers états de ces pièces, mais il en oublie un quatrième d'après les mêmes planches remaniées et dans lequel les lettres ne sont plus gravées d'un trait simple mais bien double, par exemples IOEL; on y trouve également des différences dans le dessin.

A part la copie des 24 pièces mentionnée par Bartsch, Zani en indique une autre qu'il croit avoir été exécutée par un graveur allemand. Il n'en connaissait que 22 Numéros dont le dernier portait l'inscription PROFETA MALACHIV. H. 5 p. 2 l. L. 3 pi 11 l. Ce sont probablement les mêmes dont quelques-unes se trouvent au Musée britannique et qui diffèrent de l'original surtout en ce que les nuages sur lesquels les prophètes sont assis sont arrondis au lieu de terminer en pointe.

25—36. Ces pièces sont traitées de la même manière et avec
autant de maîtrise que les Prophètes. Nous n'hésitons point par conséquent à les attribuer également à Sandro Botticelli. Cependant elles
paraissent appartenir à ses premières tentatives dans l'art de graver,
car on y aperçoit une certaine inégalité dans le maniement du burin et,
dans quelques cas une imitation de la manière allemande de l'époque.
C'est ainsi que dans les gravures représentant les Sibylles Libyque, Per-
sique et Tiburtine, les plis des draperies sont à cassures angulaires
dans le goût de Martin Schongauer, tandis que dans les autres prédo-
mine le jet plus souple, plus arrondi de l'ancienne méthode florentine. C'est ainsi que dans ces pièces la représentation des plantes
rappelle également la manière du maître allemand E S de 1466.
Nous ne connaissons d'autre copie de ces Sibylles que celles décrites
par Bartsch p. 95 sous le Nos. 21—32.

—27. SIbILLA DELFICHA. Bartsch n'a point vu que cette pièce
est marquée $\frac{b}{A}$, quoique cette signature, à peine perceptible, marque
évidemment que ce travail est de Sandro Botticelli.

—30. SIbILLA ELISPONTICA. Elle est assise, tournée à gauche,
sur un siége composé de branchage sec et la tête entourée d'un
bourrelet; de la gauche elle tient un livre et de la droite une banderole avec l'inscription:

Excelso Habitacvlo respexit etc.

Son nom est en haut de l'estampe avec le petit b dans le mot Sibilla. Souscription:

Nella mie scola stando vidi fare etc.

Dans la copie, la faute de grammaire mie est corrigée en mia.

— 32. SIBILLA SAMIA. Elle est assise, coiffée d'un bonnet et
richement vêtue, tournée à droite et tient un livre devant elle. A
ses pieds une épée. Cette pièce du cabinet de Dresde paraît être
une copie, vu que dans le mot Sibilla on trouve un B majuscule
au lieu du petit b toujours employé dans l'original.

37—56. Vignettes pour l'Enfer du Dante dans l'édition
florentine de 1481 de la Divina Comedia. Vasari nous a déjà dit que
Sandro Botticelli avait passé beaucoup de temps à ces gravures pour
l'enfer du Dante, mais les grandes inégalités que l'on remarque dans
l'exécution de ces pièces nous portent à croire qu'il n'en a gravé lui-
même qu'une partie. Les Nos. 41, 42, 43 lui appartiennent très-certainement, car elles montrent beaucoup d'entente dans les contours et

l'expression des têtes est très-caractéristique, ce qui n'est point le cas pour les Nos. 47 et 48, faibles de dessin et raides d'exécution. Ces différences frappent davantage dans les épreuves très-rares de premier tirage, comme celles que possède le cabinet de Paris, et sont moins sensibles dans les épreuves plus récentes puisque dans celles-ci les hachures à la pointe froide manquent complètement, ce qui leur donne un aspect très-rude. On pourrait donc en conclure que Sandro Botticelli n'a gravé lui-même qu'une partie de ces pièces et que les autres ont été exécutées sous sa direction par Baccio Bandinelli.

57—59. Les trois gravures pour l'ouvrage Il Monte Sancto di Dio imprimé à Florence en 1477. in-fol.

Ces trois pièces ont été exécutées d'après les dessins de Sandro Botticelli; cependant la seconde No. 58 paraît avoir été gravée par lui puisqu'elle se distingue par une plus grande énergie, tandis qu'on observe dans les deux autres exécutées par Baccio Baldini, et surtout dans le No. 57, beaucoup plus de souplesse et de soin.

60. (B. p. 190.) Le Calendrier de 1465 à 1517. Les illustrations de ce calendrier, représentant les occupations des 12 mois, sont très-rudes d'exécution et maladroitement gravées d'après de bons dessins qui ne rappellent cependant point la manière de Botticelli, tandis que nous n'hésitons point à en attribuer l'exécution à Baldini. Un exemplaire de ce calendrier se trouve au Musée britannique, un autre à Cobourg et l'on se trompe quand on considère cette feuille comme le frontispice de la suite des Planètes, puisque celles-ci sont imprimées d'un beau noir tandis que l'encre du Calendrier a une teinte brunâtre.

61—67. Les sept Planètes et leur influence sur les hommes. Suite de 7 pièces. H. 11 p. 10—12 l. L. 7 p. 8—10 l.

Bartsch décrit, p. 192—200, les copies de ces pièces d'après les données de Schutt dans son Biographical Dictionary et qui sont de plus petites dimensions puisqu'elles ne mesurent en hauteur que 9 p. 3 l. sur 6 p. 6—7 l. de largeur. Ces copies sont aussi la plupart en contre-partie, avec quelques figures en moins, et sont d'une exécution grossière avec fort peu d'entente de dessin. Comme les originaux sont au contraire d'un contour très-exact et d'une belle exécution, nous croyons pouvoir en attribuer l'invention à Botticelli; quoique nous ne puissions dire avec certitude si elles ont été exécutées par lui ou par Baccio Baldini; nous penchons néanmoins pour cette dernière hypothèse. Nous observerons à ce sujet que les originaux et les copies de ces pièces qui se trouvent au complet au Musée britannique, ainsi que les épreuves d'après les planches remaniées que l'on conserve au Cabinet de Paris, sont toutes imprimées d'une encre très-noire, ce qui pourrait faire croire que l'on n'a de ces gravures que des épreuves d'après les planches déjà usées.

    — 61. Venere. La Déesse est portée sur les nuages dans un chariot trainé par deux colombes et s'avance vers la gauche. Devant elle l'Amour, les yeux bandés, décoche une flèche. Sur la roue du char on voit les signes du Zodiadique TORO et BILANCE. Au bas, dans un riche paysage, l'entrée d'un château sur la porte duquel on lit: OMNIA VINCIT AMOR. Du haut du château, trois jeunes filles jettent des fleurs, tandis qu'une jeune dame sur une terrasse, présente à un jeune homme, au-dessous, une guirlande qu'il reçoit avec amour. Une autre femme richement vêtue s'avance avec une guirlande vers un autre jeune homme agenouillé devant elle, tandis qu'un troisième adolescent, plus en arrière, pose la main sur son coeur. Sur le premier plan, à gauche, un jeune homme assis, de profil, tient sur les genoux une jeune fille, coiffée d'une guirlande et avec des ailes à la tête, qui contemple un joueur de luth qui se trouve devant elle. Sur les chausses du jeune homme assis on lit la devise AMEZ DROIT. Au milieu du premier plan, un jeune homme, dans un costume italien de fantaisie, danse avec une jeune femme vêtue à la mode de Bourgogne et qui porte une haute coiffe ornée d'un long voile, tandis qu'à côté d'eux une jeune fille joue du tambourin; sur le même plan, à droite, est assis un autre couple amoureux qui contemple les danseurs et dont le costume rappelle davantage la mode néerlandaise que celle d'Italie. Plus en arrière on voit une table couverte de mets, puis un bain où un jeune homme badine avec deux femmes, tandis que dans le lointain s'avancent, d'un bois d'orangers et de pins, deux cavaliers avec des faucons et dont l'un porte une jeune fille en croupe. L'inscription au bas est essentiellement la même que celle de la copie décrite par Bartsch, sauf que dans celle-ci les erreurs d'ortographe ont été corrigées et les lettres omises replacées. Néanmoins dans l'original la lettre S est gravée ordinairement à rebours et on y retrouve employé exclusivement le petit h. Comme nous l'avons déjà dit, la copie ou plutôt l'imitation de cette pièce est de plus petites dimensions, en partie gravée en contre-partie avec quelques figures de moins; les costumes de Bourgogne ont été remplacés par des costumes italiens et dans le sujet qui nous occupe, près du jeune homme qui adresse sa prière à, Vénus l'inscription EFREDDO PROPRIETA GVCHI dans l'original a été corrigée FREDDA PROPRIETA GIVOCHI dans la copie.

—62. GIOVE: Jupiter est traîné dans un chariot attelé de deux aigles, devant lui Ganymède lui offre le nectar dans une coupe. Sur les roues se trouvent les deux signes du Zodiaque, le Sagittaire et les Poissons, mais à ce dernier seul le nom FISCE se trouve ajouté. Au bas, et sur le premier plan à droite, sont assis les trois poètes Dante, Pétrarque et Boccace, couronnés de laurier et en conversation animée dans la chambre d'une maison devant la porte de laquelle est assis un juge, richement habillé, ayant devant lui trois criminels à genoux qui paraissent avoir reçu leur sentence, tandis que l'on voit tout près deux autres personnages debout dont l'un semble protester de son innocence. On trouve dans le paysage plusieurs chasseurs dont trois à cheval avec des faucons et deux autres, à droite, conduisant trois chiens en laisse. Dans le lointain, un chien force un cerf, tandis qu'un autre poursuit un lièvre sur la montagne à droite. L'inscription est semblable à celle de la copie rapportée par Bartsch, sauf quelques changements d'orthographe.

Dans la copie, la draperie du Jupiter diffère de celle de l'original; près du signe du Sagittaire on trouve l'indication Zagitarie, le groupe près du Juge n'est que de quatre personnages et, au lieu de la montagne du fond, se trouve une ville. Les mots de l'inscription dans l'original VMIDO, TENPERATO, DOLCIE sont changés en HVMIDO, TEMPERATO, DOLCE dans la copie.

—63. SOLE. Un adolescent couronné est assis sur un char attelé de quatre chevaux. Sur la roue le signe du Lion avec le mot LEO. A la droite du bas, un prince couronné est assis sur un trône et devant lui se tient un jeune homme avec la devise DROITMANT inscrite sur la hanche. Derrière eux, deux vieillards contemplent les jeux et les exercices gymnastiques de plusieurs enfants sous l'inspection d'un maître, à gauche, armé d'une baguette. Plus en arrière, on aperçoit un nain et près de lui deux jeunes gens avec des épées, tandis que trois autres soulèvent des grosses pierres, qu'un quatrième danse, armé d'un cimeterre, et que quatre adolescents tirent à la cible. Enfin, sur une hauteur, on voit devant une chapelle, au-dessus de laquelle se trouve écrit AVE REGINA, trois hommes en prière. L'inscription est celle rapportée par Bartsch.

La copie est en contre-partie et montre divers changements. Sur la colline du fond deux hommes seulement prient devant un crucifix, le trône est différent et la figure de l'Amour ne s'y trouve point. Le mot DISIDEROSO dans l'original est changé en DISEROSO dans la copie.

— 64. MARTE. Le dieu est traîné dans un char attelé de deux chevaux et sur les roues duquel on voit les deux signes, le Scorpion, ZCARPIONE et le Bélier, ARIETE. Des scènes de luttes et de violence remplissent tout le paysage. Sur le devant, des soldats ont assailli des paysans avec leurs femmes et chassent devant eux les troupeaux qu'ils leur ont enlevés. A droite, un enfant et une jeune fille s'enfuient en criant. Plus en arrière, quatre cavaliers armés de toutes pièces en poursuivent d'autres et, sur une colline à gauche, un tambour bat la caisse près d'un village en flammes d'où sortent des soldats et des paysans en mêlée, tandis que l'on sonne le tocsin dans le château-fort, à droite.

La copie offre beaucoup de variantes et les divers sujets sont la plupart en contre-partie. Le char du dieu n'est point ombré, tandis qu'il est richement orné dans l'original. La colline n'est plus la même, le nombre des combattants est moindre et près des paysans on voit un enfant qui s'enfuit. Le mot QVINTO est abrégé en QTO dans la copie ce qui a induit en erreur Stutt qui a lu QVARTO.

— 65. SATVRNO. Vieillard armé d'une faux et qui est assis sur un char traîné par deux dragons. Sur les roues, les signes du Capricorne, CAPRICORNIO et du Verseau, AQVARIO. A gauche, devant une prison, un homme est assis dans les ceps et près de lui se trouvent un mendiant et un perclus. Au milieu, un homme s'avance avec une besace. A droite, des bouchers tuent des pourceaux dont un est suspendu à un arbre. Plus loin, un jeune paysan abat un arbre et, sur la montagne, on voit un cloître où trois moines sont occupés à tresser des corbeilles. Au milieu de la pièce, un laboureur conduit une charrue attelée de deux boeufs, tandis qu'à gauche quatre jeunes gens et une jeune fille battent le blé. Dans le lointain, une potence.

La copie est en contre-partie et diffère de l'original en plusieurs points; les batteurs sont au nombre de trois et près du cloître, diversement bâti, on ne voit qu'un seul moine. Au lieu de l'inscription dans l'original DI NATVRA DI PIONbO on lit dans la copie DI CO-LORE DI PIONPO.

— 66. MERCVRIO. Le dieu est richement vêtu, porte le caducée et se trouve assis sur un char attelé de deux faucons. Sur les roues, les signes de la Vierge et du Sagittaire, mais sans les noms. Les arts et les sciences fleurissent sur la terre. A gauche, un sculpteur travaille une statue de femme; plus loin on voit un orfévre et, au-dessus de lui, un peintre orne les murs d'une maison, tandis qu'un apprenti lui broie les couleurs. Vis à vis, à droite, on aperçoit dans une chambre deux savants au milieu de leurs livres et un troisième occupé avec des instruments de physique ou de mécanique. A l'étage supérieur, un musicien joue de l'orgue, tandis qu'un vieillard est occupé au soufflet et que deux jeunes gens écoutent attentifs. Au milieu d'une colline entourée de beaux édifices, quatre astronomes font leurs observations. Tout à fait sur le devant, un jeune homme assis à une table tient un verre de vin et s'entretient avec un gros homme qui paraît se moquer des occupations des savants et des artistes.

La copie est en contre-partie et diffère beaucoup de l'original; les roues portent les signes de la Vierge et des Gémeaux avec leurs noms VIRGO et GEMINI. L'architecture et le fond sont diversement arrangés et près du joueur d'orgue il n'y a point d'amateurs, tandis que dans la boutique de l'orfévre on ne trouve plus que deux personnes au lieu des trois dans l'original.   .

— 67. LVNA. Diane, armée d'une flèche, est sur un char traîné par deux licornes. Sur la roue le signe de l'Ecrevisse, sans inscription. Au premier plan, deux pêcheurs nus jettent leurs filets; deux enfants se baignent, tandis qu'un troisième, à droite, se jette à l'eau et que plus loin, un personnage richement habillé tient un poisson. A droite, près d'un moulin, le meunier attache un sac; sur le pont s'avance un cavalier et deux paysans s'efforcent de relever un âne qui est tombé sous le fardeau. Au délà du pont, on voit encore deux pêcheurs dans un bateau ainsi que deux autres baigneurs. A gauche sur la rive, un saltimbanque est devant une table avec un singe à ses pieds et deux adolescents s'exercent à tirer de l'arc contre un oranger. A droite, une aire d'oiseleurs, avec des filets et des appeaux, où trois hommes se cachent derrière un arbre.

La copie est en contre-partie avec beaucoup de variantes et d'omissions. Sous le signe, se trouve le nom CANCER. Au lieu des deux tireurs d'arc on n'en voit plus qu'un seul, en place des trois oiseleurs, un seul est caché par l'arbre et un seul paysan est occupé avec l'âne. L'homme au poisson manque etc. Dans l'inscription la faute HEVMIDA est corrigée ainsi: E VMIDA et TRALMONDO est changé en TRA EL MONDO etc.

68—91. Les 24 pièces de la Collection Otto de Leipsic. (Bartsch 142—151.)

Ce fut le baron Stosch qui acheta le premier cette série intéressante de gravures à Florence et il les légua ensuite à M. Muzel.
Après la mort de ce dernier, en 1783, on les vendit à Berlin, et ils
vinrent en possession du négociant Pierre Ernest Otto à Leipsic. Ce
fut là que les vit Zani auquel le possesseur des gravures fit don du
Petit Tobie conduit par l'Ange (Bartsch No. 20) et que Zani
céda, comme il nous l'apprend dans son Encyclopédie P. II. vol. IV.
p. 20, à M. Fiorenzo Zappieri, de Monticello d'Ongina. Trois autres
gravures de la série (les Nos. 13, 17 et 23 de Bartsch) passèrent
dans la Collection Keil (de M. Löhr); deux autres (les Nos. 4 et 18)
ont disparu et les 18 autres vinrent par héritage à M. le Consul
Claus de Leipsic et furent vendues avec la Collection de celui-ci en
1852. Seize de ces gravures appartiennent actuellement au Musée
britannique.

Bartsch n'a connu ces gravures que par la description que nous
en donne Heinecken (N. Nachrichten, p. 281) et celle de Huber qui
toutes deux sont souvent incomplètes. Ces deux écrivains étaient
d'opinion qu'elles avaient été exécutées par Maso Finiguerra, ce que
Bartsch, jugeant d'après les facsimile des deux premiers Nos., contesta
avec raison, sans y reconnaître soit le dessin de Sandro Botticelli, soit le
burin de Baccio Baldini, attribution dont nous n'avons aucune raison
de douter. L'impression dans la plupart est d'une encre brunâtre,
quelques-unes ont une teinte bleuâtre.

— 68. La femme couchée. L'inscription sur la banderole
ne commence pas, comme le dit Bartsch, par Amor vuel fe, mais bien
par AMOR VVOLFE. Pièce, d'une impression bleuâtre, en ovale. H.
2 p. L. 3 p. 7 l. (B. No. 1.)

— 69. Le jeune homme et la jeune femme près d'un
disque. Ils se jettent des oranges. Près de la jeune fille on lit:
O Amore te^n q (tenga questa) et à droite, près du jeune homme,
piglia q^a. Les six tourteaux des Médicis dans le disque sont dessinés à la plume (Bartsch No. 2). Musée britannique.

— 70. Le joueur de guitare, demi-figure. Il touche son
instrument avec une patte de biche. Les paquets de fruits de la bordure ont beaucoup d'analogie avec ceux qui se voient sur la porte du
Baptistère par Ghiberti. (Bartsch No. 3.) Musée britannique.

— 71. L'Amour lié et battu par quatre femmes. La
seconde femme tient trois et non deux flèches avec l'arc brisé. Cette
pièce a été achetée, de la Collection du comte Fries, qui l'avait pro-

bablement reçue en présent d'Otto, pour la Collection Albertine à Vienne. (B. No. 4.) Coll. Albert.

— 72. Même sujet. La troisième femme avec l'épée a les bras entourés de bandelettes sur lesquelles on lit: AMOR VVOL FE. Pièce imprimée d'une encre bleuâtre. (B. No. 5.) Musée britannique.

— 73. Buste d'homme et de femme dans un médaillon entouré de huit petits ovales avec des Amours faisant de la musique. Ces bustes sont des caricatures; l'homme regarde en riant sa grosse femme coiffée d'un magnifique bonnet et le cou orné d'un fichu. Cette circonstance explique l'inscription écrite à la main, DAMMI CONFORTO.

— 74. Le Cavalier et la dame dansant dans un médaillon, au milieu; plus bas, dans un ovale entouré de six autres plus petits avec des Amours qui font de la musique, une jeune femme nue et un homme. Le danseur porte sur la manche l'inscription AME DROIT qui rappelle la devise près du jeune homme dans la pièce de la planète Vénus, No. 61. (Bartsch No. 7.) Musée britannique.

— 75. Un ours attaqué par cinq chiens. (Bartsch No. 8.) Musée britannique.

— 76. Le jardin d'amour. Un joueur de luth est assis près d'une dame, devant eux une joueuse de harpe; plus loin un couple amoureux. (Bartsch No. 9.)

— 77. La grimace. La bouche est ouverte avec les deux doigts du milieu, tandis que les deux index abaissent les paupières inférieures. (Bartsch No. 10.) Musée britannique.

— 78. Deux médaillons avec bustes. En haut, un cerf poursuivi par un chien, tandis qu'un autre force un sanglier, au bas. (B. No. 11.) Musée britannique.

— 79. La femme à la licorne. Elle est vue de profil, vêtue d'un riche manteau sur la bordure duquel on lit le nom MARIETTA. De l'arbre pendent des écussons vides, de formes fantastiques. Comme la licorne est l'emblème de la Chasteté et que la figure porte un nom, on doit croire qu'il s'agit ici de quelque événement privé. (Bartsch No. 12.) Musée britannique.

— 80. Judith avec la tête d'Holoferne. Cette pièce se trouve dans la Collection Keil à Leipsic. On en conserve un second exemplaire dans la Collection Durazzo à Gènes. V. Zani, Encycl. II. 4. p. 38.

— 81. Même sujet mais avec l'épée à pointe baissée. La Judith est vêtue d'une manière très-fantastique avec un singulier ornement de tête, tout à fait dans le genre de Sandro Botticelli. Pièce d'une impression bleuâtre. (Bartsch No. 14.) Musée britannique.

— 82. La promenade. (B. N. 15.) Musée britannique.

— 83. Jason et Médée. (B. No. 16.) Musée britannique.

— 84. L'homme et la femme soutenant une sphère. (Bartsch No. 17.) Coll. Keil à Leipsic.

— 85. L'homme et la femme tenant une couronne de laurier au-dessus d'un globe. Cette pièce fut vendue, en Mai 1800, à l'encan Rost et se trouve actuellement dans la Coll. Albertine à Vienne. (Bartsch No. 18.) Coll. Rost No. 3258.

— 86. L'homme attaché à un arbre auquel une femme montre le cœur qu'elle vient de lui arracher. Pièce imprimée d'un ton bleuâtre. (Bartsch No. 19.) Musée britannique.

— 87. Le jeune Tobie conduit par l'Ange. Tobie tient un petit poisson et il est suivi par un chien. Comme nous l'avons dit Zani obtint du négociant Otto cette pièce qui passa ensuite dans la Coll. Fiorenzo Zappieri. (B. No. 20.)

— 88. Cupidon les yeux bandés, tenant l'arc et la flèche. Dans une guirlande tenue par deux Amours. Cette pièce est d'un très-beau dessin. (Bartsch No. 21.) Musée britannique.

—89. Triomphe de l'Amour. Un petit Amour marche devant tenant une bannière sur laquelle on lit: PVRITA; d'autres portent des torches. Vient ensuite un char surmonté de gabions enflammés et traîné par des Amours dont quelques-uns jouent sur des instruments de musique. La marche est fermée par un autre Amour qui porte un drapeau avec l'inscription AL FVOCO bEDETE. On trouve un facsimile de cette pièce, gravé sur bois, dans l'Illustration de Londres de Juillet 1852. Cette gravure est un peu rognée sur la largeur et on voit encore aux extrémités des fragments d'écussons. (Bartsch No. 22.) Musée britannique.

— 90. Les deux femmes assises tenant des cornes d'abondance formant bordure. (Bartsch No. 23.) Coll. Keil à Leipsic.

— 91. Ecusson avec la figure de l'Espérance, soutenu par deux guerriers. La figure principale a les mains élevées vers une espèce de gloire, mais regarde en dehors de l'estampe. Les deux autres figures, un genou en terre, sont armées à l'antique avec un manteau flottant. (Bartsch No. 24.) Musée britannique.

Additions à Bartsch.

92. La création d'Eve. Pièce bien dessinée et gravée dans la manière de Baccio Baldini, d'une impression assez pâle faite au rouleau. (Bartsch XIII. 69. No. 1.) H. 9 p. 7 l. L. 6 p. 10 l. Coll. Albert.

93—96. Sujets de l'ancien et du nouveau Testament. Suite de quatre grandes pièces, en carré long. Ce sont de très-riches compositions que nous croyons pouvoir attribuer à Sandro Botticelli et qui auraient été gravées par Baccio Baldini. Nous ne connaissons, il est vrai, le David que par la description qu'en donne Zani, mais comme cet écrivain ajoute que cette pièce et celle du Moïse ont été gravées par le même artiste qui a exécuté la Reine de Saba, que nous connaissons pour l'avoir examinée en même temps que celles du Moïse et de l'Adoration des rois, nous n'hésitons pas à nous ranger à son opinion que ces gravures ont été dessinées par Sandro Botticelli et gravées par **Baldini.**

— 93. Moïse reçoit les tables de la loi. Il est agenouillé sur le Mont Sinaï et reçoit de l'Eternel, entouré d'Anges, les tables de la loi; un peu plus bas est agenouillé Aaron. Leurs deux noms: MOISES. ARON. se lisent près d'eux. Au bas de la montagne, on voit un dragon et, vis à vis, deux autres qui dévorent quelques personnes. Au milieu, une femme vue presque de dos tient la main droite devant les yeux. Dans le fond, l'adoration du Veau d'or. On remarque encore un petit arbre sur lequel se trouve un dragon. La composition entière renferme 62 figures et 8 Anges. H. 11 p. L. 15 p. 8 l. Coll. du roi de Saxe.

Zani (Encycl. II. 3 p. 180) dit qu'il se trouve dans le Cabinet de Paris un autre exemplaire de cette pièce sans les noms de Moïse et d'Aaron.

— 94. David vainqueur de Goliath. Au milieu, le géant est étendu la face contre terre et David élève des deux mains, et de toute sa force, le cimeterre pour lui donner le coup mortel. Les Israélites à pied et à cheval poursuivent les Philistins. D'un côté du fond se trouve une ville, de l'autre une montagne avec quelques soldats. Sur le fourreau de l'épée du géant on lit: GOLIAS et sur le vêtement du héros juif son nom DAVID. H. 11 p. L. 15 p. 9 l. Zani, Encycl. II. 3 p. 274.

— 95. La reine de Saba visite Salomon. Elle est reçue par le roi dans le parvis du temple qui porte l'inscription: TENPLVM

SALOMONIS. Une suite nombreuse accompagne les deux principaux personnages, au milieu d'une foule de spectateurs. Sur le devant, à gauche, on voit un hallebardier près de son cheval, vu de dos, et deux chats-tigres accouplés. Plus loin, trois autres chevaux et un chameau, avec leurs cavaliers. A droite, trois jeunes gens conversent ensemble. La composition est très-riche de groupes et le nombre des figures est porté par Zani à 117 qui toutes se font remarquer par leur sveltesse. Dans le fond, deux espèces de châteaux reliés par un mur crénelé qui remplit et ferme l'arrière plan. H. 11 p. L. 16 p. Musée britannique, Dresde et Bâle. Zani, Enc. II. 3 p. 348 mentionne encore un exemplaire de cette pièce dans le Cabinet Petronio Buratti à Venise.

— 96. L'Adoration des Mages. La Vierge est assise devant l'étable avec l'enfant donnant sa bénédiction au vieux roi qui, agenouillé devant lui, s'appuie des mains par terre, comme pour lui baiser les pieds; les deux autres mages sont agenouillés derrière lui. Tout à fait sur le devant, St. Joseph assis appuie sa joue sur la main gauche. A gauche, se tient la suite nombreuse des trois rois, parmi laquelle on distingue un soldat armé d'une lance vu de dos ainsi que son cheval. Sur le devant, un gros chien avec un chaperon. Plus loin, deux chats-tigres accouplés ainsi que deux chiens qui boivent à une fontaine. En tout 153 figures et 19 chevaux, sans compter les autres animaux. Dans le fond, des montagnes et un vieux château. H. 9 p. 11 l. L. 14 p. 9 l. (Zani II. 5 p. 154.) Musée britannique.

97. La Nativité. Sur deux planches l'une avec la Vierge et l'autre avec St. Joseph et qui appartiennent à la suite des 24 prophètes décrite plus haut. Elles sont traitées avec une égale maîtrise et ont chacune une souscription de huit lignes. Chaque pièce mesure H. 6 p. 6 l. L. 3 p. 11 l. Musée britannique.

— a. La Vierge. Elle est agenouillée, à gauche, adorant l'enfant Jésus couché devant elle, entouré de rayons, et au-dessus duquel on aperçoit l'étoile miraculeuse. Derrière elle on voit le boeuf et l'âne. L'inscription commence:

Ave fedele ischorta demortali etc.

et termine:

Chepacie choncieda in ciel al servo suo.

— b. St. Joseph. Il est assis, tourné à gauche, à côté d'une selle, et étend la main droite. Au-dessus de lui, sur une banderole, IVSEPPO. Dans le paysage se trouve représentée la fuite en Egypte. L'inscription commence ainsi:

Ave Virgo figliola di Sant Anna etc.

et finit:

che per grazia mi doni el regno suo.

Zani ne connaissait qu'une de ces deux pièces qu'il tenait pour la planche finale des prophètes et qui se trouvait dans le cabinet Durazzo à Gènes. (Zani II. 4 p. 151.)

98. La Flagellation et le Christ devant Pilate. Composition très-riche de figures. La scène se passe dans trois salles du palais de Pilate, dont celle du milieu est voutée tandis que les deux latérales sont à plafond avec des ornements en relief sur les voussures. Dans le compartiment de gauche, le Christ attaché à la colonne est battu par deux bourreaux armés de cordes, en présence de deux hommes et d'un centurion en armure. Dans l'ornement du haut, on voit un roi assis sur son trône devant lequel on amène un homme nu. Dans le compartiment du milieu, le Christ entouré de six personnages est présenté à Pilate assis sur un trône dans le compartiment de gauche. Un page tient devant lui un bassin, tandis qu'un jeune homme lui verse l'eau d'une aiguière sur les mains. Dans la lunette au-dessus, le triomphe d'un empereur. Sur les murs de l'édifice on voit trois médaillons en niche avec des bustes et, au coin gauche, un écusson d'armoiries à l'aigle avec les initiales SPQR sur une banderole. L'architecture est belle dans le style de l'Alberti et l'édifice porte l'inscription TEMPLVM PILATI. Les contours montrent beaucoup d'entente de dessin, les ombres sont à la pointe sèche et l'entière exécution s'accorde parfaitement avec celle des Prophètes. Ces circonstances ainsi que le style de la composition ne nous laissent aucun doute que cette pièce n'ait été gravée par Sandro Botticelli. H. 15 p. 9 l. L. 22 p.

Paris, Gotha, Bâle et la moitié droite seulement au Musée britannique.

99ª. La Vierge entourée de Saints. Elle est assise sur un trône élevé et tient sur les genoux l'enfant Jésus assis sur un coussin. Deux anges qui planent au-dessus d'elle tiennent une couronne sur sa tête. A droite, une Sainte portant le modèle d'une église et une fleur, à gauche, Ste. Lucie. Sur le premier plan, à droite, St. Antoine de Padoue et Ste. Catherine; à gauche, St. Pierre le Martyr et Ste. Marie Madeleine. Tout à fait sur le devant et au milieu, est agenouillé St. Dominique avec le rosaire. Derrière le mur d'appui au fond, s'élèvent quatre cyprès. Cette pièce, aux coins arrondis, est entourée d'une guirlande de lauriers. H. 6 p. L. 5 p. (?) Gravée pro-

bablement par B. Baldini d'après un dessin de Botticelli. Musée britannique. (Archives de Naumann II. 244.)

99[b]. Vie de la Vierge dans 11 compartiments. Dans les
neuf compartiments du bas et des côtés, autour de la composition principale, on trouve les sujets suivants:

La Naissance de la Vierge.

Les Fiançailles de Marie et Joseph.

La Visitation.

La Présentation au Temple (de Marie).

L'Annonciation.

La Présentation au temple (de l'enfant).

Au milieu du bas:

L'Adoration des Mages.

Sur les côtés:

La Fuite en Egypte et

Le Massacre des innocents.

Dans le grand compartiment du bas, se trouve représentée la
mort de la Vierge entourée de douze Apôtres et le Christ qui reçoit
dans ses bras l'âme de sa mère. Au-dessus, dans une Mandorla
tenue par quatre Anges, on voit la Vierge assise qui donne sa ceinture
à St. Thomas. Dans le compartiment du haut, se trouve Dieu le père,
demi-figure, accompagné du St. Esprit entouré de chérubins et d'Anges,
également en demi-figures, qui tiennent des instruments de musique.
Le dessin de cette pièce ne paraît point être de Botticelli quoique
l'exécution en doive être attribuée à Baldini. H. 10 p. L. 7 p. 7 l.
Paris.

100. L'Assomption. Pièce capitale de Sandro Botticelli sur
deux feuilles. H. 30 p. 3 l. L. 20 p. 6 l. (Bartsch XIII. p. 86.
No. 4.) La partie inférieure offre les douze apôtres réunis autour du
tombeau vide de la Vierge que l'on voit, dans la seconde feuille, assise
sur les nuages et entourée d'Anges qui portent des palmes, des roses
et des tiges de lys. Quatre angès, de chaque côté, tiennent des instruments de musique. Sur un rocher est agenouillé Saint Thomas
qui reçoit la ceinture de la Vierge. Une ville dans le fond, où l'on
voit plusieurs des anciens monuments de Rome, tels que le Panthéon,
la Colonne Antonine, le Colisée et la Tour de Néron.

Le style de la composition, surtout dans les figures des apôtres,
rappelle la manière de Fra Filippo Lippi que l'on sait avoir été le
maître de Botticelli. Les ombres, à simples hachures obliques, ressem-

blent à la manière du Pollajuolo, mais la taille est plus souple et les contours sont gravés avec beaucoup d'énergie.

On trouve de très-belles épreuves de cette pièce fort rare dans la Collection Albertine à Vienne et dans le Musée britannique. Un exemplaire sur papier neuf et très-fort, dans le cabinet de Berlin, provient de la Coll. Durand de Paris et mesure H. 30 p. 6 l. L. 20 p. 10 l. Le dessin n'est pas aussi beau dans cette épreuve que dans celles que nous venons de mentionner. On pourrait en conclure qu'il ne s'agit ici que d'une impression faite sur la planche retouchée ou bien très-probablement encore d'une copie.

101. Une illustration pour la „Divina Comedia" du Dante. Le poète se tient au milieu, entouré par les représentations de l'Enfer, du Purgatoire et du Paradis et tient dans les mains le volume rayonnant de son poème où on lit:

NEL MESO DELCAMINO DI NOSTRA VITA MI RITRO (VAI) Il montre de la main droite l'enfer, à gauche, à l'entrée duquel, sur une tour, se trouve l'inscription:

PER ME SI VA NELLA CITA DOLENTE. PER ME SI VA NEL ETERNO DO(LORE).

Derrière le poète s'élève, en terrasses, la montagne du Purgatoire couverte de pénitents et baignée par les eaux du Styx. Un Ange, assis au pied de la montagne devant une porte murée, touche de son épée le front d'un homme qui se trouve devant lui. Le Paradis, à droite, est représenté sous la forme d'une ville fortifiée avec une grande porte ouverte par laquelle on voit plusieurs édifices de Florence, qui sont dignes, sans doute d'orner le Paradis, comme la coupole du Dôme de Brunelleschi et le Campanile du Giotto. Cette composition est fermée en haut par un arc-en-ciel, avec le soleil, la pleine lune et deux étoiles. Au-dessus, l'inscription suivante sur deux lignes:

DANTE ALLEGHERI POETA FIORENTINO CON ALTO INGEGNO EL CIELO EL PVRGHATORO. ET. EL REGNO. INFERNO. AL MEZO. DEL. CAMINO. DINOSTRA. VITA. POSE INEL LAVORO. QVAL NEDIMOSTRA. IL POEMA DIV(INO).

H. 7 p. 4 l. L. 10 p. 5 l. La marge du bas a 5 l. Bibl. imp. de Vienne.

102. L'enfer d'après la peinture à fresque de l'Orgagna dans le Campo Santo de Pise. Lucifer de proportions colossales est assis au milieu des sept divisions de l'enfer, tel que le décrit Dante. Sa tête a trois faces et il dévore autant de pécheurs. Du mascaron qui lui

orne le bas ventre, un démon retire SIMON MAGVS dont le nom se
trouve écrit à rebours. Satan tient sur les genoux deux autres pécheurs
qui sont mordus par les serpents qui s'entortillent autour de ses bras.
Quatre compartiments, dont les trois inférieurs sont partagés en deux
de manière à former dans l'ensemble les sept divisions, remplissent la
largeur de l'estampe et montrent les châtiments destinés aux sept
péchés capitaux. Le compartiment supérieur est un peu cintré. Dans
l'espace vide, à gauche, on lit:
QVESTO EL INFERNO DEL CHÂPO SANTO DI PISA.

Cette gravure de B. Baldini est assez rude de dessin et elle est
assez commune en épreuves récentes. On en trouve une reproduction
dans l'ouvrage de Morone, Pisa Illustrata 1787. H. 8 p. L.
10 p. 3 l.

102. L'enfer du Dante. (Bartsch XIII. 90. No. 8.) Les
bonnes épreuves de cette pièce, comme celle que possède le Cabinet
de Paris, sont d'un ton clair et la taille paraît être celle de Baldini,
d'après un bon dessin. Les épreuves postérieures, d'une encre très-
noire, ont des hachures croisées très-lourdes et paraissent venir de la
planche retouchée.

104. Bacchus et Ariane. Le Dieu est assis sur un char
formé de pampres et tient dans ses bras Ariane couronnée et drapée
d'une manière très-fantastique. Deux petites Satyres sont assis aux
pieds du dieu, tandis qu'un troisième plus agé se tient aux pampres
qui forment une espèce de berceau, à la gauche du char traîné par
deux Centaures dont l'un souffle dans une flûte et l'autre joue de la
lyre. Le char est suivi par une bacchante qui porte un animal mort.
Cette pièce, d'une impression claire, a été exécutée par Baldini d'après
un dessin de Sandro Botticelli. H. 7 p. 2 l. L. 10 p. 4 l. Cat.
Mark Sykes No. 1054. Coll. du Dr. Wellesley à Oxford.

105. Le Labyrinthe. Il est représenté à la gauche de l'estampe par un édifice rond avec plusieurs détours et qui porte l'inscription: AbbERINTO. A droite, couvert d'une armure et sur le
point d'entrer dans le labyrinthe, TESEO à côté d'ADRIANNA qui
tient deux pelotons de fil sur un morceau de draperie. Les noms
sont sur des cartouches au bas des figures. Dans le fond, la mer et
à gauche, un rocher. Ariane fait signe avec son voile vers un
vaisseau qui s'éloigne; plus loin elle s'élance dans la mer d'où l'Amour,
à côté duquel on lit le nom GIOVI, la retire; enfin, on la voit trans-
portée au ciel. Vis à vis, et près de la mer, est une tour du haut

de laquelle deux hommes se précipitent dans les flots. Bonne pièce de Baccio Baldini d'après un dessin de Botticelli. H. 7 p. 3 l. L. 9 p. 6 l. Musée brit.

106. L'Amour aux têtes de pavot. (Bartsch XIII. 99. No. 1.) Pièce ronde d'un faible dessin et imprimée d'un ton bleuâtre, tout à fait dans la manière de Baldini. Duchesne croit que c'est un nielle qu'il décrit sous ce titre dans son „Essai" No. 230. Coll. Albertine à Vienne.

107. L'Amour monté sur un aigle. (Bartsch XIII. 99. No. 2.) Pendant de la pièce précédente et du même travail. Cette gravure est décrite par Duchesne dans son Essai sous le No. 231. Coll. Alb.

108. L'Amour couché sur un dauphin qui nage sur la mer, dirigé à droite; sur le devant un peu de terrain avec une plante. Ottley dans son „Inquiry" p. 333 en donne un facsimile, mais l'original est d'une taille plus fine, dans la manière de Baldini. Il croit que c'est l'empreinte d'un nielle et probablement avec raison. Pièce ronde de 2 p. 1 l. de diamètre. Musée britannique.

109. L'Amour lié et les yeux bandés est assis sur un rocher au milieu de la mer. Pendant de la pièce précédente mais d'un plus beau dessin qui semble appartenir à Sandro Botticelli, tandis que la gravure est de Baldini. Pièce ronde de 2 p. 1 l. de diamètre. Musée britannique.

110. La femme couronnant un jeune homme. Une jeune femme debout, dans le riche costume florentin de l'époque, est dans l'acte de couronner d'une guirlande un jeune homme agenouillé devant elle, les bras croisés sur la poitrine. En haut, le soleil sous la forme d'un disque flamboyant. Belle pièce d'une impression pâle dans le style de Baccio Baldini. Ronde de 2 p. 4 l. de diamètre. Musée britannique.

111. Allégorie sur la lutte de l'urbanité contre la rude grossièreté. Deux dames richement vêtues et un jeune homme à cheval s'avancent de la gauche. Sur la bride du cheval de devant, on lit: SANSVbRIEN. Sur le devant, à gauche, est un jeune homme tenant devant lui un chapeau, tandis qu'un enfant qui le precède, conduit un chien. A droite, un troisième jeune homme lève une énorme épée contre un homme sauvage qui se défend avec une massue et dont la femme et l'enfant s'enfuient. Dans le fond boisé, on voit des chiens qui poursuivent un sanglier et des lapins; près de là, un renard tenant dans la gueule sa proie. Cette

pièce paraît avoir été exécutée par Baldini, d'après un dessin de Sandro Botticelli, mais les contours sont si bien dessinés qu'il serait possible qu'elle fut gravée par ce dernier. H. 6 p. 6 l. L. 9 p. 8 l. Paris.

Le Blanc dans son Manuel p. 127, No. 61. donne à cette gravure le titre de Allégorie sur la conquête du nouveau monde, mais nous n'y voyons rien qui puisse justifier cette dénomination. Nous croyons plutôt qu'il s'agit ici d'une de ces allégories dans lesquelles Botticelli se complaisait et qui se rapportent la plûpart aux diverses conditions de l'humanité.

112. Buste d'un jeune homme. Médaillon de 1 p. 10 l. de diamètre. Sur son chapeau, le mot AMOR. (Bartsch XIII. 102. No. 1.) Cette pièce est traitée tout à fait dans le style de Baldini. Duchesne qui y voit un nielle, la décrit dans son „Essai" sous le No. 346. Coll. Albertine.

113. Divers ornements d'Orfévre. (Bartsch XIII. 141, No. 73.) Ces pièces sont gravées dans le style de Baccio Baldini et paraissent lui appartenir réellement.

Appendice.

Nous ajouterons ici quelques anciennes gravures italiennes qui sont attribuées, soit à Sandro Botticelli, soit à Baccio Baldini, mais que nous ne connaissons que par les descriptions qu'on en a données.

114. La dernière Cène. Le Christ est assis au milieu, les mains élevées, tandis que St. Jean s'appuie sur sa poitrine. St. Pierre tient un couteau de la main droite et pose la gauche sur sa poitrine. D'un côté, se trouvent deux apôtres dont l'un tient la main posée sur sa tête, vis à vis d'un plus jeune vu de profil et qui, absorbé dans ses pensées, appuie la tête sur ses mains. Cet apôtre, ainsi que Saint Jean et deux autres, n'a point d'auréole. Dans le fond, on aperçoit par deux ouvertures un paysage et le terrain est carrelé, d'un dessin varié. H. 9 p. 10 l. L. 11 p. 9 l. Zani décrit dans son Encyclopédie II. 7, p. 91 cette pièce qu'il dit n'avoir vu qu'une seule fois à Paris et qu'il croit gravée par le même maître qui a exécuté l'Assomption.

115. L'Ascension. H. 8 p. 6 l. L. 6 p. 3 l.

116. L'Assomption. — Mêmes dimensions. Voyez le Cat. Malaspina di Sannazaro Milano 1824 II. 28, où ces deux pièces sont rangées dans l'oeuvre de Baccio Baldini, mais attribuées à Sandro Botticelli, à raison de la manière très-large dont elles sont gravées.

117. La Vie de la Vierge. Elle est assise avec l'enfant Jésus sur un trône, couronnée par les Anges et entourée de plusieurs adorateurs. Onze épisodes de la vie de la Vierge entourent la composition principale. H. 12 Cent. L. 18 Cent. Cette pièce est attribuée à Sandro Botticelli. Voyez Cat. Rob. Dumesnil, Londres 1832, et Cat. D. B. Paris 1852, No. 6. C'est peut-être la même pièce que nous avons décrite sous le No. 99.

118. Pièta. Le Christ, debout dans un sarcophage, est soutenu d'un côté par la Vierge, de l'autre par St. Jean. H 22 Cent. L. 18 Cent. Attribuée à Baccio Bandinelli ou S. Botticelli, dans les deux Catalogues mentionnés plus haut.

119. St. Antoine de Padoue. Figure entière. Il bénit de la main droite et tient de la gauche un livre et un lys. Dix compartiments avec des épisodes de la vie du Saint, quatre de chaque côté et deux plus larges en haut et en bas, entourent la figure principale. Au-dessous une inscription de huit vers. H. 10 p. 3 l. L. 7 p. 7 l.

Cette pièce est attribuée à Baccio Baldini dans le Cat. Malaspina II. 39. Cependant, dans le Cat. Cicognara, on remarque que la gravure est d'un style inférieur avec des hachures très-raides et très-sèches et qui ne répondent point à la manière de Baldini; l'épreuve est, de plus, sur un papier qui n'est pas très-ancien.

120. La Mort d'Orphée. Il est à terre, sur le genou droit, et s'appuie de la main droite tandis que, de la gauche, il cherche à se couvrir la tête avec son manteau pour parer les coups que lui portent deux nymphes armées de longues massues et vers lesquels il lève des yeux suppliants; l'une d'elles est vue de dos, celle de gauche en face, et à côté d'elle un petit enfant effrayé s'enfuit. Dans le fond, un arbre, et plus loin, un rocher sur lequel est une ville avec deux tours. H. 5 p. 4 l. L. 8 p. 1 l. Ottley, p. 403, et Nelson, No. 31.

Cette pièce, qui provient de la Collection Riccardi de Florence, montre, au-dessus de la figure de l'Orphée, un singulier ornement

comme suit

Il nous est impossible de décider si cet ornement est la marque du graveur et nous nous contenterons d'observer que Ottley attribue la gravure de cette pièce à Baccio Baldini, quoiqu'il observe plus tard que l'exécution a quelque chose d'analogue avec celle des cartes de Tarots.

121. Dix petits Amours dans un vignoble. Sur le premier plan, à droite, un Amour assis sur un tonneau en tire du vin au moyen d'un roseau. A gauche, et plus en arrière, deux autres Amours foulent le raisin dans une cuve ornée. Vers le fond, on voit un quatrième, la moitié du corps cachée sous une treille, tandis qu'un cinquième, monté sur une échelle, cueille le raisin et le jette dans une corbeille qu'un de ses camerades monte et descend au moyen d'une corde. Deux autres Amours, l'un vu de dos, l'autre de front, se tiennent au pied de l'échelle. Enfin un petit Cupidon s'envole vers les deux qui foulent le raisin et un autre, agenouillé devant le tonneau, tient une coupe de la main. Cette belle pièce qui appartient à M. Holford se trouvait sous le No. 44 à l'exposition de Manchester en 1857.

Empreintes de Nielles.

W. Young Ottley décrit, dans son ouvrage: An inquiry into the origin and early history of engraving upon copper and in wood with an account of engravers and their works, from the invention of Chalcography by Maso Finiguerra to the time of Marc Antonio Raimondi. London J. et Arth. Arch 1816. 2 vol. 4°. p. 333, quatre empreintes de nielles avec des ornements dans l'ancien style florentin et qu'il croit pouvoir attribuer à Baccio Baldini. Nous avons déjà enregistré ces pièces dans notre Catalogue des Nielles sous le Nos. 649—652, auquel nous renvoyons, sans qu'il y ait besoin d'en répéter la description ici.

Antonio del Pollajuolo,
né en 1433, mort en 1498.
(Bartsch XIII. 201.)

D'après la déclaration faite en 1457 aux autorités de Florence par Jacques que son fils avait alors vingt quatre ans, nous voyons qu'il était né en 1433[1]) mais non pas en 1426, comme on l'a dit fort long-temps. Vasari nous le donne comme un excellent orfévre et dessinateur de plusieurs nielles pour le baptistère de St. Jean à Florence. De ces derniers travaux [il paraît n'être resté qu'une Paix, représentant la Déposition de croix, qui se trouve actuellement dans le Cabinet de Florence. Le même écrivain ajoute qu'il exécuta pareillement plusieurs gravures et cite, entre autres, le Combat d'hommes nus qui est connu actuellement sous la dénomination des Gladiateurs, en observant que sa taille était meilleure que celle des maîtres qui l'ont précédé, c'est à dire Baccio Baldini et Sandro Botticelli.

Bartsch ne décrit de Pollajuolo que trois pièces, et il nous a été impossible d'en trouver d'autres qui puissent, en toute certitude, être attribuées à ce maître. Il est vrai qu'Ottley (Inquiry, p. 447) croit pouvoir lui donner la gravure représentant le combat de deux Centaures en présence de trois spectateurs, que Bartsch attribue, par erreur, à Reverdino (No. 23). Mais dans cette pièce la conduite des tailles est bien différente de celle du Pollajuolo, car elles ont, avec plus de finesse, une plus grande souplesse, surtout dans les hachures croisées, qui ne sont que rarement employées par notre maître. On trouve encore dans le même style une autre gravure représentant St. Antoine avec deux ermites et que nous croyons devoir attribuer, avec la précédente, à quelque bon graveur ancien de la haute Italie. Cette dernière pièce a été également décrite par Bartsch dans l'oeuvre de Reverdino, en même temps qu'une autre du même genre, sous les Nos 12 et 32.

Observations à Bartsch.

1. Hercule et Anthée. La taille de cette pièce est encore indécise et elle semble n'avoir été que le premier essai du maître dans

---

[1) Gaye, Carteggio I. p. 265.

ces dimensions. La tête de l'Hercule est assez bien traitée; cependant l'artiste n'est parvenu au plus haut point dans son art que dans la gravure des Gladiateurs qu'il a signée de son nom en entier.

2. Les Gladiateurs. On a de cette pièce une excellente copie sur bois signée sur la tablette, au lieu du nom de Pollajuolo, de celui de 𝕵𝖔𝖍𝖆𝖓𝖓𝖊𝖘 𝖉𝖊 𝖋𝖗𝖆𝖓𝖐𝖋𝖔𝖗𝖉𝖎𝖆.[1]) On en trouve également une autre copie sur métal, à fond blanc, par Luc Antonio de Giunti, de Florence, et qui porte l'inscription: O p u s L u c e m F l o r e n t i n i E d i n p l e s a i n S t r a g u a. H. 14 p. 9 l. L. 21 p. 6 l. La première de ces copies se trouve au Musée britannique, la seconde dans la Coll. du roi de Saxe.

3. Hercule combattant les géants. Le Musée britannique possède de cette pièce une épreuve d'artiste, où les deux côtés de la gravure ne sont pas encore terminés; la figure de droite, entre autres, n'est encore qu'un simple contour.

Appendice.

4. Le combat entre deux Centaures. Trois hommes armés paraissent être les témoins du duel entre les deux Centaures. H. 7 p. 3 l. L. 11 p. 6 l. (?) Bartsch XV. p. 473, No. 23, attribue faussement cette pièce à Reverdino, tandis que Ottley la donne à Pollajuolo, comme nous avons dit plus haut. Le travail de cette pièce a en effet quelque analogie avec le faire du Pollajuolo, cependant elle montre des hachures croisées que ce maître n'a jamais employées ailleurs.

---

1) Dans les registres de la Corporation des Peintres, Vitriers et Sculpteurs de Wurzbourg, on trouve, dans la liste de 1501 et le troisième de la série, un Hans von franckfurt, Maler, dont le nom se lit également dans les comptes de 1470 à 1498, et il y est dit, entre autres, qu'il peignit en 1470 et pour le prix de 18 Pfennig, un crucifix pour la chapelle de N. D. de Wurzbourg. Nous trouvons encore mentionné, parmi les membres de la confrérie des peintres de Strasbourg, sous la date de 1516, un Hans von franckfort, unser bürger. Nous ne saurions décider si ces deux noms indiquent une seule et même personne ou si cet artiste unique ou l'un des deux est le graveur sur bois qui a copié les Gladiateurs du Pollajuolo. On doit observer en même temps que de 1503 à 1592, il se trouvait en Italie un Jacques de Strasbourg dont nous avons parlé, dans la partie historique de notre ouvrage, comme ayant exécuté beaucoup de gravures sur bois et sur métal dans la haute Italie.

Fra Filippo Lippi (?),

né en 1412, mort en 1469.

Vasari et tous les autres écrivains après lui n'ont parlé de cet artiste que comme un peintre des plus distingués; cependant il y a lieu de croire qu'il a été un des premiers qui se sont exercés à Florence dans le nouvel art de la gravure sur cuivre. D'après une communication qui nous a été faite par feu le directeur Frenzel, le grand duc de Toscane, en visitant la collection des gravures à Dresde, ayant vu les épreuves du Crucifiement, lui avait assuré que les planches niellées d'argent de cette composition se trouvaient encore dans la Collection de Florence, où elles étaient attribuées à Fra Filippo Lippi. Des recherches faites sur les lieux à ce sujet n'ont point amené des résultats satisfaisants, quoique le dessin de ces pièces s'accorde parfaitement avec celui du maître.

Cette gravure du Crucifiement appartient à une suite de 15 pièces de la Vie de la Vierge et du Christ, toutes de la même main, et que Bartsch, par erreur, attribue à Nicoletto da Modena. Les gravures ne sont pas toutes de la même bonté et paraissent avoir été exécutées par un des élèves de Fra Filippo, d'après les dessins du maître. On trouve également des épreuves, faites sur les planches remaniées, qui ont une apparence très-rude.

Remarques à Bartsch.

1 — 15. Sujets de la vie de la Vierge et du Christ. Suite de 15 feuilles. H. 8 p. 3 l. L. 6 p. Attribuées à Nicoletto da Modena par Bartsch XIII. 257. Nos 6 — 20.

— 1. L'Annonciation. Belle pièce du maître dans laquelle les figures sont plus grandes que dans les autres gravures de la suite. (B. No. 6.)

— 2. La Visitation. Bonne pièce, mais d'une exécution inférieure à la précédente. (B. No. 7.)

— 3. La Nativité. Du même travail que le No. 2. (B. No. 8.)

— 4. La Présentation au temple. Idem. (B. No. 9.)

— 5. Jésus parmi les docteurs. L'homme agenouillé avec une auréole représente St. Joseph. (B. No. 10.)

4*

— 6. **Le Christ au jardin des Oliviers.** On lit sur le drapeau, à rebours, l'inscription SPQR. (B. No. 11.)

— 7. **Le Christ présenté au peuple.** Dans les premières épreuves le Christ a la couronne d'épines. Cette couronne manque dans les impressions provenant de la planche remaniée. (B. No. 12.)

— 8. **La Flagellation.** Les figures sont de proportions un peu plus fortes que dans les autres pièces. La taille est rude. (B. No. 13.)

— 9. **Le Portement de croix.** Cette pièce est gravée dans le style de celle de la Visitation. (B. No. 14.)

— 10. **Le Crucifiement.** Belle pièce et la meilleure de toute la série; la planche originale se trouve, dit-on, dans la Coll. de Florence. L'inscription sur la croix INRI n'est point gravée à rebours. (B. No. 16.)

— 11. **La Résurrection.** Pièce médiocre. (B. No. 16.)

— 12. **L'Ascension,** sujet que Bartsch, par erreur, a pris pour la Transfiguration. Bonne pièce dans laquelle les têtes de femme rappellent la manière de Fra Filippo. Dans le groupe des apôtres, il y avait une treizième figure que l'on a effacée, mais dont on aperçoit encore les traces. (B. No. 17.)

— 13. **La Descente du St. Esprit.** Bonne pièce dans le genre de la précédente. (B. No. 18.)

— 14. **Le Couronnement de la Vierge.** Belle pièce, évidemment du maître. (B. No. 19.)

— 15. **La Vierge laisse sa ceinture à St. Thomas** (pris faussement par Bartsch pour St. Jean l'Evangéliste). Belle pièce de la même exécution que les Nos précédents.

Voyez les observations de Bartsch sur les épreuves des planches retouchées.

Andrea del Verrochio,
né en 1432, mort en 1488.

Cet artiste distingué appartenait à la famille florentine des Cioni; mais, ayant été mis en apprentissage chez l'orfévre Verrochio, il fut connu plus tard sous le nom de celui-ci, selon la coutume de l'époque. Vasari dit de lui qu'il fut orfévre, dessinateur de perspective, sculpteur, i n t a g l i a t o r e (graveur?), peintre et musicien ; il ajoute plus loin [1]) : „Dans notre livre nous avons plusieurs dessins de sa main, entre autres certaines têtes de femme d'une belle forme et d'une singulière coiffure que Léonard de Vinci aimait à copier en raison de leur beauté. Dans ce même livre se trouvent également deux chevaux, avec la manière de les mesurer et des divisions au moyen desquelles il est possible de les dessiner, soit plus en grand, soit plus en petit, sans craindre de se tromper dans les proportions.“

Si l'on ne peut conclure avec certitude, d'après ces indications de Vasari, que Andrea del Verrocchio ait gravé sur cuivre ou sur métal dans le but de multiplier ses dessins, il n'en faudra pas moins déduire, surtout en tenant compte de la désignation d'intagliatore qu'il lui applique, que ce maître, comme le Pollajuolo, a gravé des nielles. On pourrait également croire que, s'étant exercé dans plusieurs branches de l'art, il n'eût pas negligé celle qui attirait alors par sa nouveauté l'attention des artistes, ou que du moins il n'eût pas cherché à obtenir des épreuves sur papier de ses nielles.

Quoi qu'il en soit, le passage que nous avons cité plus haut de Vasari, tout en nous donnant une idée des sujets traités par le maître, nous met en état d'appuyer, sur des conjectures plausibles, l'opinion qui lui attribue certaines gravures parvenues jusqu'à nous et, en particulier, celle d'une tête de femme de grandeur presque nature, exécutée évidemment par un excellent maître ancien dans le genre des travaux niellés et qui, dans le style, correspond parfaitement aux ouvrages connus du Verrochio. Nous sommes donc convaincus que nous ne serons pas accusé d'erreur en attribuant à ce maître les deux gravures suivantes:

1. T ê t e d e f e m m e, grandeur presque nature. C'est probablement un portrait, vu d'un peu plus de trois quarts et tourné à droite. Les cheveux tombent en boucles de chaque côté de la tête, dont le front est orné d'une rosette composée de cinq pierres précieuses. Une barrette et un voile cachent le derrière de la tête. Un riche vêtement, jeté sur l'épaule droite, est maintenu par la main gauche posée au-dessous du sein; le corsage est richement orné et on ne voit qu'une partie de la manche étranglée par des bandelettes. Le costume est celui des dames florentines de l'époque. Les contours sont de toute beauté et tracés avec une grande entente de dessin; le modèle révèle

---

[1) Vasari, Edition Florentine 1849. Vol. V. p. 139.

un artiste accompli. Les hachures, au contraire, ne sont pas conduites d'une manière large; elles sont maigres comme dans les nielles et composées de traits courts. Le seul exemplaire que nous connaissons de cette pièce est au Musée britannique; il est imprimé d'un ton très-mat. H. 14 p. L. 10 p.

2. Portrait d'un homme sans barbe. La tête est de profil, à gauche, coiffée d'un casque fantastique sur le devant duquel est assis un petit Amour qui souffle dans une sarbacane ornée d'un petit drapeau. Sur la poitrine de la figure est un ornement ressemblant à un lys, accompagné d'une aigle. Une tête de lion sert d'épaulette. L'exécution de cette pièce est tout à fait semblable à celle de la précédente. H. 5 p. 9 l. L. 2 p. 7 l. Coll. Wellesley à Oxford.

Appendice.

3. Trois têtes de chevaux. Celle de gauche, vue de profil, est tournée à droite et, au moyen d'un carré, se trouve divisée en quatre parties. Celle du milieu, plus grosse et vue presque de face, se distingue par une crinière droite, comme on la voit dans les sculptures antiques. Celle de droite, également de profil, est tournée à gauche. Les hachures très-légères sont obliques, comme on les trouve dans les dessins de Léonard de Vinci, et conduites avec art et avec goût. L'épreuve du Musée britannique est d'un ton pâle. H. 4 p. 4 l. L. 6 p. 11 l.

Bartsch attribue, sous le No. 24, cette pièce à Giovan Antonio da Brescia, trop faible dessinateur pour une gravure traitée avec autant de maîtrise. Ottley, dans une lettre à Wilson, croit pouvoir donner cette gravure à Léonard de Vinci, avec le faire duquel elle montre d'ailleurs beaucoup d'analogie, comme nous l'avons observé ci-dessus. Nous n'avons aucune intention de confirmer ici ce point de vue, et si nous avons décrit cette pièce après avoir enregistré ce qui nous reste de l'oeuvre d'André Verrochio, nous n'avons été porté à cela que par les inductions que l'on pourrait tirer du passage relatif à André Verrochio, que nous avons cité ci-dessus d'après Vasari.

Maître Gherardo,

né vers 1432, mort vers 1495.[1]

Dans la vie de cet excellent maître en mosaïque, qui fut en même temps un peintre en miniature célèbre, Vasari nous dit que ce fut à cette époque que parvinrent à Florence les gravures de Martin Schongauer et qu'elles plurent tellement au maître Gherardo, qu'elles le portèrent à graver sur cuivre en copiant même quelques pièces du maître allemand, „comme on peut le voir, ajoute-t-il, dans notre livre, où elles se trouvent avec quelques dessins de Gherardo." Et il revient sur ce point, en le précisant, dans la vie de Marc-Antoine, où il dit que parmi ces copies se trouvait celle d'un Christ en croix entre la Vierge et Saint-Jean.

A en juger par les miniatures qui nous restent de Gherardo et qu'il exécuta de concert avec son frère Monte di Giovanni, de 1492 à 1494, pour les missels du Dôme de Florence, il s'en tient, pour la composition, aux principes de l'école de Van Eyck, ce qui pourrait nous faire croire qu'à l'exemple d'Antonello da Messina, il visita comme lui les Pays-Bas.

Il ne semble pas qu'aucune copie du Christ en croix, d'après Schongauer, par le maître Gherardo soit parvenue jusqu'à nous. Nous trouvons en revanche une pièce du maître allemand, signée de son chiffre et représentant le Christ entouré de six Anges, qui évidemment n'a pas été gravée par lui, mais que l'on doit attribuer plutôt à l'un de ses imitateurs florentins. C'est cette pièce décrite par Bartsch comme faussement attribuée à Schongauer, que nous croyons avec assez de vraisemblance pouvoir donner au maître Gherardo, en même temps qu'une autre gravure ronde représentant l'Homme de douleurs, exécutée par un Italien tout à fait dans le style du maître allemand; il en est de même d'une demi-figure de Vierge avec l'enfant qui appartiendrait, pour les mêmes raisons, au maître Gherardo.

Par contre, c'est une erreur chez Ottley d'attribuer une ancienne gravure italienne représentant la Mort de Virginie (Bartsch XIII.

---

1) Dans le livre de Caisse des Archives de l'Oeuvre pour le Dôme de Florence, il est fait mention de Gherardo jusqu'en 1494, tandis que son frère Monte travaillait encore pour les missels de l'église en 1528. Voyez „Nouvelles recherches pour servir à l'histoire de la Miniature en Italie", dans l'édition de Vasari déjà citée. Vol. V. p. 166 et 329.

108. No. 5) au maître Gherardo, puisque cette pièce n'a point la
moindre analogie avec sa manière, qui est celle de l'école allemande.
Elle paraît, au contraire, avoir été exécutée par quelque orfévre italien,
à en juger par les hachures fines, serrées, régulières des ombres, qui
ne laissent que fort peu d'espace pour les lumières et qui donnent à
l'ensemble un reflet métallique tout particulier. Nous ne pouvons
non plus nous rallier à l'opinion de Zani, qui voudrait attribuer au
maître Gherardo une copie en petit du crucifix de Martin Schongauer,
signée A ☺. Il répète la même opinion quand il s'agit de la grande
gravure du Crucifiement du maître A ☺ (B. No. 24) et qui, selon
toute probabilité, a été exécutée par Albert Glockenton. (Voyez Zani,
Encycl. II. 8 p. 52 et 56.)

1. Le Christ au milieu de six Anges. Il est debout, vu
de face, avec trois grands Anges de chaque côté (Bartsch VI. 169.
No. 6.) On a voulu sans doute représenter ici Jésus servi par les
Anges, après sa tentation dans le désert. Les figures sont bien dans
le style de Martin Schongauer, mais le paysage, les arbres entre autres,
rappellent le style conventionnel des bas-reliefs de Lorenzo Ghiberti.
L'exécution est tout à fait dans la manière plus large des Italiens. Il
faut observer de plus que les premières épreuves ne portent point le
monogramme, qui a été ajouté plus tard, quand la ressemblance de cette
pièce avec les autres travaux de Martin Schongauer pouvait lui donner
une partie de la haute valeur qu'on mettait aux gravures du maître
allemand. La planche a été ensuite coupée en deux et on retrouve
encore de très-mauvaises épreuves de la partie supérieure. H. 11 p.
L. 8 p. 3 l.

2. L'homme de douleurs. Il est debout, couronné d'épines
et les bras croisés sur la poitrine, derrière un sarcophage, soutenu
d'un côté par la Vierge qui essuie ses larmes et, à droite, par St. Jean.
Sur le devant du sarcophage, on voit le suaire avec la sainte face. Le
fond, avec quelques nuages vers le haut, est couvert de fortes hachures
régulières. La tête et les draperies rappellent beaucoup la manière
de Martin Schongauer; le dessin du nu, celui des doigts particulière-
ment, est tout à fait le sien, quoique les formes soient un peu plus
pleines dans le reste des figures. Pièce d'une excellente exécution,
mais poussée au noir dans certaines parties d'ombre. Ronde de 5 p. 10 l.
de diamètre. Cette gravure appartient au Musée britannique, après
avoir passé par les Collections Bianconi, Storck et Maino de Milan.

Zani (Enc. II. 7. p. 248.) attribue cette pièce à l'Ecole vénitienne, sans
nous donner les raisons de cette opinion.

3. La Vierge avec l'Enfant Jésus. La Vierge est tournée
à gauche, tenant devant elle, sur une table, un livre où lit l'enfant
Jésus, assis sur un riche coussin et portant un oiseau de la main
gauche étendue. Fond blanc avec l'inscription:

AVE MARIA GRACIA PLENA DOMINVS TECV

dans l'auréole de la Vierge. Les draperies rappellent le style allemand
et l'exécution l'école florentine. Impression d'une encre pâle au moyen
du rouleau. H. 7 p. 1 l. L. 4 p. 11 l. Musée brit. Le filigrane
du papier est une main tenant une rose sur un long stèle.

Robetta, orfévre de Florence.
(Bartsch XIII. 392.)

Vasari, dans la vie du sculpteur Giovan Francesco Rustici, fait
mention de cet artiste en parlant d'une confrérie qui, sous le nom du
Pajuolo (la Marmite), se réunissait dans la maison de ce même Rustici.
Cette société se composait de douze membres dont les noms sont
donnés par Vasari et au nombre desquels se trouve celui de Robetta
Orafo. Il décrit, en outre, une de ces réunions à laquelle chaque
membre était obligé d'apporter un plat de son invention et où Robetta
se présenta avec une enclume destinée au service de la marmite et qui
était composée d'une tête de veau avec d'autres viandes grasses. Comme
Vasari parle plus tard d'une société semblable qui fut établie en 1582
sous le nom de la Truelle et que, par conséquent, celle de la Marmite
a dû exister auparavant, cette circonstance nous permet de fixer vers
1510—1511 l'époque d'activité du Robetta.

Les gravures de cet artiste étant, pour la plupart, d'après les
dessins de Lippino Lippi, la composition en est très-belle, tandis que
l'exécution, dans les premières surtout, est rude et maladroite. Il améliora plus tard sa manière, sans parvenir pourtant à un haut degré
d'excellence. Cette insuffisance du Robetta nous porte à croire que
Lippino n'a point permis de son vivant que l'on reproduisît ses belles
compositions d'une façon aussi peu satisfaisante et que ce ne fut
qu'après sa mort, en 1505, que Robetta entreprit de graver d'après
lui, ayant probablement obtenu les dessins originaux d'un de ses collè-

gues de la Confrérie de la Marmite, le peintre Ruberto, élève de Lippino, ou les ayant acquis dans l'héritage de Lippino même.

Le Dr. Waagen, dans son ouvrage intitulé: „Kunst und Künstler
in Paris", p. 69, a émis l'opinion que Robetta a beaucoup gravé d'après
les dessins de Luca Signorelli, mais, après un examen attentif, nous
croyons pouvoir affirmer que la plus grande partie de son oeuvre est
de l'invention du Lippino; une pièce entre autres nommée la Lyra
(Bartsch No. 23) a été exécutée d'après l'esquisse d'une fresque peinte
en 1502 par Lippino, dans l'église de S. Marie-Nouvelle à Florence.
Il paraîtrait même que Robetta a gravé quelquefois d'après de simples
croquis du Lippino et qu'il s'est permis d'y prendre certaines libertés.
C'est ainsi, comme Bartsch nous le fait remarquer, que nous trouvons,
dans les pièces Nos 3, 4 et 18 de son oeuvre, la figure identique d'un
enfant qui tient un oiseau et une répétition semblable dans les gravures Nos 22 et 24. C'est ainsi qu'il employa quelquefois pour ses fonds
ceux d'Albert Durer, comme c'est le cas pour les Nos 3, 4 et 24, et
comme nous ne pouvons attribuer ces emprunts au Lippino, force nous
est d'y voir un procédé particulier du Robetta.

Ce graveur a exécuté, d'après les esquisses de Lippino, une suite
de gravures avec des sujets de la Création et de l'histoire primitive
du genre humain et dont six feuilles seulement, d'égales dimensions,
sont parvenues jusqu'à nous; mais la série ne saurait être complète
puisqu'il manque un des sujets principaux, celui du Péché originel.
Bartsch décrit, sous les Nos 1, 2 et 5, trois de ces pièces, et nous en
avons découvert trois autres, de manière que la série, telle qu'elle se
compose actuellement, contient

1. La Création des animaux.
2. La Création d'Eve.
3. Adam et Eve chassés du paradis.
4. Adam et Eve avec leurs enfants.
5. Le Sacrifice de Caïn et d'Abel.
6. La Mort d'Abel.

Observations à Bartsch.

3. Adam et Eve avec leurs deux enfants. L'exécution
de cette pièce est d'une finesse qui nous ferait croire qu'elle est un

des derniers ouvrages du Robetta. Le paysage du fond est emprunté à celui de la Vierge au Singe d'Albert Durer.

6. L'Adoration des rois. M. Giuseppe Vallardi possédait, en 1821, la planche de cette gravure dont il fit tirer des épreuves. Au revers est gravé: L'homme attaché à un arbre par l'Amour. (B. No. 25.)

9. La Samaritaine au puits. Bartsch s'est trompé en nommant cette gravure Jésus prenant congé de sa mère.

18. Vénus entourée d'Amours. Le sujet de cette pièce, d'après un dessin du Lippino, paraît être plutôt celui d'une Charité.

23. La Lyre, ou plutôt Deux Muses, dont celle de droite joue de la lyre. Cette pièce est exécutée d'après l'esquisse du Lippino pour la fresque en grisaille qu'il a peinte pour la chapelle Strozzi, dans l'Eglise de Sainte-Marie-Nouvelle à Florence. La gravure est en contre-partie et avec quelques différences, si on la compare à la fresque originale. Ainsi, dans celle-ci, la lyre est surmontée d'un petit vase, avec une flamme, qui se trouve remplacé par un pot à feu dans la gravure et, dans celle-ci, l'instrument repose sur un sphinx qui ne se trouve point dans l'original. Ottley en donne un dessin dans son livre: „Florentine School of Painting". Pl. 41. Feu le Directeur Frenzel pensait que cette composition devait représenter la Musique et la Poésie. Cette dénomination paraîtrait d'autant plus exacte qu'elle conviendrait au lieu choisi pour cette fresque.

24. La Vieille et les deux couples amoureux. Les édifices du paysage sont empruntés à la pièce d'Albert Durer connue sous le nom des Effets de la jalousie. Les secondes épreuves montrent les traces des trous percés dans le but de clouer la planche et qui ne se voient pas dans les premières épreuves. Feu le Directeur Frenzel voyait dans la figure de la vieille femme celle de l'Envie.

25. L'homme attaché à un arbre par l'Amour. M. Giuseppe Vallardi de Milan possédait également, en 1821, la planche originale, dont il fit tirer des épreuves.

Additions à Bartsch.

27. La Création des animaux. A droite, le Créateur debout, représenté ici sous la figure du Christ, avec la Croix, dans une gloire, lève la main droite pour bénir. Vis à vis de lui, près d'une rivière, se trouvent onze animaux divers: un cerf, un lion, un boeuf, une chèvre, un coq, une grue, un aigle, un chien etc. Fond de paysage avec une petite ville d'architecture italienne. Pièce non signée. H. 6 p. 5 l. L. 5 p. 3 l. Paris.

28. Le Sacrifice de Caïn et d'Abel. Au milieu est un autel richement orné sur lequel brûlent des épis, tandis que Caïn, penché en avant, contemple Abel qui s'approche de la gauche tenant un agneau. Fond de paysage montagneux avec une grande rivière et quelques édifices dans le lointain. H. 6 p. 2 l. L. 4 p. 11 l. Musée britannique et Amsterdam.

29. Caïn tue son frère Abel. Le meurtrier brandit des deux mains une massue pour en frapper Abel. Celui-ci tombé, un genou en terre, lève le bras gauche pour parer le coup. A droite, dans le fond, on voit un moulin à eau près d'une montagne. Pièce non signée. H. 6 p. 2 l. L. 5 p. Cat. Evans and Sons. Londres 1857. No. 89.

30. La mort d'Abel. Il est étendu à terre, vu en raccourci et la tête placée vers le spectateur. Sur le devant Caïn, vu de dos, s'appuie de la main droite sur sa massue et lève la gauche vers la figure de l'Eternel, qui apparaît dans les nuages au-dessus du cadavre d'Abel, derrière lequel on aperçoit une haie. H. 6 p. 3 l. L. 4 p. 11 l.

31. La Sainte famille. La Vierge est assise dans un paysage, les pieds à droite et la tête tournée à gauche, tenant l'enfant Jésus sur le genou droit. De la main droite elle tient le petit St. Jean qui, les bras croisés sur la poitrine, s'avance vers la gauche où croissent quelques arbres. Dans le fond, à droite, une colline avec des édifices vers lesquels se dirige une figure d'homme; en arrière, la mer avec un vaisseau. Pièce non signée et gravée d'après un dessin du Lippino. H. 5 p. L. 3 p. 10 l. Dresde.

32. La Vierge avec St. Sébastien et Ste. Marie Madeleine. La Vierge debout tient du bras gauche l'enfant Jésus et, de la main droite, un oiseau, en avançant la main gauche vers le vase à parfums que lui tend la Madeleine debout à droite. Celle-ci est vue de profil, un livre dans la main gauche. Vis à vis d'elle, St. Sébastien, couvert d'un grand manteau, tient deux flèches. Cette figure a quelque

ressemblance avec une de l'Adoration des Mages de Martin Schongauer, avec cette différence que celle de Robetta est en contre-partie. H. 5 p. 3 l. L. 5 p. 1 l. Musée britannique.

33. St. Jérôme. Il est agenouillé, à gauche, devant un crucifix qu'il saisit de la main droite, tandis que, de la gauche, il tient une pierre. Son vêtement est placé sur un tronc d'arbre près duquel repose le lion. Dans le fond s'élève un rocher sur lequel on voit une chapelle entourée de quelques édifices. Au milieu du premier plan, se trouve un petit oiseau les ailes déployées. Pièce non signée. H. 8 p. 1 l. L. 6 p. 3 l. Musée britannique.

Appendice.

34. La Nativité. La Vierge est agenouillée, à droite, adorant l'enfant Jésus, qui est couché sur le manteau de sa mère et porte la main gauche à sa bouche. Au milieu de l'estampe, St. Joseph, debout, tient une lanterne de la main gauche et de la droite un bâton. A gauche et en partie seulement visibles, le bœuf et l'âne. A droite, un auvent formé d'un toit de chaume sur deux arbres secs. Dans le haut, trois petits Anges, tenant une banderole, chantent le Gloria. Le sujet est emprunté à Martin Schongauer, mais l'exécution en est raide et le dessin faible, dans le genre du Robetta. H. 6 p. 1 l. L. 4 p. 1 l. Musée britannique.

35. La Vierge apparaissant à St. Benoît. Palgrave croit que cette pièce a été gravée d'après une composition de Filippino Lippi. Le seul exemplaire connu se trouve dans la Coll. Corsini à Rome.

36. Léda. Elle est couchée, appuyée contre le tronc d'un figuier, et presse sur son sein le cygne dont elle tient la tête de la main gauche. Dans le fond, une ville avec un pont sur une rivière où l'on voit deux baigneurs. A droite, un moulin et d'autres édifices derrière lesquels s'élève une colline. Pièce non signée et dont le dessin a plus de finesse et de rondeur que celui de Robetta, tandis que l'exécution rappelle sa manière. H. 6 p. 2 l. L. 4 p. 4 l. Musée britannique.

Luc Antonio de Giunta,
1506 — 1522.
(Bartsch XIII. 388.)

Heinecken fut le premier qui, dans son **Idée générale** etc., explique correctement le troisième des monogrammes ci-dessus par **Luca Fiorentino fecit**; mais comme il n'avait apporté aucune preuve à l'appui de son opinion, elle ne fut pas adoptée par Bartsch et par Zani. Cependant, comme nous l'avons déjà dit dans notre partie historique en parlant des gravures italiennes sur bois et sur métal, on a trouvé plus tard des raisons nombreuses à l'appui de l'attribution de Heinecken. Il en résulte que notre maître, natif de Florence, a gravé sur cuivre, mais surtout sur métal, pour les diverses éditions qu'il publia à Venise de 1506 à 1521. Parmi ces éditions, nous ne citerons que celle du **Missale Predicatorum** qui, sur le titre, porte un lys florentin entre les initiales **L A.** et sur le dernier feuillet la souscription:

Arte et impensis Luce Antonij de Giunta florentini....... **explicit. Anno salutis MDXII.**

Comme graveur et surtout comme artiste, notre Luc Antonio est d'un ordre très-inférieur et sa taille est encore plus rude que celle de Robetta, avec laquelle cependant elle montre une certaine analogie, tandis que son dessin ne révèle aucune entente de l'art. Même ses gravures sur métal n'appartiennent point à ce qu'on a fait de mieux à cette époque, et la plupart ne sont que des reproductions de pièces plus anciennes, ou ont été exécutées d'après les dessins d'autres artistes. C'est ainsi qu'il a copié sur métal les **Gladiateurs du Pollajuolo**, et nous trouverons indiquées plus bas les pièces qu'il a exécutées d'après Domenico Campagnola et Henri Baldung Grün.

Gravures sur cuivre.

1. **La fille d'Hérodiade.** La taille est dans le goût de celle de Robetta. (Bartsch No. 1.)
2. **La femme assise.** Mauvaise pièce d'un détestable dessin.

La coiffure et la draperie de la figure sont dans la manière de Filippino Lippo. (B. No. 2.)

3. L'Archer. Figure d'homme très-mouvementée; vu de dos et avec un carquois suspendu à l'épaule, il vient de tirer une flèche, en partie visible et qu'il suit des yeux. A droite, un petit arbre. Au milieu du bas, le second des monogrammes ci-dessus. H. 6 p. 8 l. L. 4 p. 7 l. Paris.

4. Combat entre un dragon fantastique, un lion et une lionne. Le monstre plane, les ailes déployées, à droite, au-dessus d'une lionne qui s'élance vers lui. Au milieu du bas, un lion la gueule ouverte. Dans le coin de gauche, une tête de crocodile sortant de l'eau. A gauche, quelques arbres; fond presque noir. Près de la patte du lion, le sixième des monogrammes ci-dessus. H. 8 p. L. 11 p. 6 l. Musée britannique. Paris.

Cette pièce d'une exécution rude est empruntée en partie (surtout pour le dragon et le lion) à une gravure de Zoan Andrea (Bartsch No. 20) que celui-ci a exécutée d'après un dessin de Léonard de Vinci.

Gravures sur bois ou sur métal.

5. L'Adoration des Mages et le Massacre des innocents. Cette dernière composition qui précède la procession des trois rois, se trouve sur trois feuilles dont la première est signée du nom de Domenico Campagnola; la seconde porte, sur une pierre carrée, le quatrième des monogrammes ci-dessus avec le nom et la date de MDXVII, et la dernière, avec l'inscription in Venetia, il Vieceri, qui est le nom de l'éditeur. (Zani, Enc. II. 5 p. 168.)

Nous reviendrons sur ces trois pièces dans l'oeuvre de D. Campagnola.

6. La Vierge, le Pape, St. Grégoire et St. Jean-Baptiste. La Vierge a quelque ressemblance avec la Madonna del Pesce de Raphaël et se voit assise, avec l'enfant Jésus, sur un tertre entre St. Jean-Baptiste, à gauche, et le pape Grégoire, à droite. Aux pieds de la Vierge, trois Anges font de la musique. A la gauche du bas, le dernier des monogrammes ci-dessus. A la droite du haut, l'adresse de l'imprimeur vénitien Gregorius de Gregoriis MDXII. H. 19 p. L. 14 p. 2 l. R. Weigel, K.-C. No. 5647.

7. Ste. Catherine et St. George abattant le dragon. L'inscription OPVS. LVCE. A͡. TONII ᵛ V ᵛ F se trouve sur une tablette en partie couverte. J. Thiele, dans sa „Description de la Collection de Gravures à Copenhague", en donne la description suivante:

„Sur une grande feuille, composée de six planches collées ensemble et couverte de plusieurs perspectives d'édifices dans l'ancien style d'architecture vénitienne, se voient Ste. Catherine et St. George tuant le dragon. Sur une banderole en haut et en caractères gothiques, l'inscription: Alexandria. A la gauche du milieu, sur le socle d'un temple en ruines, le monogramme du maître. On voit à la droite du bas un espace réservé pour une inscription qui manque dans l'exemplaire que nous avons sous les yeux. H. 31 p. 9 l. L. 43 p.

Cette pièce, ainsi que les trois précédentes, ont été décrites comme étant des gravures sur bois, mais nous avons lieu de croire qu'à l'instar des trois gravures qui suivent, ce sont des gravures sur métal destinées à l'illustration des livres.

8. Les Gladiateurs. Copie d'après l'original du Pollajuolo (B. No. 2), de mêmes dimensions, avec l'inscription:

Opus Lucem Florentini Edinplesa in Stragua. H. 14 p. 9 l. L. 21 p. 6 l.

9. Les Sorcières. Copie en contre-partie de la gravure sur bois de H. B. Grün, B. VII. p. 447; le 8ᵉ des monogrammes ci-dessus se trouve sur une tablette. H. 13 p. 8 l. L. 9 p. 6 l.

10. La femme en méditation. Elle est assise, tournée à droite, dans une salle ouverte. Près d'elle est un enfant tenant une tablette avec des caractères hébraïques. Ces deux figures ont été empruntées à des gravures de Marc-Antoine d'après Raphaël. Dans la cour, en arrière, un palmier s'élève au-dessus d'un mur. Cette gravure sur métal porte également le 8ᵉ des monogrammes ci-dessus. H. 10 p. 9 l. L. 7 p. Gotha.

Livres avec gravures sur métal.

11. La Bible des Taborites ou Hussites, en langue tchèque. Vienne, H. Lichtenstein 1506. In-folio.

Cette bible contient plusieurs gravures sur métal d'un mérite varié, exécutées par divers maîtres et de différentes grandeurs. Une grande feuille, représentant l'arbre généalogique de la Vierge, est signée

L. A.; les ornements de feuillage et la gloire qui entoure la Vierge sont dans le goût allemand, tandis que le reste est dans le style vénitien de l'époque.

12. Breviarium romanorum nuper impressum cū quotationibus ī margine: psalmos. hymnos. Aīarū et Reiorū, ac etiam. capitulorum etc. Impressum Venetijs īpēsis nobilis viri Lūc. Antonij de Giūta Florentini 1508 12. Cal. Sept. gr.-4°.

Ce livre contient douze grandes pièces, accompagnées de plusieurs autres petites gravures sur métal. La première des grandes estampes, qui représente David jouant de la harpe, est signée L. A., et plusieurs des petites ïa.

13. Missale predicatorum nup. impressum ac emendatum cum multis missis, orōnib. pulcherrimisque figuris in capite missarum festivitatum solemnium de novo sub additis ut inspicienti patebit.

Suit le lys florentin entre les initiales L. A.

In fine: Auxiliante Deo.... ex diversis locis autenticis habita sunt p. venerabilem prēm. frēm Albertum castellanum venetum..... et Thome de vio...arte et impensis Luce Antonij de Giunta florentini....explicit. Anno Salutis MDXII. Pet.-in-4°.

Parmi les grandes et petites gravures sur métal qui s'y trouvent, les meilleures sont quelquefois signées d'un petit G, quelquefois d'un L. Nous ne voulons point décider si cette dernière signature appartient à Luca di Giunta, quoique cette opinion soit très-probable, à en juger par la signature du volume.

14. Vergilius cum cōmētariis et figuris. Venet. Junta 1515. fol.

Le titre, avec la gravure représentant des savants romains, porte la signature de L. A. Giunta. Les autres gravures pet.-in-4° et 8°-obl. sont marquées d'un L et sont, pour la plupart, des imitations des gravures sur bois dans l'édition du Virgile de Grüninger à Strasbourg en 1502. (R. Weigel, K.-C. No. 20147.) Une édition postérieure en 1822 a été imprimée par Gregorio de Gregoriis, aux dépens de L. A. Giunta. (R. Weigel, K.-C. No. 20148.)

15. Halij de Juditijs.....impensis viri nobilis Luce Antonij de Giunta florentini. Venetiis īpressus anno nativitatis Dñi 1520 die 2. Mēsis Januarij. in-fol.

On trouve dans ce livre une gravure sur métal représentant un homme âgé qui mesure un globe. Dans le fond, un paysage avec quelques édifices. A la gauche du bas, le septième des monogrammes ci-dessus. H. 4 p. 9 l. L. 4 p. 7 l.

16. Plusieurs titres, gr.-in-folio, pour l'ouvrage de Felini Sandei publié, en 1521, à Venise par Gregorio de Gregorj. Ces titres portent le premier des monogrammes ci-dessus.

17. Breviarum romanorum etc. Venise en 1521, in-8°. Dans cette édition on trouve plusieurs gravures sur métal en partie

signées L. A., tandis que d'autres ont le monogramme ·ʃ·a· On voit cette dernière signature, entre autres, sur une Conversion de St. Paul, et la première, sur une gravure représentant cinq Saints, dont celui du milieu est un évêque, avec la figure de Dieu le père dans une gloire de chérubins et l'inscription:

HI SVNT IN QVORVM ... MIHI BENE COMPLACVIT.
H. 3 p. 9 l. L. 2 p. 8 l.

Additions à Bartsch. XIII. 69—142.

B.
Gravures par d'anciens maîtres florentins.

Nous faisons suivre par ordre de numéros les gravures anonymes de l'ancienne école italienne que nous ne pouvons avec certitude attribuer à un maître connu. Nous y ajoutons à l'école florentine les écoles de Venise et de Lombardie, de manière à ce que, pour
faciliter les recherches, les anciennes gravures anonymes ne forment
qu'une seule et même suite.

61. L'Annonciation. À gauche, une figure un peu raide
d'ange agenouillé tenant, de la main gauche, une tige de lys. Vis à vis
la Vierge, agenouillée devant un prie-Dieu, contemple avec étonnement
le messager divin. Dans le haut, Dieu le père, entre deux séraphins,
lève les mains pour bénir et, de la gauche, dirige vers la Vierge un
rayon au milieu duquel on voit le St. Esprit dans une auréole. Pièce
encadrée et avec fort peu d'indications d'ombres. H. 4 p. 4 l. L. 5 p.
11 l. Coll. Albertine.

62. La Nativité. L'enfant Jésus est couché à terre devant
une mangeoire derrière laquelle on voit le boeuf et l'âne. St. Joseph
est agenouillé à gauche; à droite, la Vierge entre deux anges et deux
pasteurs. Au-dessus, et sous le toit de chaume, trois petits anges;
au-dessus du toit, quatre autres tenant une banderole chantent le
Gloria. Au milieu, un chérubin à six ailes avec une épée et un
bouclier. Dans le fond, l'Annonciation aux bergers. En haut et au
milieu d'une large bordure, un médaillon avec la figure de Dieu le

5*

père, à mi-corps, qui indique cette scène, et dans l'intervalle de la
bordure, aux coins, des figures de prophètes dans des médaillons. Sur
la marge supérieure, à gauche, on lit: DANIEL, puis au milieu
* EGO * ZVM : LVCZ * MONDI. Epreuve récente, d'une taille un
peu maladroite d'après un bon dessin. H. 9 p. L. 6 l. 3 l. Collection Albertine.

63. Même sujet. La Vierge, tournée à gauche, est agenouillée
au milieu, les mains croisées, devant l'enfant Jésus, tandis que St. Joseph se tient debout derrière elle, appuyé sur un bâton. A gauche,
dans une étable, le boeuf et l'âne. Dans le fond, à droite, un ange
vu à mi-corps, dans les nuages, tient une banderole avec une inscription
illisible et annonce aux bergers la nativité du Christ. Pièce médiocre
ronde de 2 p. 3 l. de diamètre. Musée britannique.

64. Le Portement de croix et le Crucifiement. De la
porte d'une ville, à droite, marquée IERV (Jérusalem), s'avance la
marche de cavaliers et de fantassins dont l'avant-garde s'est déjà en-
gagée dans un chemin creux avec les deux larrons. Vient ensuite le
Christ portant sa croix et se tournant vers un soldat qui veut repous-
ser trois des saintes femmes. De la porte, s'avance un cavalier vêtu
d'une riche armure, accompagné d'un porte-drapeau. Dans le lointain,
le mont Calvaire où l'on voit déjà le Christ attaché à la croix, tandis
que le voleur de droite est élevé à la sienne au moyen d'une
échelle. L'autre est agenouillé devant un juge assis à terre et qui
écrit quelque chose sur un parchemin. Sur le Calvaire, on voit des
cavaliers, des soldats et des hommes du peuple. Un peu plus à
gauche, la Vierge, avec une sainte femme et St. Jean en larmes. L'exécution de cette riche composition a de la finesse et la taille est bien
conduite. Elle consiste en contours assez délicats avec des ombres fortement gravées qui cependant quelquefois ne sont qu'indiquées. Dans
les ombres plus fortes, comme sur la panse du cheval et sur le terrain,
les hachures sont croisées. Les armures sont d'une grande richesse
de dessin et les têtes ont beaucoup de finesse. H. 11 p. 7 l. L.
7 p. 11 l.

Cette gravure est passée de la Collection Seratti Lloyd à Livourne
dans celle du Musée britannique. Ottley l'a reproduite parmi ses 129
Fac-simile.   —

65ª. Le Christ en croix. A gauche, la Vierge vue de face,
les bras étendus; à droite, St. Jean tourné à gauche et les mains
jointes. La Madeleine embrasse le pied de la croix. Le dessin est

plein, mais la taille est mauvaise et du même maître que celle de
l'Annonciation No. 61. Ces deux pièces ont une bordure semblable
de 1 l. à hachures. H. 6 p. 3 l. L. 4 p. 9 l. Collection Albertine.

65ᵇ. Même sujet. La tête du Christ est penchée, entre la
Vierge, les mains jointes, à droite et, à gauche, St. Jean Baptiste
tenant sa croix et regardant le spectateur, pendant qu'il indique le
Christ. Les draperies sont jetées avec goût, mais l'exécution en est
très-raide dans le genre des nielles. H. 8 p. L. 6 p.

Cette pièce a passé de la Coll. Banneville dans le Musée britannique. (V. Archives de Naumann II. 244.)

66. La Résurrection. Le Christ s'élève du tombeau, entouré
de rayons, et donne sa bénédiction, tandis qu'il tient, de la gauche,
l'étendard de la croix. De chaque côté, deux petits Anges, dont l'un
prie, tandis que l'autre tient une branche fleurie avec une banderole sur
laquelle on lit SOLI DEO etc. Sur le sarcophage est assis un autre
ange. Sur le terrain, quatre jeunes soldats en riche armure, dont trois
dorment, tandis que le quatrième, assis, regarde en l'air. Derrière
celui-ci, dans le fond, deux lapins, dont un est poursuivi par un chien.
Le tombeau est entouré de cyprès et d'autres arbres. Pièce à contours très-durs et raides avec des hachures croisées, les draperies
mal disposées et en masses. Excepté le corps du Christ, qui n'a aucune beauté, les autres figures sont bien comprises; l'ange assis est
d'un dessin plein et qui a de la rondeur; les quatre petits anges sont
tout à fait dans le goût florentin. H. 9′ p. 11 l. L. 7 p. 9 l. Musée
britannique. Cet exemplaire porte en haut une notice écrite presque
illisible:

nla Casa..... anzᴀᴍᴏ .... fuori di mura si...... mellaño 1470
(ou 76.)

67. La Vierge avec deux Saints. Elle est assise près d'un
tronc d'arbre dans un paysage boisé où l'on voit, à gauche, un cloître
avec une église. Sur le devant, à gauche, est une jeune Sainte tenant
une palme et un livre; à droite, un apôtre avec un livre et une
plume. Ces deux figures représentent probablement Ste. Catherine et
Saint-Paul. La Vierge tient sur les genoux l'enfant Jésus, qui lève la
main pour bénir. Cette pièce, qui paraît avoir été exécutée par un
orfèvre florentin, est d'une taille maladroite avec des hachures maigres
et serrées, mais disposées en assez bonnes masses. Le dessin trahit
la manière de Filippino Lippo. H. 8 p. 10 l. L. S p. 7 l. Paris.

68. La Vierge avec deux Anges. Elle est assise sur un

trône, sous l'arc central de trois voûtes à guise de niches, et tient dans ses bras l'enfant Jésus qui donne sa bénédiction. A ses deux côtés sont deux anges qui tiennent des tiges de lys. Cette pièce est traitée comme un nielle, mais destinée à être reproduite par l'impression, puisque l'enfant bénit de la main droite. Pièce ovale. H. 2 p. 3 l. L. 1 p. 7 l. Paris.

69. Le Couronnement de la Vierge. Demi-figures. Le Christ assis tient, de la main droite, un sceptre en forme de croix et couronne, de la gauche, la Vierge également assise à droite. En haut, le Saint-Esprit. Belle pièce avec hachures presque horizontales. Dans l'exemplaire du Dr. Wellesley, à Oxford, les tailles sur l'épaule droite de la Vierge ne sont pas encore terminées. H. 4 p. 4 l. L. 5 p.

70. Saint-George. Il est à cheval en armure complète et s'élance vers la gauche, tandis qu'il enfonce sa lance dans la gueule du dragon qui se trouve devant lui; deux crânes, un pied et deux mains gisent à terre. Sur la sangle du cheval on lit: PER — FORZA. A droite, s'enfuit la princesse en se tordant les mains, tandis qu'elle regarde le combat. Dans le fond, on voit un arc de triomphe qui ressemble beaucoup à celui de l'empereur Constantin à Rome et à travers lequel on voit une ville avec deux tours. Sur l'arc on lit dans un écusson:

IMP. CAES. FL. CONSTIANO. MASIMO. PF. AVGVSTO. SPQR etc.

La taille de cette pièce ressemble beaucoup à celle du Pollajuolo, les arbres et les broussailles surtout sont tout à fait dans sa manière. La tête de la princesse et le jet des draperies dont elle est couverte ont néanmoins plus d'analogie avec le faire de Domenico Ghirlandajo. Musée britannique.

71. Allégorie sur la vie et la mort éternelles. Au bas, est la Nativité, où l'on voit la Vierge adorant l'enfant Jésus couché à terre, tandis que St. Joseph est assis tout près, endormi. En haut, au-dessus de l'étoile miraculeuse, le Christ apparaît en juge. Deux échelles mènent de la terre à lui; sur celle de droite un homme richement vêtu est précipité dans la gueule d'un lion, et tout près sur une banderole on lit:

E MORTE PER SVPERbIA E PER ISDEGNO.

Sur l'échelle de droite un jeune homme monte accompagné par un agneau. On trouve écrit sur la banderole:

PER SOFFRIR AQVISTA ONORE REGNO.

Le Christ fait un geste de répulsion à gauche, d'accueil à droite.

Cette pièce est traitée dans la manière de Baccio Baldini. H. 10 p.
2 l. L. 7 p. 2 l. Musée britannique.

72. **Le Jugement dernier.** Bartsch (XIII. 268, No. 23)
attribue cette pièce à Nicoletto da Modena. Ottley „Inquiry" etc.
p. 429, la croit de Baccio Baldini d'après un dessin de Sandro Botticelli. Il se sont trompés tous deux, puisque la planche est gravée
d'après une composition du Beato Angelico da Fiesole. Cette pièce,
gravée sans finesse dans le genre de Baccio Baldini, a beaucoup d'analogie avec le **Sermon de Fra Marco da Monte S. Maria in
Gallo.** Les deux gravures sont de mêmes dimensions et peuvent
être considérées comme formant pendant. Nous avons déjà dit qu'on
en trouvait des exemplaires sans l'inscription avec la date de 1632.

73—78. **Les Triomphes du Pétrarque;** suite de six feuilles.
H. 8 p. 2—8 l. (avec une inscription au bas de 1 p. 2 l.) L. 6 p.
4 l. (B. XIII. 277, Nos. 39—44.) Coll. Albertine. Berlin.

— 73. **Le triomphe de l'Amour.** Il est debout, les yeux
bandés et décochant une flèche sur un globe enflammé soutenu par
une espèce de candélabre et porté dans un chariot dont les chevaux
galopent vers la droite. Des hommes et des femmes de toutes les
conditions suivent le char du dieu. Fond de paysage avec des rochers.
Dans la marge du bas, six vers du premier chapitre du Triomphe
d'Amour de Pétrarque commençant:

Questo è colui chel mondo chiama amore, etc.

— 74. **Le Triomphe de la Chasteté.** Une jeune fille
tenant une palme est debout sur un vase, l'Amour enchaîné à ses
pieds. Le char est tiré vers la droite par deux licornes, entouré d'un
choeur de jeunes filles dont la plus avancée porte une bannière avec la
figure d'une hermine. Dans la marge du bas, on lit:

Eva la lot victoriosa insigna etc.

— 75. **Triomphe de la Renommée.** Elle est assise sur un
disque représentant la terre entourée d'eau, tenant, de la main droite,
une épée, et de l'autre, une figurine de l'Amour. Deux éléphants vus
entièrement de face traînent un char aux côtés duquel on voit Hercule et Samson et que suit une foule de cavaliers. On lit au bas:

Ma per la turba a grandi eroi avezza, etc.

Bartsch a décrit par erreur cette pièce sous le nom de **Triomphe
du Temps.**

— 76. **Le triomphe de la Mort.** Elle se tient armée de la faux

sur un cercueil. Son char est tiré par quatre buffles vers la gauche
en passant sur plusieurs cadavres. En haut, à gauche; trois anges
conduisent des âmes en paradis, tandis qu'un démon, à droite, pousse
les damnés dans les bras de trois autres de ses compagnons. Fond
de paysage avec arbres secs et l'inscription:

> O ciechi, il tanto affaticar che giova, etc.

— 77. Le Triomphe du Temps. Le vieillard ailé s'appuie sur
des béquilles, porté sur un char que traînent deux cerfs vers la droite.
Le char est précédé par un petit chien et suivi d'une foule d'hommes
et de femmes. Dans les airs, quatre oiseaux. Souscription:

> Che più d'un giorno è la vita mortale etc.

— 78. Le Triomphe de la Religion. La Sainte Trinité
entourée de quatre anges à genoux est portée sur un char traîné par
les quatre évangélistes accompagnés de leurs symboles et d'une foule
d'hommes et de femmes. La marche s'avance à l'encontre du spectateur. On voit le soleil et la lune dans les nuages; souscription:

> Beate spirti che nel sommo choro etc.

Le dessin ainsi que l'exécution de ces pièces avec des hachures
obliques dans l'ancienne manière florentine n'ont aucune analogie avec
la manière de Nicoletto da Modena, comme le veut Bartsch, ou de
Botticelli, comme le prétend Ottley, mais rappellent le style de l'Assomption dont nous avons attribué le dessin à Filippo Lippi. Les
figures très-sveltes sont dans le goût de Cosimo Roselli, qui a peut-
être fourni le dessin de ces gravures assez inégales dans le faire,
comme, p. e., dans le Triomphe de la Chasteté, où l'on trouve moins
de finesse que dans les autres. Bartsch, qui n'avait connu que trois
de ces gravures, pensait que le Triomphe du Temps n'appartenait
point à cette suite. Dans la Collection Wellesley, à Oxford, se trouvent quatre de ces pièces d'après les planches remaniées. H. 9 p. 6 l.
L. 6 p. 4 l. (avec bordure).

L'Ecole de Padoue,

ou

l'Ecole Lombarde et de Mantoue.

Sous ce titre, nous enregistrons les gravures d'André Mantègne et de ses élèves ou imitateurs qui ont copié sa manière consistant en contours très-accentués avec hachures obliques, comme nous l'avons déjà fait remarquer dans notre Dissertation sur l'origine de la gravure sur cuivre.

Andrea Mantegna,
né en 1431, mort en 1606.

Ce peintre des plus distingués est né en 1431 à Padoue, comme il a été pleinement démontré récemment. Il s'y forma à l'école de Francesco Squarcione dans la peinture et donna, déjà à dix-sept ans, des preuves d'un talent particulier. D'après Lomazzo, il aurait été l'inventeur de la gravure sur cuivre. Selon Vasari, il paraîtrait qu'ayant vu à Rome des gravures de Baccio Baldini d'après Sandro Botticelli, cela lui donna l'idée d'appliquer cet art à la diffusion de ses propres compositions. Mais on sait que Mantegna ne fut appelé à Rome par Innocent VIII qu'en 1488, époque à laquelle l'art de la gravure s'était repandu dans presque toute l'Italie, puisqu'on l'exerçait alors à Venise. Mais nous trouvons par une lettre d'Aldobrandini du 5. Juin 1466, que le Mantègne était alors à Florence [1]), où probable-

---

1) Cette lettre se trouve dans les Archives de Mantoue. V. Vasari, Edition citée Vol. V. p. 213.

ment il vit les gravures des artistes de cette ville et put transporter
cet art en Lombardie, en l'exerçant d'abord lui-même.

On peut conclure qu'en 1458 il n'avait encore fait aucun essai
en ce genre, puisque nous voyons que dans le poème de Janus Pan-
nonius de la même année, où il est fait mention du Mantègne comme
d'un grand artiste, il n'est pas parlé de lui comme graveur, ce
qu'on n'aurait pas autrement oublié de faire, vu la nouveauté de la chose.

Si donc le Mantègne n'a pas été l'inventeur de la gravure sur
cuivre, comme le prétend Lomazzo, il n'en fut pas moins le premier
qui introduisit cet art en Lombardie et l'exerça lui-même en 1468,
lorsqu'il était au service du marquis Louis Gonzague.[1]) Le Triomphe de César qu'il avait commencé pour le palais de Saint-Sé-
bastien, avant son départ pour Rome, ne fut cependant repris qu'à son
retour en 1490 et terminé en 1492.[2]) Il paraîtrait donc qu'il avait
auparavant exécuté la gravure de ce sujet d'après l'esquisse qu'il en
avait faite et qui correspond de tout point avec les peintures qui se
trouvent actuellement à Hamptoncourt. Nous avons déjà fait observer
que l'on devait compter au nombre de ses premiers travaux, d'une
exécution un peu raide, la Flagellation (B. No. 1). La Mise au
tombeau (B. No. 3) est déjà d'une taille meilleure, quoique les draperies aient encore de petits plis carrés et que l'expression des têtes
soit un peu exagérée. Mais sa Déposition de Croix est
sous tous les rapports d'une grande beauté, tandis que ses Baccha-
nales (B. Nos. 19 et 20) nous le montrent comme un artiste consommé dans cette branche de l'art. Il nous est demontré que son
Combat de Tritons (B. No. 17), et la Bacchanale (No. 20),
dans lesquelles nous trouvons un excellent dessin avec beaucoup de
fantaisie, ont été exécutées avant 1494, par la circonstance que les
copies qu'en a faites à la plume Albert Durer sont revêtues de son monogramme accompagné de cette date. Ces copies se trouvent dans la
Collection Albertine à Vienne, et on y observe ce détail assez singu-

---

1) V. Moschini, Vicende etc. p. 41, et Note 2, p. 167.

2) Le Marquis de Mantoue, François de Gonzague le rappella en 1489 (Lett.
pit. VIII. p. 21), mais il ne put quitter Rome, muni d'un bref du Pape, que le
6 Septembre 1490. (V. Moschini, Vicende etc., p. 43.) Le 4 Fevrier 1492 le
marquis lui donna 200 biolche de terres „perchè lavorò in Sacello et
camara nostrae arcis, e perchè modo Julii Triumphum nobis pinxit." V. Vasari, Ed. citée V. Note p. 171.

lier que, reproduisant exactement la composition du Mantègne, ces copies, quant aux formes et au dessin, sont exécutées absolument dans le goût des maîtres allemands d'alors.

En dehors des 33 pièces de son oeuvre, données par Bartsch, qui dans ce nombre en cite quatre pour douteuses, nous n'avons trouvé qu'une seule gravure représentant Deux paysans qui puisse lui être attribuée. En revanche, nous aurons à contester l'authenticité des pièces qui lui sont attribuées par d'autres écrivains sur l'art, et nous ne manquerons point de le faire en temps et lieu.

Remarques au Catalogue de Bartsch.

1. La Flagellation. Zani, Enc. II. 7 p. 211, tient pour l'original de cette pièce la grande gravure que Bartsch nous donne comme étant une copie exécutée par un des élèves du maître d'après son dessin. Nous sommes entièrement, sur ce point, de l'avis de l'écrivain allemand. Le même auteur nous parle d'une autre copie de la même estampe et qui se distingue de l'original en ceci: que le fond derrière un des bourreaux est en blanc et que la cuisse du soldat assis à gauche, est recouverte d'une armure à guise d'écailles. H. 14 p. 6 l. L. 12 p. 4 l.

2. La Sépulture. Zani observe également, mais cette fois avec raison, que la gravure considérée par Bartsch comme étant l'original est une copie de la gravure semblable du Mantègne que Bartsch décrit dans l'oeuvre de Giovan Antonio da Brescia sous le No. 2. Dans cette dernière pièce, le dessin est meilleur et a plus de finesse, le modelé est mieux entendu et l'expression des têtes plus vivante.

A la seconde copie citée par Bartsch, nous devons encore ajouter les suivantes:

Copie C. Dans le même sens que l'original. A la gauche du bas, sur le rocher, on trouve la date de 1516, sans l'inscription INRI et seulement avec trois oiseaux. H. 16 p. 4 l. L. 12 p. 9 l.

Copie D. C'est une gravure moderne signée en bas, à droite, ᴧᴧ. L'espace derrière l'homme, à gauche, est plus grand que dans l'original; cet homme a les cheveux plus courts et on y trouve encore quelques autres petites différences.

3. **La Déposition** ou **Sépulture**. H. 12 p. 3 l. L. 16 p. 9 l.
Copie A. De Zoan Andrea. H. 10 p. 7 l. L. 16 p.

Copie B. En contre-partie et avec quelques variantes, de Jean Duvet. H. 6 p. 7 l. L. 10 p. 5 l. (B. No. 6.)

Copie C, signée *AA*, d'après Zani, Enc. II. 9 p. 13; elle fut exécutée pour un certain M. Jean-Marie Sasso, de Venise. L'inscription manque sur le tombeau. H. 12 p. 4 l. L. 17 p. 4 l.

Copie D. Sur bois. A droite, près du St. Jean, la signature R. H. 22 p. 7 l. L. 35 p. En quatre feuilles (Zani, Encycl. II. 9. p. 17).

4. **La Descente de Croix.** On trouve de cette très-belle pièce une première épreuve (d'artiste), sans les ciels, dans la Collect. Albertine, à Vienne. Elle est imprimée d'un beau noir, ce qui nous porterait à croire que c'est un des derniers travaux du Mantègne, puisque les premiers sont presque sans exception d'une impression très-pâle.

5. **La Descente aux limbes.**
Copie A, dans le même sens que l'original, par un élève du Mantegna, d'une taille un peu rude et maigre. (Zani, Encycl. II. 9, p. 63.) H. 16 p. L. 12 p. 6 l. C'est sans doute la même qui, dans la Coll. du roi de Saxe, est attribuée à Zoan Andrea. H. 14 p. 9 l. L. 11 p. 10 l.

Copie B, dans le sens de l'original gravée par Marius Kartarus et datée de 1566.

6. **Le Christ ressuscité, entre St. André et St. Longin.** H. 11 p. 6 l. L. 10 p. 4 l.

Le dessin à la plume pour cette gravure se trouve dans la Coll. de Munich et porte l'inscription:

PIO ⊐⊏ IMMORTALI DEO.

7. **L'Homme de douleurs.** La copie de cette pièce, que Bartsch attribue à Zoan Andrea, est raide et d'une taille maladroite; pour cette raison, Zani et Ottley la donnent à un autre artiste; nous croyons pouvoir l'attribuer à Giovan Antonio da Brescia.

8. **La Vierge.** Fr. de Bartsch, dans sa description de la Collection impériale de Vienne 1854, p. 24, tient l'épreuve du second état décrite par Bartsch où la Vierge et l'enfant ont des auréoles, pour l'original du Mantègne, et les épreuves, dites de premier état, pour une copie probablement de G. A. da Brescia.

9. **La Vierge dans la grotte.** Mantègne a utilisé cette

belle conception dans un tableau représentant l'Adoration des Mages, d'un très-grand mérite, qui se trouve dans la Tribune de Florence.

10. St. Sébastien. Il est douteux que le Mantègne ait gravé cette pièce, où les bras et les jambes sont d'une exécution très-raide.

11. Le Sénat de Rome accompagnant un triomphe. Bartsch ne connaissait pas les véritables dimensions de cette gravure, qui mesure H. 10 p. 4 l. L. 9 p. 7 l. L'exécution de cette pièce, pour le dessin et pour la taille, n'est pas digne du Mantègne; on doit plutôt l'attribuer à un de ses élèves, d'après un dessin du maître.

12. Les éléphants portant des torches. La planche a été remaniée après les premières épreuves et portée à un grand degré de perfection.

13. Soldats portant des trophées. H. 10 p. 8 l. L. 9 p. 6 l.

14. Répétition de la pièce précédente. Dans deux exemplaires du Cabinet de Berlin, la colonne indiquée par Bartsch, à droite, manque.

16. Hercule et Anthée. Une seconde copie de cette pièce se connaît en ce que l'inscription DIVO HERCVLI INVICTO se trouve sur une tablette suspendue à l'arbre; qu'il y a un autel auquel est appuyée une massue, avec la lune à demi pleine. H. 11 p. L. 7 p. 9 l.

Mantègne a peint ce sujet en grisaille dans le palais de Mantoue.

17 et 18. Combat de Tritons et de Dieux marins. Ces deux pièces appartiennent à une même composition en largeur. Sur la première, au-dessous de l'inscription INVID sur la tablette, on trouve quatre signes qui ont été pris pour la date de 1481, mais ce n'est qu'une conjecture. Le motif, selon Palgrave, en aurait été emprunté à un bas-relief ancien à Ravenne.

19. La Bacchanale à la cuve. Les premières épreuves sont d'une teinte brun-clair. Les épreuves postérieures de la planche remaniée sont d'un beau noir. Il en existe, à Berlin, une copie en contre-partie de Zoan Andrea.

20. La Bacchanale au Silène. Ottley croit que la première copie décrite par Bartsch est une répétition du Mantègne lui-même. On ne peut être de cet avis si l'on considère que l'exécution de cette pièce est très-raide; elle nous paraîtrait plutôt être de Zoan Andrea.

Il en existe une copie gravée sur bois, imprimée sur un papier grisâtre.

21, 22 et 23. Bustes de religieux et portrait d'un

vieillard avec un bonnet. Ottley et d'autres avec lui mettent
en doute que ces trois pièces soient du Mantègne, puisque, dans le
dessin, elles s'approchent davantage de la manière de Léonard de Vinci,
tandis que la taille est d'une souplesse peu commune. Il est cependant difficile de les attribuer à un autre maître que le Mantègne.

Additions à Bartsch.

24. Deux paysans. Il semble que ces deux figures, vêtues
un peu comme des mendiants, représentent une seule et même personne que l'on voit debout, à gauche, la tête un peu tournée vers la
droite et le coude gauche appuyé sur un bâton, tandis qu'à droite elle
monte deux marches en ôtant son chapeau. Pièce traitée d'une
manière légère et spirituelle et assurément du Mantègne lui-même. H.
5 p. 6 l. L. 3 p. 11 l.
   Collection Albertine. — Musée britann. — Berlin.

Appendice.

25. Le jeune prisonnier. Un jeune homme qui s'avance vers
la droite, la tête tournée à gauche, porte un joug sur l'épaule gauche
et tient un boulet attaché à ses pieds. Fond à tailles croisées. H.
7 p. 4 l. L. 4 p. 9 l.
   Nous ne connaissons cette pièce que par le fac-simile que nous
en donne Ottley (Inquiry etc. p. 494), qui la considère comme un
travail de la jeunesse du Mantègne; mais l'exécution, surtout relativement aux hachures croisées, s'éloigne trop de celle de notre maître.
De plus, les draperies, presque toujours à cassures angulaires chez
Mantègne, sont ici à plis arrondis, et les cheveux, qu'il dispose toujours
en masses, sont dans la gravure qui nous occupe distribués en petites
mèches. Nagler nous dit à ce sujet dans son ouvrage „Die Monogrammisten", No. 1224, p. 525, que cette gravure est d'Allobello et
qu'elle est signée de son nom. S'il en est ainsi, on expliquerait faci-
ment ces différences, et nous devons seulement regretter que Nagler
n'ait pas dit où se trouve la gravure.
   26. Un riche calice. Cette pièce est d'après le même dessin

du Mantègne qui a fourni à Hollar le sujet de la belle gravure que
l'on connaît. L'ancienne estampe au simple contour est d'une taille
maladroite, probablement par un des élèves du maître. H. 16 p. L.
7 p. 4 l. Musée brit.

Z·A: ʒ>A> ·ʒ·A·D·, I. A, **i⋒**, ʒa·

Zoan Andrea Vavassori, 1497—1520.
(Bartsch XIII. 295.)

Nous ne connaissons de cet artiste, qui fut, en même temps que
dessinateur et graveur sur cuivre et sur métal, probablement aussi
éditeur à Venise, que ce qu'il nous en apprend lui-même dans les
signatures de quelques-uns de ses travaux. Nous avons déjà dit dans
nos recherches sur l'origine de l'art, qu'il avait signé les copies exécutées d'après l'apocalypse d'Albert Durer, tantôt I A, tantôt ʒ A·D et
quelquefois de son nom en entier ʒOYA. ᛘDREA, tandis que ses gravures des Travaux d'Hercule portent l'inscription:
Opera di Giovanni Andrea Valvassori detto Guadagnino.
Sa carte d'Italie est ainsi signée:
ITALIÄ. OPERA. DI. IOANNE ANDREA. DI VAVASSORI. DITTO
VADAGNINO.
et que des livres, avec son adresse, et de petites gravures sur métal
ont paru à Venise de 1497 à 1520.

Il résulte également d'après ses gravures sur cuivre, signées la
plupart Z A, qu'il a été élève du Mantègne, dont il s'est approprié la
manière dans les différentes pièces qu'il a exécutées d'après les gravures et les dessins de ce maître. Il a également gravé d'après Léonard de Vinci et d'après Durer, soit sur cuivre, soit sur métal. Enfin, nous trouvons aussi de ses travaux gravés d'une manière toute
particulière, d'un burin très-fin, quoique un peu maigre, probablement
d'après les dessins de quelque maître vénitien jusqu'ici inconnu, puisque,
à l'exception peut-être de quelques arabesques, nous trouvons qu'il
a toujours copié d'après les autres. Ces pièces s'éloignent tellement
de sa manière usuelle, que nous hésiterions à les lui attribuer si elles
ne portaient point sa signature. Comme le portrait de Charles V,
traité dans cette dernière manière, n'a pu paraître avant 1519, il s'en-

suivrait que Zoan Andrea ne l'aurait adoptée que vers la fin de sa carrière.

C'est une erreur chez Duchesne quand, dans sa „Notice des Estampes exposées à la Bibliothèque de Roi à Paris" p. 61, il attribue les gravures de Zoan Andrea à Giovan Antonio da Brescia, dont la manière diffère tant de celle de notre artiste. Il est vrai que dans les commencements, le style de Giovan Antonio s'approchait un peu de celui de Zoan Andrea, sans être pourtant de la même bonté, et qu'il s'en éloigna de beaucoup plus tard.

Observations sur le Catalogue de Bartsch.

1. **Judith.** Elle place la tête d'Holopherne dans le sac que lui tient la vieille servante. Pièce traitée dans le style du Mantègne, mais non d'après le dessin de ce maître que Vasari mentionne comme se trouvant à Florence et qui existe actuellement dans la Collection de cette ville. Ce dessin, qui porte le nom et la date de 1491, diffère de la gravure en ceci que la figure de la Judith y est vue de dos, tandis qu'on la voit de face dans l'estampe.

La copie en contre-partie mentionnée par Bartsch est très-certainement de Gian Antonio da Brescia et montre la plus grande analogie avec la manière de son Hercule (B. No. 1). Zani prétend néanmoins reconnaître dans cette copie la gravure originale du Mantègne.

2. **Le Christ devant Pilate.** Zani (Encycl. II., 7 p. 279) conteste l'opinion de ceux qui verraient dans cette pièce un travail du Mantègne ou de Pollajuolo, mais il se trompe lui-même en l'attribuant à Giovan Antonio da Brescia. Nous sommes à ce sujet entièrement de l'avis de Bartsch. H. 10 p. 11 l. L. 11 p. 8 l. avec une marge inférieure de 9 l. Musée brit.

4. **L'Homme de douleurs.** La taille de cette pièce est lourde et raide; c'est pourquoi Zani et Ottley l'attribuent à un maître anonyme qui pourrait bien être G. A. da Brescia.

9. **Hercule et Déjanire.** Pièce gravée dans le style du Mantègne et probablement d'après un de ses dessins.

11. **L'Amour monté sur un bouc.** On en trouve une copie en contre-partie, dans la manière de Giovan Antonio da Brescia.

13. **Trois Amours.** Tout à fait dans le style du Mantègne.

14. **Les sept Amours et les deux béliers.** Cette pièce
est gravée dans la première manière, un peu maigre, de Zoan Andrea
et tout à fait dans le même style que la **Vierge avec les deux
Anges** (B. 85. No. 3). Au Musée britannique, cette pièce est attribuée à Giov. Antonio da Brescia, opinion que nous aurions quelque
peine à admettre.

16 et 17. **Pièces allégoriques.** La partie supérieure de ces
deux feuilles nous offre le jugement de Midas, et le dessin original se
trouve au Musée britannique. Ce dessin à la plume et à la sepia est
très-soigné et rehaussé en quelques endroits de rouge et de blanc.

On trouve une copie en petit de cette gravure de Zoan Andrea, où les
personnages sont surmontés des chiffres I à X, probablement dans le
but d'y rattacher un texte explicatif. H. 10 p. L. 7 p. 9 l. M. brit.

18. **Danse de quatre jeunes femmes.** Pièce gravée d'après
l'esquisse du Mantègne des quatre des Muses pour le tableau du Parnasse qui se trouve actuellement à Paris, mais en contre-partie.

20. **Le Dragon et le Lion.** Copie en contre-partie d'un
dessin de Léonard de Vinci, au crayon rouge, mentionnée par Lomazzo
dans son Traité de la peinture p. 336 et qui se trouve actuellement
dans la Collection de Francfort s/M.

Comme le dragon ou la givre fait partie des armoiries de Milan
et que le lion de St. Marc est l'emblème de Venise, peut-être Léonard
aura-t-il voulu faire allusion à la rivalité entre les deux villes.

21—32. **Arabesques.** Elles sont tout à fait dans le goût
du Mantègne et probablement d'après ses dessins. Le fond est blanc.
Dans la Collection de Copenhague, on trouve ces Arabesques disposées
trois à trois sur quatre grandes feuilles et placées comme suit:

1ère Feuille: Nos 26, 32, 21.
2de Feuille: Nos 24, 22, 28.
3e Feuille: Nos 25, 27, 23.
4e Feuille: Nos 30, 31, 29.

Voyez: Histoire de la Coll. de gravures de C. F. v. Rumohr et
J. M. Thiele. Leipzig 1835, où l'on attribue le dessin de ces arabesques à Francesco Francia.

Le Cabinet de Dresde possède des copies en contre-partie des
Nos 21, 24, 27 et 29. Le No. 27 n'a point d'inscription.

Des copies sur bois dur ou sur métal des Nos 23, 27, 28, 29
et 30 existent à Bâle et du No. 26 à Dresde, en contre-partie.

Additions à Bartsch.

34. **La Vierge au singe.** Copie en contre-partie de la gravure d'Albert Durer (B. No. 42). Le chiffre Z. A est au milieu du bas. Ottley, p. 583. Paris.

35. **La Vierge allaitant l'enfant.** Copie en contre-partie d'après A. Durer (B. No. 34). Signée au bas sur une pierre. Z. A. 1505. H. 4 p. 2 l. L. 2 p. 10 l. Paris. Berlin.

36. **St. Sébastien.** Il est attaché à un arbre, vu de face et les reins couverts d'une petite draperie. Fond de paysage; à droite, un château sur une montagne dont le pied est baigné d'eau sur laquelle on voit deux navires. Le chiffre 3. A. est aux pieds du Saint. H. 8 p. 7 l. L. 4 p. 3 l. Bâle.

37. **Le Songe.** Copie en contre-partie de l'estampe d'Albert Durer (B. No. 76) et signée du monogramme du maître allemand, quoique la taille soit celle de Zoan Andrea. Cette pièce est entourée d'une bordure de deux traits. H. 7 p. L. 4 p. 5 l. et avec la marge H. 7 p. 3 l. L. 4 p. 7 l. Musée britannique.

38. **Squelette d'homme.** Figure entière, vue de face, les bras étendus, près d'un socle sur lequel on lit:

NEGAR DISSI NON POSSO CHE LAFANNO CHE VA INANZI AL MORIR NON DOLIA FORTE MA PIV LA TEMMA DEL ETERNO DANNO.

Au milieu du socle, le chiffre 3 A. Le fond représente une draperie moirée. H. 11 p. 5 l. L. 4 p. 5 l. Paris.

39. **Silène entouré d'enfants.** Il est assis sur un tonneau et près de lui se tiennent trois petits Amours et trois autres enfants. Un des Amours couronne le vieux Silène de pampres, tandis qu'un des enfants verse du vin d'une outre dans la tasse que celui-ci lui présente. Belle pièce traitée dans le même style que les Quatre jeunes femmes qui dansent et, selon toute apparence, gravée d'après un dessin du Mantègne. Elle n'est point signée. H. 6 p. L. 8 p. 8 l. Musée britannique.

Il en existe une copie en contre-partie attribuée à Giovan Antonio da Brescia. H. 6 p. 3 l. L. 9 p. (B. XIII. 327, No. 17). Musée britannique.

40. **Douze enfants nus.** Ils jouent avec des amandes qu'ils lancent vers un but formé de deux amandes l'une au-dessus de l'autre dans un cercle tracé sur le terrain et près duquel est assise une

jeune fille. Sur le premier plan à gauche, un chien assis qui aboie.
Au milieu du fond, un arbre sec portant un écusson avec l'inscription :
·D·MA·V, qui rappelle celle de D. MAR. V dans l'arabesque B. No. 27.
Fond à hachures. H. 5 p. 3 l. L. 10 p. 2 l. Berlin.

41. La Bacchanale à la Cuve. Copie en contre-partie de
la gravure du Mantègne, B. No. 19. Pièce non signée, mais tout à
fait dans la manière de Zoan Andrea. H. 10 p. 5 l. L. 15 p. 8 i.
Berlin.

42. La Bacchanale au Silène. Copie de la pièce du Mantègne, Bartsch No. 20, non signée, mais de la même main que la précédente.

43. Le Couple amoureux. Un jeune homme porte, par
derrière, la main sur le sein d'une jeune femme, richement vêtue, qui
s'est endormie sur ses genoux. Fond noir, comme d'une tapisserie
moirée en soie. Sur le bonnet du jeune homme le chiffre 3 A. Pièce
taillée d'un burin très-fin et imprimée d'une encre pâle. H. 7 p. 5 l.
L. 5 p. 11 l. Dresde.

44. L'homme et la jeune femme. Un homme très-laid,
demi-figure, à cheveux ras, embrasse en riant une jolie femme et lève
la main droite comme pour jurer. Fond moiré. Pièce non signée
et traitée dans le même style que la précédente. H. 10 p. L. 8 p. 4 l.
Paris. Wolfegg.

45. Tête de femme, vue de trois quarts à droite, les cheveux
longs et épars. Pièce traitée dans le même genre que le No. 43. H.
6 p. 4 l. L. 5 p. 3 l. Paris.

46. Portrait de Charles V. Il est vu de trois quarts à
gauche, la tête, à cheveux très-ras, couverte d'une riche barrette. Il
porte, au-dessus d'un vêtement de brocart, un surtout de fourrure
orné d'une chaîne. Ce prince est représenté encore très-jeune.
Fond moiré; à gauche, sur une tablette :
CAROLVS ROMAOR? IMPERATOR HISPANIAR? REX EDE CIVIS
ATO? CATHOL.
Cette pièce est gravée dans le même style que les trois précédentes; elle n'est point signée. H. 11 p. 11 l. L. 8 p. 1 l. Bâle.

47. Deux arabesques en forme de pilastre avec volutes ioniennes. Sur l'un on trouve en haut, sur une tablette,
la signature 3 A et au milieu l'inscription AB OL$_I$MPO. Le second
est composé de feuillage sans inscription. H. 11 p. L. 2 p. 8 l.
Coll. Albertine.

48. **Deux autres pilastres semblables.** Celui de gauche correspond assez exactement à ceux que nous venons de décrire, avec la différence qu'il soutient une Sirène avec un bouclier rond marqué I A. Fond noir. H. 11 p. L. 2 p. 8 l. Musée britannique.

49. **Deux arabesques en forme de pilastres.** Le premier montre une tablette sur une armure, avec le chiffre 5 A; au bas, un Triton femelle avec son petit. H. 11 p. L. 4 p. 7 l. (Brulliot Tab. 373, No. 9.)

50. **Montant d'arabesque,** divisé en cinq compartiments dont deux renferment des Amours couchés; sur le troisième, deux chiens, et en haut, une assiette avec des pommes. H. 13 p. 6 l. L. 4 p. 2 l. Coll. Albertine.

51. **Autre montant d'arabesque.** Riche trophée sur un chariot à quatre roues avec des instruments de musique, deux dauphins fantastiques et trois tridents avec des bannières. A la gauche du milieu, sur un écusson, la date de 1505 et au-dessous du chariot, l'inscription DIV. FELIX. Enfin, au bas, le chiffre 5. A. H. 14 p. 5 l. L. 5 p. Dresde. Berlin.

52. **Ornement semblable.** A droite et à gauche, deux dragons chimériques; au-dessus deux têtes de lion avec queues de dauphin et plus haut deux têtes de Satyres, affrontées de profil. Au bas, dans un compartiment: DV. FOR, et au-dessous d'un masque, le chiffre 5 A. Fond noir. H. 14 p. 8 l. L. 5 p. 1 l. Berlin. Dresde.

53. **Autre ornement du même genre.** Au bas, une petite tête barbue couronnée de laurier. Sur une tablette, l'inscription:
HENEAS TROIAᵃ.
Au milieu du bas, le chiffre 5. A. H. 14 p. 8 l. L. 4 p. 4 l. Berlin.

54. **Arabesques aux têtes de mort.** Au bas, un socle où se voit une niche dans laquelle brûlent des os et supportant un vase où se trouvent trois têtes de mort entourées d'ornements, au milieu desquels on voit plusieurs petites tablettes avec des inscriptions et dont celle du milieu, au-dessus d'un crâne isolé, contient la citation:
MEMORARE NOVISSIMA TVA IN ETERNVM NON PECCA...
Au bas, entre deux têtes avec des ailes de chauve-souris, le chiffre 5 A. H. 14 p. 6 l. L. 3 p. 3 l.

55. **Montant d'arabesque.** Il est semblable, quoique en contre-partie, à celui décrit par Bartsch sous le No. 33, dont il diffère en ceci qu'au lieu des six enfants, on y a substitué un homme et une

femme agenouillés qui soutiennent une grenade enflammée. H. 13 p. 7 l. L. 4 p. 1 l. Coll. du roi de Saxe.

56. Moitié gauche d'une arabesque. Au bas est assise une figure d'homme terminée en serpent, la tête enveloppée d'un linge et les mains liées derrière le dos. Au-dessus, un Satyre jouant de la double flûte. A la droite du haut, une tête avec des oreilles d'âne et l'inscription: ATILA. FLA. DEI. Le tout est terminé par deux chimères qui se disputent un oiseau. Pièce sur fond blanc non signée. H. 10 p. 6 l. L. 4 p. 3 l.

57. Autre moitié gauche d'une arabesque. Une base portée par un crabe et un dauphin soutient une chimère ailée avec une tête d'homme armée de cornes. Dans la moitié supérieure de l'estampe, on voit un Amour en conversation avec un oiseau. Tout à fait en haut, dans un médaillon, un enfant s'appuyant sur une torche vis à vis d'un Satyre. Pièce non signée, fond blanc. H. 10 p. 8 l. L. 4 p. 1 l.

Ces deux pièces sont d'une taille plus fine que d'ordinaire, mais appartiennent indubitablement à Zoan Andrea et sont exécutées dans le goût du No. 53 de Bartsch.

58. Trophée. Au milieu du bas, une armure d'où sort une trompette par le haut. Au-dessus, un bouclier d'Amazone avec une tablette portant l'inscription SPQR. Aux côtés, des boucliers et des armes. Fond noir. H. 4 p. 5 l. L. 6 p. 6 l. Berlin.

Appendice.

59. Hercule étouffant Anthée. Le héros est à gauche et saisit Anthée par le corps. Celui-ci est vu de face, pousse des cris et se défend en étendant les bras. La tête d'Hercule est à moitié couverte par la dépouille du lion dont la queue lui pend sur les épaules. Le terrain a des hachures horizontales et le fond est en partie ombré. La planche a été arrondie. H. 9 p. 6 l. L. 6 p. 1 l. Collection du roi de Saxe, où cette pièce est attribuée à Zoan Andrea.

60. Moitié droite d'une arabesque. Sur une base en forme de candélabre se tient un enfant appuyé sur une torche et portant un rinceau de feuillage terminé par une tête d'animal et qu'un Satyre veut saisir. Au-dessous de l'enfant un médaillon sur lequel

on voit un vase surmonté d'une statuette et entouré de trois petites figures. Près du médaillon est un petit Amour assis qui tient un oiseau par la langue. Pièce traitée dans la manière de Zoan Andrea. H. 11 p. 2 l. L. 3 p. 10 l. Paris.

61. **Autre moitié droite d'une arabesque.** Au bas, sur une base en forme de candélabre, est attaché un homme dont le corps termine en serpent et en rinceau de feuillage. Une draperie est suspendue au-dessus de sa tête. Au-dessus d'un bouclier figurant une bataille, on voit un animal fantastique à tête d'oiseau et un autre oiseau à queue de serpent qui dévorent une bête à plumes. Pièce traitée dans le même style que la précédente. H. 9 p. 7 l. L. 4 p. 1 l. Paris.

Gravures sur métal.

Nous avons fait mention dans la partie historique de cet ouvrage, au sujet des gravures sur bois et sur métal, de divers livres qui sont venus à notre connaissance ornés de plusieurs estampes, de grand et de petit format en ce genre, exécutées par Zoan Andrea. Tout en renvoyant à ce que nous avons déjà dit là-dessus, nous nous contenterons d'enregistrer ici plusieurs grandes gravures sur bois ou sur métal de notre maître, qui peuvent être considérées comme formant oeuvre à part et qui sont d'une plus grande importance que les illustrations usuelles dont il a enrichi les divers ouvrages publiés par lui.

62. **Le Couronnement de la Vierge.** Elle est agenouillée en haut sur les nuages entre Dieu le père et le Christ, qui tiennent une couronne au-dessus de sa tête. Au-dessus plane le St. Esprit. Au bas, dans le paysage, un chevalier en armure et sa femme prient, les mains jointes. A gauche, au-dessus de l'homme, on lit son nom: CHRISTOFORVS et, à droite, près de la femme, celui de: APOLONIA. A mi-hauteur, à droite, sur le siége du Père éternel, se trouve la signature Ƨ. A.

Cette pièce se trouve dans un Bréviaire allemand imprimé, en 1518, à Venise, par Gregorio de' Gregorj, aux depens de Christophe de Frangepane, Prince et Comte de Zeug, Vegel et Madrusch, et de sa femme Apollonia. Ce sont les portraits de ces deux personnages que l'on voit dans la gravure. (Brulliot Dict. II. No. 2784 b.)

63. **L'Apocalypse en 15 feuilles et Jésus Christ dormant sur le vaisseau.** Ce sont des imitatitons libres des bois

d'Albert Durer. H. 10 p. L. 8 p. 7 l. Sur le titre, on voit la représentation du Christ dormant pendant la tempête avec la signature З. A. Suivent les copies d'après le maître allemand. Le martyre de Saint Jean est signé З. A. D. [1]), la première et la huitième feuille sont signées I A.; la dixième ЗOYA ᚷDREA. Toutes ces gravures ont un texte latin au verso, et la dernière feuille, représentant Babylone la prostituée, porte la signature:

Impressa per Alex. Pag. (Paganini) Anno a nativi. domini MDXVI. — Paris.

64. Les Travaux d'Hercule. Suite de 5 (?) feuilles. H. 10 p. 6 l. L. 7 p. 6 l. Paris.

a) En présence de ALCMEA et de LVCINA, le petit ERCVLES dans son berceau étrangle les deux serpents. Riche composition; la scène se passe dans la chambre de l'accouchée. On lit en haut sur une tablette:

Hercol io sono del tonante figlio
E de Alcmena veneranda matre etc.

b) Hercule déchire la gueule du lion.

c) Hercule tue l'hydre de Lerne.

d) Hercule tire après lui, attaché à une chaîne, le chien Cerbère devant lequel deux hommes s'enfuient.

e) Hercule, tourmenté par la chemise de Nessus, est couché sur le bûcher, à droite. En haut, sur une tablette qui est la même pour toutes les pièces de cette suite, l'inscription:

Hercolo io sono, como ognuni vede etc.

pour la signature:

Opera di Giovañi Andrea Valvassori detto Guadagnino.

Copie des douze travaux d'Hercule d'après Valvassori. Elles sont assez mal faites et portent l'adresse:

Imprimé à Paris par Deny Fontenoy Rue Montorgueil, à la Corne, près l'Echiquier.

Ces pièces sont mentionnées dans l'Histoire de la Gravure en France par Georges Duplessis. Paris 1861.

Ces gravures doivent dépasser en nombre les cinq qui se trouvent dans l'exemplaire du Cabinet de Paris. Le dessin, dans le style vénitien, est rude et mal compris; nous croyons, en conséquence, qu'il est de Zoan Andrea lui-même, tandis que la gravure est d'une autre main.

---

1) Zani explique cette signature par Zoan Andrea delineavit. Il paraîtrait, du reste, à en juger par les Travaux d'Hercule, qu'il a été également dessinateur.

65. **Les deux médaillons avec devises.** Celui de gauche nous montre Pâris debout sous un arbre et tenant la pomme. Les trois déesses sont devant lui, et on voit dans le fond la ville de Troie. En haut, sur une banderole, l'inscription:

VN. BEL. VOLTO. PIV. CHE. ROBA. O. SENO.

Dans celui de droite, on voit Curtius qui se précipite dans le gouffre. Sur le second plan, se trouvent de chaque côté deux guerriers; dans le fond, Rome et le Capitole. Sur une banderole, la devise:

VN BEL MORIR. TVTA. LA. VITA. HONORA.

Les médaillons sont entourés d'ornements; en haut, un hibou; au bas, des enfants qui jouent; à gauche, six autres enfants combattent avec des moulinets, tandis qu'un chien est couché au milieu d'eux; on voit, à gauche, huit de leurs compagnons, dont quatre dansent au son de la flûte que joue un cinquième. L'exemplaire de la Bibliothèque de Vienne est rogné et mesure H. 10 p. 7 l. L. 7 p. 4 l.

66. **Vue de Venise,** signée:

opera di giovani andrea vavassore decto vadagnino.

M. E. Harzen, dans les Archives de Naumann 1855, p. 219, Note 24, dit que cette pièce fut publiée en 1517 et qu'elle est d'une exécution assez rude. Il renvoie à ce sujet à l'ouvrage de A. Cicogna „Delle iscrizione Veneziane" IV. 700.

F. F.

Florio Vavassore de Venise.

Cette signature, qui doit se lire Florio fecit, se trouve sur trois feuilles d'une suite des sept Planètes gravées sur bois que „Giovanni Vavassore detto Vadagnino" publia à Venise et qui paraissent avoir été gravées par son frère. Ceci résulte de la signature d'une Collection de rimes publiée par les deux frères à Venise:

Per Giovannni Andrea Vavassore detto Guadagnino et Florio fratello nell' anno del Signore MDXXXXIIII.

Nous n'avons point d'autres notices sur ce graveur sur bois.

Gravures sur bois.

1. Les sept Planètes. Grande frise sur sept feuilles qui, dans autant de niches ornées, contiennent les figures des divinités qui, président aux planètes. Dans des cartouches, au bas de chacune, on trouve les noms en blanc sur fond noir:

Diana, Mercurio, Venere, Febo, Marte, Giove et Saturno.

Chaque figure est accompagnée d'emblèmes indiquant, selon les croyances astrologiques de l'époque, l'influence qu'ont les planètes sur les événements humains, ainsi que d'explications en dialecte vénitien. Sur les trois feuilles représentant la Lune, le Soleil et Saturne, on trouve la signature F. F. et sur cette dernière l'adresse:

In Venetia p. Zuan Adrea Vadagnino di Vavassori al Ponte di fuseri.

Les feuilles réunies de ces représentations des sept planètes forment ensemble une frise astrologique de 52 pouces 6 lignes de longueur, sur 10 pouces 11 lignes de largeur. On en conserve un exemplaire complet dans la Collection du Marquis Malaspina de Sannazaro, à Padoue. Voyez, à ce sujet, Nagler, dans son ouvrage „Die Monogrammisten etc. II." Nos. 2084 et 2087.

Le Maître de 1515.
(Bartsch XIII. 410.)

Nous n'avons aucun détail précis sur la patrie ou la vie de cet artiste qui, à en juger d'après son oeuvre, a puisé dans ses propres ressources et n'a point copié les autres maîtres. Cependant, tout porte à croire qu'il s'est formé à l'école du Mantègne, dont il a imité la manière en ceci que ses contours sont très-forts et que ses hachures d'ombre sont conduites dans le goût du maître de Padoue. Dans les premières épreuves de ces gravures, l'impression a quelque chose de velouté, et si le dessin n'est pas toujours correct, si les formes ont de la bouffissure, l'expression est souvent pleine de vie. Les fonds d'architecture qu'il a employés sont presque toujours empruntés aux édifices de Rome, ce qui pourrait faire croire qu'il a habité cette ville. La gravure de la Cléopâtre (B. No. 12) est la seule qui porte une date, celle de 1515, à laquelle elle doit le nom sous lequel elle est connue dans l'histoire de l'art.

Observations au Catalogue de Bartsch.

4. Hercule portant une colonne. H. 10 p. 6 l. L. 6 p. 7 l.

9. Le Satyre guettant une Nymphe. H. 5 p. 1 l. L. 5 p. 9 l.

13. La Fortune. Cette pièce a quelque analogie avec celle de la Grande Fortune de Durer. Le paysage est même traité dans la manière du maître allemand.

15. La mère. H. 6 p. 2 l. L. 6 p. 7 l.

17. La bataille. H. 8 p. 2 l. L. 11 p. 11 l.

Additions à Bartsch.

37. Cléopâtre. Elle est couchée nue et comme endormie sur une draperie et appuie la tête sur le bras droit, autour duquel s'enlace l'aspic qui la mord au sein. Elle a la tête appuyée contre un tronc d'arbre, à droite, près d'un autel surmonté de deux vases et d'une coupe. Au bas, s'élève un autre aspic. Le fond est couvert de hachures obliques. H. 5 p. 7 l. L. 6 p. Musée britannique.

38. La Victoire. Une femme vêtue et vue de face s'appuie à un arbre, à droite. Près d'elle une armure avec casque et bouclier. Un serpent s'enlace autour du tronc de l'arbre. Pièce exécutée avec beaucoup de finesse et non signée. H. 4 p. 11 l. L. 3 p. 9 l. Coll. Wellesley à Oxford.

39. Une famille de Satyres. La femme est assise, à droite, près d'un terme du dieu Pan et allaite un enfant. A gauche, le père danse en jouant du violon. H. 4 p. 4 l. L. 4 p. 3 l. Munich et Dresde, épreuve récente.

40. Un Cavalier. Il galope vers la droite, un sabre à la main droite et un bouclier au bras gauche. H. 4 p. 5 l. L. 3 p. 10 l. Munich.

41. Un Trophée. Deux boucliers, un cimeterre, une lance et une massue placées en sautoir. Au-dessus, un casque orné d'une crinière, tourné à droite. H. 3 p. 1 l. L. 4 p. 4 l. Musée britannique.

42. Autre Trophée. Deux boucliers en sautoir surmontés

d'un casque; on voit, en haut, à gauche, la pointe d'une lance. Dans le fond, quelques hachures obliques. H. 2 p. 11 l. L. 3 p. 8 l. Amsterdam.

43. Une moitié d'arabesque. Presque au simple contour. Un dauphin, au bas, soutient de sa queue un socle surmonté d'une tête de chérubin d'où part un rinceau sur lequel perche un oiseau. La partie inférieure seule a quelques hachures. H. 5 p. 10 l. L. 2 p. 9 l. Munich, Amsterdam.

44. Colonne d'ordre ionique. A gauche, le chapiteau et l'architrave; au milieu, le fût et les côtés du chapiteau. A droite, la colonne avec les dimensions en chiffres et les explications. Cette pièce appartient probablement à une suite de dessins d'architecture B. Nos 23—36. H. 16 p. 3 l. L. 11 p. 6 l. Munich.

45. Cinq piédestaux richement ornés. Deux en haut, deux en bas, et un au milieu (B. No. 23). H. 11 p. 1 l. L. 7 p. 6 l. Munich.

Appendice.

La pièce à l'eau-forte que nous allons décrire appartiendrait, si nous en jugeons par la manière, au maître de 1515, tandis que le dessin de la figure de femme et principalement celui des traits rappellent plutôt le style d'Albert Durer. Même l'inscription WENHG indiquerait, du moins en ce qui regarde la première lettre, une origine allemande. Mais comme Duchesne et d'autres écrivains attribuent cette pièce au maître italien, nous l'enregistrons ici, tout en faisant nos réserves sur cette attribution.

46. Pâris et Oenone. Pâris, à gauche, vu de face et armé d'arc et de flèche, avec un cor de chasse à la main droite, prend de la main gauche celle d'Oenone, vue de profil, devant lui, et qui lève la droite comme pour parler. Elle a la tête ornée d'un diadème avec deux petites ailes. Entre les deux, un chien assis et, plus loin, un autre. Au-dessus de la tête des deux figures, on lit leurs noms: PARIS et EGENOE. Le fond est une forêt dans laquelle, à gauche, on aperçoit les têtes de deux bêtes fauves. Près d'eux, un tronc d'arbre sur lequel on lit WENHG et au bas, à droite, le millésime 15 ✝ 09. H. 8 p. 2 l. L. 3 p. Musée britannique et Berlin.

.1·5·0·7H𝐴𝑉

(Bartsch XIII. 351.)

L'artiste qui s'est servi de ce monogramme sur la seule pièce
que l'on connaît de lui, représentant une M é n a d e, paraît avoir été
orfévre, si nous en jugeons par sa taille qui est très-rude. D'après
son style de dessin, on pourrait croire qu'il appartient à l'école du
Mantègne. La figure de la Ménade est empruntée à un bas-relief antique et les deux petites compositions de la base sont souvent reproduites dans d'autres gravures et surtout dans deux nielles supérieurement exécutés par Peregrini et décrits par Duchesne dans son Catalogue sous les Nos 303 et 304.

ℕ, 🗙 ℝ M ,N R, ℝ NICOLET DE MVTINA ⚱, NI RO.

Nicoletto da Modena 1500 — 1512.
(Bartsch XIII. 252.)

Les vieux auteurs ne nous ont laissé aucun détail sur cet ancien graveur-orfévre, et les nouvelles recherches sur son compte ne nous
apprennent rien de plus que ce que l'on avait pu déduire jusqu'ici de
sa période d'activité et de la manière qu'il a suivie dans ses gravures.
C'est ainsi que l'inscription sur sa pièce du J u g e m e n t d e P à r i s
(B. No. 62):

OPVS NICOLETI — MODENENSIS ROSEX.

nous fait conclure qu'il appartenait à une famille Rosex ou de Rossi
de Modène, tandis que deux dates, celle de 1500 sur la gravure que
nous venons de citer et le millésime 1512 sur la gravure des E r-
m i t e s (B. No. 24), nous indique une portion de sa période d'activité.
Quelques-unes de ses pièces que Duchesne a enregistrées parmi les
nielles et qui sont réellement traitées dans ce genre de gravure, nous
porteraient à croire qu'il a été en même temps orfévre. Ce sont, entre
autres, les pièces suivantes:

No. 15.   David vainqueur,
No. 16.   David vainqueur,

No. 272. Un guerrier,

No. 315. La femme à la pomme,

No. 316. Le tireur d'épine,

ainsi que l'arabesque du mascaron dont Duchesne fait aussi mention dans son Voyage d'un Iconophile p. 327. Il a exécuté ses plus
grandes pièces d'abord dans la manière du Mantègne (B. 52 et 60) et
imité dans d'autres le style de Martin Schongauer (B. 3 et 36), celui
d'Albert Durer (B. Nos 38 et 72), pour adopter ensuite une exécution
à lui particulière et qui se distingue surtout par des hachures très-
courtes. Aucun de ses travaux nous le montrent comme excellent
dessinateur; ses premiers travaux ont des contours lourds et sans
entente, avec des tailles très-raides; après avoir étudié les travaux des
maîtres allemands, il se forma une manière plus agréable et parvint à
beaucoup de dextérité dans le maniement du burin.

Peu de graveurs ont signé leurs travaux d'une façon aussi irrégulière et décevante que Nicoletto. Bartsch, auquel nous renvoyons à
ce sujet, n'enregistre rien moins que 17 chiffres employés par lui et
que nous avons completés par les monogrammes ci-dessus; nous ferons
mention de toutes ces marques à l'occasion.

Bartsch a décrit dans l'oeuvre de Nicoletto plusieurs gravures de
l'ancienne école florentine que nous en avons dû séparer pour les re-
mettre à leur place. Ce sont, entre autres, les suivantes:

Nos 5—20. Les 15 sujets de la vie de la Vierge et du Christ
du Lippi.

No. 23. Le Jugement dernier, d'après Fra Angelico da Fiesole.

Nos 39—45. Les six Triomphes du Pétrarque, par un ancien
maître florentin.

Nous en dirons autant des Nos 50, 51, 66, 67 et 68, qui ne
sauraient être attribués avec certitude à notre maître. Enfin nous
avons ajouté à son oeuvre un nombre considérable de gravures inconnues à Bartsch.

Observations au Catalogue de Bartsch.

1. David vainqueur de Goliath. Cette pièce est traitée
comme un nielle et a été enregistrée comme tel par Duchesne, sous
le No. 15 de son catalogue. Cependant, le nom et les lettres ne s'y
trouvent point gravés à rebours.

3. La Nativité. La composition, quant aux figures, est empruntée à la gravure de M. Schongauer (B. No. 4), mais le paysage est différent.

6—20. La Vie de la Vierge. Ces gravures sont de Fra Filippo Lippi, ou d'après ses dessins. Voyez notre catalogue de son oeuvre.

23. Le Jugement dernier. Pièce gravée par un maître florentin anonyme, d'après un tableau du Beato Angelico.

26. C'est un Saint-Bernard et non un St. Dominique, comme le dit Bartsch.

39—45. Les six Triomphes du Pétrarque. Ces pièces appartiennent à un ancien maître florentin anonyme, et nous les avons décrites en détail sous les Nos 73—78 de notre Catalogue des gravures anonymes de cette école.

46. Léda. Bartsch se trompe quant il dit que cette gravure est une copie de celle du maître I. B à l'oiseau (B. No. 4), puisque dans celle-ci on voit Léda assise à terre entourée de quatre enfants.

50. Apollon. Pièce gravée d'après la statue du Belvédère à Rome, mais si mal qu'il y a lieu de douter que cet ouvrage soit réellement de Nicoletto da Modena.

51. L'enlèvement d'Europe. Cette copie du maître I B, à l'oiseau, ne semble point appartenir à notre maître.

61. Trois dames. Cette pièce paraît avoir été exécutée d'après un dessin du maître d'après lequel Domenico Campagnola, mais avec beaucoup plus de finesse, a gravé un sujet analogue.

63. Le Chasseur. Cette gravure est exécutée dans le style de la précédente.

66. Le guerrier. Duchesne enregistre cette pièce sous les nielles (No. 272), mais il faut observer que l'inscription: DIVO MARTI ne s'y trouve point écrite à rebours, et que le fond n'est pas traité à la manière des nielles. Outre l'exemplaire de Vienne, on en a trouvé un second à Bruxelles où l'inscription est la même.

67. L'homme assis sur une couche d'après le bronze antique du Capitole. Duchesne décrit cette pièce parmi les nielles, quoique l'inscription: TENPVS NOSE ne se lise pas à rebours.

68. La femme à la pomme et à l'épée. Copie d'après Peregrini da Cesena, que Duchesne tient pour un nielle. (D. No. 315.)

Additions à Bartsch.

69. **David avec la tête de Goliath.** David est debout dans un paysage, une épée à la main droite, et tient, de la gauche, en l'air, la tête du Philistin dont le corps est étendu derrière lui. Sur l'architecture, à la gauche du haut, le chiffre NI.RO, et sur le fût de la colonne, l'inscription: DAVIT.R. H. 4 p. 1 l. L. 2 p. 8 l. Paris, Berlin.

70. **La Nativité.** La Vierge, à genoux, adore l'enfant Jésus couché sur le terrain. St. Joseph dort, assis sur une selle, à gauche. Derrière la Vierge, dans un édifice ressemblant à un palais, on voit, sous une toiture de chaume, le boeuf et l'âne. Par l'ouverture d'un arc, on voit, dans le fond, un autre palais, et sur une colline, l'annonciation aux bergers. Pièce non signée, d'une taille un peu rude, mais tout à fait dans la manière du maître. H. 12 p. 1 l. L. 8 p. 8 l. Musée brit.

71. **Le Christ apparaît à la Madeleine.** Elle est agenouillée, à gauche. Imitation de la gravure de M. Schongauer (B. No. 26). Pièce non signée, de la première manière de Nicoletto da Modena. H. 9 p. 2 l. L. 6 p. 4 l. Paris.

73. **La Vierge sur un gradin d'autel.** Elle est assise au milieu et tient l'enfant Jésus sur les genoux; deux petits Anges tiennent une couronne au-dessus de sa tête, et au bas on lit:

REGINA CELI LETARE ALELVIA.

A gauche, dans des niches, Ste. Catherine à droite, et Ste. Lucie à droite. En haut, deux bas-reliefs dont l'un représente le sacrifice d'Abraham, l'autre la mort d'Abel, avec des inscriptions relatives au sujet; au-dessous des gradins, une tablette avec la signature:

NICOLAVS MVTINSIS FECIT

et une guenon le corps entouré d'un cerceau. H. 16 p. L. 12 p. 7 l. Paris. Munich.

74. **La Vierge sur un trône.** Elle tient l'enfant Jésus, tandis que deux petits Anges, dans les nuages, l'adorent. Au bas, St. François et St. Dominique. Pièce non signée. H. 8 p. L. 6 p. Paris.

75. **La Vierge et l'enfant.** Elle donne le sein à l'enfant qui est endormi sur ses genoux. Au bas, une tête de mort marquée NI et au-dessous un petit vase. H. 2 p. 6 l. L. 3 p. 6 l.

Pièce indiquée dans le Cat. Malaspina II. 38, avec l'observation qu'il pourrait s'agir d'une Allégorie sur le commencement et la fin de la vie.

76. La Vierge, demi-figure. Elle est tournée à droite, tenant devant elle l'enfant Jésus debout. Sur le devant, à gauche, un chat près duquel on voit une pomme. Des ruines dans le fond et une échappée de paysage, à gauche. Pièce non signée. H. 5 p. 6 l. L. 3 p. 9 l. Paris, provenant de la Coll. Sykes, p. 72 et Reville No. 27.

77. Le Sauveur. Il est vu de face vêtu d'une longue tunique et d'un manteau, et lève la main droite pour bénir, tandis qu'il tient, de la gauche, le globe surmonté d'une croix. Aux deux côtés de sa tête, les chiffres $\overline{YHS}$ — $\overline{XPS}$. Au milieu du bas, le premier des monogrammes ci-dessus. H. 6 p. 9 l. L. 3 p. 11 l. Musée brit.

78. St. Sébastien. Il est debout au milieu de l'estampe, attaché à une colonne par les mains croisées au-dessus de sa tête. En haut, à gauche, sur une tablette, l'inscription:

ORA PRO NOBIS SANCTE SEBASTIANE

et sur un fragment de colonne, le monogramme ⟪N⟫. Cette pièce est traitée légèrement à la pointe sèche et ressemble à une eau-forte. H. 10 p. L. 6 p. 9 l. (Ottley, p. 541.)

79. Même sujet. Il est représenté, comme dans la pièce précédente, attaché par les mains à une colonne et percé de six flèches. A travers les arcs des côtés, on a la vue sur un paysage. Sur le gradin où se tient le Saint, on lit l'inscription:

NICOLETO DA MODENA.

H. 5 p. 5 l. L. 4 p. 1 l. (anglais). Voyez Ottley, p. 540.

80. St. George. Il est debout en armure complète, tenant, de la main droite, une bannière avec la croix et, de la gauche, la corde à laquelle est attaché le dragon étendu à ses pieds. Fond de paysage avec un arc de triomphe sur l'architrave duquel on lit l'inscription:

NICOLETO DA MODENA.

H. 5 p. 6 l. L. 3 p. 11 l. Dresde, Paris.

81. St. Antoine. Il est debout au milieu de ruines, tourné à gauche; à ses pieds, le pourceau, dont on ne voit que la moitié du corps. Le Saint tient un livre fermé sur la poitrine et de la gauche une béquille avec une clochette. Dans le lointain, un paysage avec une rivière, une ville, un cheval etc. A la droite du bas, les initiales NDR, entrelacées au-dessus d'un petit vase. H. 8 p. 3½ l. L. 2 p. 5½ l. R. Weigel, K.-C. No. 5190. Coll. du roi de Saxe à Dresde.

82. St. Roch. Il est debout, vu de face et montre un bubon
sur sa cuisse, tandis qu'il tient de la droite un bourdon de pèlerin.
A gauche, une ruine avec une colonne dont le piédestal porte l'inscription :

NICOLETO DA MODENA.

Fond de paysage, à gauche. H. 5 p. 7 l. L. 3 p. 11 l. Dresde.

83ᵃ. St. Bernardin de Sienne. Fig. debout, in-8°. Dresde.

83ᵇ. Un Saint portant un sac. Il s'avance, à gauche,
chargé d'un gros sac. Fond de paysage avec ruines. A la gauche et au
milieu, la signature du maître sur une pierre. H. 3 p. 7 l. L. 3 p.
Cat. Sternberg I. 1888. Coll. du roi de Saxe à Dresde.

83ᶜ. Lazare. Deux chiens lèchent ses plaies. Le monogramme
est à la droite du bas. H. 3 p. 7 l. L. 3 p. Cat. Sternberg I. 1837.
Coll. du roi de Saxe à Dresde.

84. Ste. Cathérine. Elle est debout, sous l'ouverture d'un
arc, tenant de la droite une épée, la pointe sur le terrain, et de la
gauche, une palme. Sur un socle, au premier plan, l'inscription :

NICOLETO DA MODENA.

Paysage, à droite. H. 5 p. 5 l. L. 3 p. 10 l. Paris, Dresde.

85. Ste. Cécile. La Sainte est debout, vue de face, la tête
ornée d'une couronne et une palme dans la main droite, tandis qu'elle tient
de la gauche, en même temps qu'un livre, le pan de son vêtement.
Elle a le sein percé d'un poignard. Le fond, à hachures obliques et
croisées, a sur les côtés quelques plants de roseau. Cette pièce est
traitée dans la manière de Zoan Andrea et a quelque analogie avec
la gravure du Vulcain (No. 52), mais l'exécution en est plus fine. Sans
chiffre. H. 7 p. 9 l. L. 5 p. 5 l. Musée britannique provenant de
la Coll. Sykes. No. 1047.

86. La Sibylle de Cumes. Elle est presque nue, tournée à
droite, et tient un crible des deux mains. Sa tête est couverte d'une
draperie dont l'extrémité tombe sur son bras droit. Derrière elle, des
roseaux et des plantes aquatiques. Au-dessus pend un écusson avec le
second des monogrammes ci-dessus. H. 4 p. 11 l. L. 3 p. 4 l. Musée
britannique. Paris, Munich, Coll. Wellesley à Oxford, Amsterdam et
Dresde où un exemplaire avec marge mesure 5 p. 1 l. de hauteur
sur 3 p. 5 l. de largeur. Brulliot donne à cette gravure pour sujet
la Vestale Tucia.

87. Neptune. Il est assis tourné vers la gauche, son vêtement
rejeté sur l'épaule droite, tenant un trident et appuyant le bras gauche

V.   7

sur une urne d'où sort de l'eau. Fond d'architecture avec des pilastres et, à droite dans une niche, un petit autel avec les initiales
O. N. R. M. (opus Nicolai Rosex Mutinensis) sur un petit écusson. Sur le siége de Neptune on lit:

NEPTVNI SIMVLACRVM.

H. 5 p. L. 3 p. 6 l. Paris.

88. Mars. Il est debout au milieu de l'estampe, en armure
complète et appuie la main droite sur la hanche, tandis qu'il tient, de
la gauche, une lance ornée de trophées et d'une bannière avec les
initiales SPQR. Sur un piédestal, on lit: DIVO MARTI et sur un
écusson suspendu à l'arbre sec de gauche, l'inscription:

NICOLETO DA MODENA.

H. 5 p. 6 l. L. 3 p. 10 l. Coll. Albert. Dresde, Berlin, Musée
britannique.

89. Même sujet. Mars s'avance vers la droite portant des trophées suspendus à une lance. A gauche, sur un socle, MARTE et
sur une tablette suspendue à l'arbre de droite, NI. RO. Fond noir.
H. 2 p. 10 l. L. 1 p. 11 l. Paris.

90. Mercure. Le dieu est debout, tourné à droite, la tête
couverte d'un casque, tenant de la main droite un caducée et de la
gauche une flûte. Le fond représente une espèce d'arc de Triomphe,
à travers duquel on a une vue de paysage. Au bas, à droite, on lit
MERCVRIVS et sur le piédestal d'une colonne brisée, NI. RO. H.
5 p. L. 3 p. 6 l. Paris.

91. Même sujet. Mercure est vu de trois quarts tourné à droite,
et tient de la gauche un long caducée, tandis qu'il appuie sur la
hanche la droite de laquelle il tient une flûte. A gauche, sur le fond
noir, on voit un arbre et une colonne brisée avec son piédestal sur
lequel est écrit le nom MERCVRIO. Sur le devant et au milieu, une
petite tablette avec les initiales N. R, à côté d'un petit vase. H. 2 p.
L. 1 p. 3 l. Pièce traitée dans la manière des Nielles, mais où les
inscriptions ne sont pas à rebours. Paris, Bâle.

92. Vulcain. Il est assis, à droite, forgeant un casque. Devant lui deux chevaux s'abbreuvent à une source. Au milieu, une
femme ailée tient un bouclier, tandis qu'à gauche un jeune homme
porte une cuirasse suspendue à une lance. Sur un arbre une petite
tablette. Pièce non signée. H. 8 p. L. 5 p. 4 l.

93. Vénus. Elle est debout, à droite, appuyée contre un fragment d'architecture et tient, de la main gauche, une torche; de la droite,

un miroir rond. Sur une tablette au haut de l'estampe, NICOLETO DA MODENA. H. 7 p. 4 l. L. 5 p. 1 l. Paris.

94. Cérès. Elle est debout tournée à droite, tenant, de la main droite, des épis et des fleurs autour desquels s'enlace un serpent et, de la gauche, une corne d'abondance. Dans le fond, des fragments d'architecture sur l'un desquels on lit: DEA CERES. Belle pièce sans signature. H. 7 p. 8 l. L. 5 p. 5 l.

95. Hercule dompte le Minotaure. Il saisit, venant de la droite, le monstre par les cornes en appuyant sur lui la jambe gauche. A gauche, un arbre sec où l'on voit suspendus l'arc et le carquois du héros. Pièce non signée et, comme le Vulcain, de la première manière du maître. H. 6 p. 1 l. L. 4 p. 3 l. Paris, Musée britannique, Bibl. de Vienne.

96. Pan, dieu d'Arcadie. Le dieu aux longues oreilles est assis sur un tronc d'arbre et appuie son pied gauche sur une chèvre couchée qui tourne vers lui la tête. Il joue de la flûte, en tenant sur les genoux un enfant qui étend les deux mains vers la chèvre. Un chalumeau et deux flûtes sont suspendus à un arbre sec, à droite. A gauche, sur un pilastre, PAN DEVS ARCADIAE. Pièce non signée. H. 2 p. 11 l. L. 2 p. 1 l. Berlin, Musée britannique.

97. Centaures marins et hippocampes. Sur la queue du premier est assis un enfant tenant une branche de laurier, de la droite et de la gauche une torche. Le centaure nage vers la droite et saisit l'hippocampe par la barbe, tandis qu'il tient un serpent de la main gauche. Dans le coin, un dauphin et, à gauche, un arbre portant une tablette avec les initiales N M. H. 5 p. 1 l l. L. 4 p. Paris. Coll. Wellesley, Oxf.

98. La Victoire. Elle est vue de face tenant de la droite une couronne de lauriers, de la gauche des trophées. Sur le socle, l'inscription VICTORIA. Au haut les initiales N. R. Pendant de la Paix. (B. No. 36.) H. 5 p. L. 3 p. 5 l. Paris.

99. La Renommée. Figure ailée assise, tournée à droite, et écrivant sur un bouclier marqué SPQR. Devant elle, à droite, un palmier près duquel on voit un homme barbu à genoux. Des armes gisent à ses pieds. Sur le socle, à gauche, l'inscription FAMA VOLAT. A gauche, sur un fût de colonne, les initiales N. M. H. 5 p. L. 3 p. 6 l. Cette pièce appartient à la suite dont fait partie la pièce précédente, ainsi que la Paix. Paris.

100. Le Sacrifice. Une femme richement vêtue et tournée à gauche, près d'un autel, plonge une verge dans un vase d'où sortent

des flammes et verse un liquide d'un autre vase qu'elle tient de la main droite. Sur l'autel se trouve l'inscription:

SPES PVBLICA. PAX AETERNA. VICTORIA AVGVSTI.

Sur un arbre, au milieu, est suspendu un écusson avec les mots: VOTIS X. Fond de paysage avec un pont. Pièce traitée dans la manière du Mantègne et signée A au-dessus de deux branches en sautoir qui sont une des marques de Nicoletto da Modena. H. 7 p. 9 l. L. 5 p. 4 l. Musée britannique. Paris.

101. Allégorie sur la Victoire. Une femme vêtue à l'antique et vue de face, appuie le coude droit sur un arbre sec qu'elle tient également de la gauche, tandis qu'à ses pieds on voit une cuirasse, un bouclier et un casque épars sur le terrain. Pièce non signée et traitée dans le goût de la Ste. Cécile, No. 85. H. 5 p. 6 l. L. 3 p. 11 l. Musée britannique.

102. Bucephale dompté. Un guerrier vêtu à la romaine, la tête tournée à gauche, s'avance vers la droite en tenant par la bride un cheval qui se cabre. Sur le terrain, à gauche, un casque, une épée et un bouclier orné d'un tête de jeune fille. Dans le fond, ruines d'architecture. Pièce signée en haut sur fond noir, N M. H. 5 p. 10 l. L. 4 p. 1 l. Musée britannique.

103. Combat entre quatre cavaliers et trois fantassins. Le bouclier d'un des deux cavaliers de droite est marqué SPQR. A gauche, un homme renversé sur son bouclier est mis à mort par son adversaire. Du même côté, une tablette suspendue à un arbre porte les deux rameaux croisés de Nicoletto. Pièce au contour sur fond noir. H. 6 p. 9 l. L. 10 p. 1 l. Paris.

104. Apelles. Personnage vêtu d'un large manteau, tourné de profil à droite, et les mains l'une dans l'autre. Il contemple une tablette placée sur un piédestal et sur laquelle on voit des figures géométriques; un cercle, un triangle, un carré et un octogone près duquel est une équerre. On lit, sur le piédestal:

APELES (P)ETA TACENTES A TEMPO SVO CILIBERIMVS.

Au bas, un compas ouvert et un petit pot avec trois pinceaux. Fond de paysage avec un château sur un rocher près de l'eau. Sans dire avec Brulliot, que le vase et les pinceaux forment une des marques de Nicoletto da Modena, puisque ces objets se rapportent mieux au peintre grec, nous sommes de son avis quand il attribue cette pièce à notre maître. (Dict. I. No. 3264.) H. 7 p. 9 l. L. 5 p. 5 l. Paris, Musée britannique.

105. Le départ pour le marché. Copie d'après M. Schongauer, signée sur le piédestal à droite, OP. NI MODENENSIS. (Voyez E. Galichon, Gaz. des Beaux Arts. III. p. 333.)

106. Quatre enfants qui jouent. Un d'eux est assis près d'un arbre sec, tandis qu'un second place la tête sur ses genoux. Un troisième à califourchon sur ce dernier lève trois doigts, tandis que le quatrième debout et tenant un cordon lève un égal nombre de doigts de la main droite. L'arbre porte un écusson avec l'inscription:

Ⓡ NICOLET DE MVTINA ♋.

Fond noir. H. 4 p. 10 l. L. 3 p. 4 l. Paris.

107. Trois enfants qui jouent. Il se parlent tout bas. Celui du milieu est sous un arbre sec portant une banderole avec l'inscription:

OP. NICOLETI DE MVTINA DE RVBEIS,

mais tellement recouverte de hachures qu'elle en devient presque illisible. Deux des enfans la montrent du doigt. Fond noir. H. 4 p. 10 l. L. 3 p. 4 l. Paris.

108. Montant d'arabesque. Au bas, sur la double queue d'une Sirène, sont assis deux génies tenant des tridents. Au-dessus et de chaque côté, deux dragons avec deux bustes, en médaillons, au milieu. Tout à fait en haut, un crâne de boeuf et une corne entre deux oiseaux fantastiques. Au bas, et au-dessus de la tête de la Sirène, une tablette avec l'inscription:

VN BEL MORIR TVTA LA VITA HONORA.

H. 7 p. 6 l. L. 3 p. 10 l. Paris, Dresde.

109. Autre sujet semblable. Sur un dauphin, au bas de l'estampe, est assis un petit Amour qui joue de la double flûte; à ses côtés se trouvent deux oiseaux. Au milieu, un candélabre orné de deux mascarons entre deux enfants assis sur des animaux fantastiques. Au haut, une femme soufle dans deux cornets d'où pendent deux tablettes avec les initiales SP — QR. H. 7 p. 8 l. L. 4 p. Paris.

110. Arabesque au mascaron. Au milieu, un mascaron soutenant un vase entre deux Amours assis dont celui de gauche est vu de dos. Fond noir où, sur deux petits espaces ménagés à gauche, on trouve les initiales N — O. H. 23 mill. L. 55 mill. Le seul exemplaire connu de cette pièce se trouve au Musée de Bruxelles. (Revue univ. des Arts. Paris 1857. V. 230.) Duchesne, dans son voyage d'un Iconophile, tient cette pièce pour un Nielle (p. 287).

111. Ornement à enroulements sur fond noir. Au milieu, un vase et, dans les quatre coins, des rosettes autour desquels s'enroulent des bandelettes. Pièce carrée de 5 p. 5 l. Paris.

112. Autre ornement semblable. Les enroulements disposés aux quatres coins entourent le monogramme N ⬥ R, au milieu. Pièce carrée de 5 p. 5 l. Paris.

Appendice.

Pièces douteuses attribuées à Nicoletto da Modena.

113. La sépulture du Christ, d'après un dessin d'Albert Durer. Deux hommes soulèvent le corps du Sauveur afin de le porter dans la sépulture, à droite. Derrière ceux-ci, St. Jean les bras étendus et, plus à gauche, la Vierge avec deux saintes femmes. Sur le devant à gauche et prosternée à terre, la Madeleine tenant le vase de parfums et, à sa gauche, la tablette avec l'inscription INRI. A côté de cette inscription sont gravées, à la pointe, les initiales N. 1. RO, pour faire croire que le graveur modenais a imité dans cette pièce le dessin à la plume du maître allemand. Bartsch décrit cette pièce dans l'oeuvre de Marc Antoine, sans faire mention de cette signature qui probablement ne se trouvait point sur la pièce qu'il avait sous les yeux. H. 12 p. 7 l. L. 7 p. 9 l. R. Weigel.

114. St. Jérôme. Il est agenouillé, à gauche, devant un crucifix placé sur un rocher et se frappe la poitrine d'une pierre qu'il tient de la main droite. Sur le devant, deux arbres et dans le fond, à droite, une église. Pièce non signée. (Voyez Catalogue de la Collection B D. Paris 1852. No. 23.)

115. Arabesque. Au milieu, un bâton auquel est suspendu un bouclier ovale orné de deux épis en sautoir entre les initiales D. A, en haut et en bas. Deux vieillards nus, assis sur des dauphins, sont attachés par les bras au bâton et, au-dessus des leurs têtes, deux petits Amours maintiennent le bouclier au moyen de rubans. De la bouche des deux vieillards sortent des rinceaux soutenant des corbeilles remplies de fruits, tandis que deux oiseaux becquettent les raisins que l'on y trouve. Belle pièce d'une exécution fine. Berlin. H. 3 p. 1 l. L. 7 p.

Le filigrane du papier est une ancre dans un cercle. (Voyez Brulliot, Dict. II. No. 2822.)

116. Arabesque. Console montée sur deux serres d'oiseau de proie, avec une tablette d'où pendent deux vaisseaux. Deux Satyres enchaînés, assis sur deux vieilles femmes à queue de serpent, se trouvent à côté d'un médaillon représentant un homme à cheval. Au haut, deux Sphinx femelles. Fond noir et point de signature. Cette pièce est traitée comme un nielle. H. 3 p. L. 1 p. 7 l. Bâle.

$\Phi \text{H} \text{A} \text{B}$, 10 · ΛN · $\overline{\text{BX}}$, $\text{I}_\gamma \overline{\text{A}}_\gamma \text{B}^{\times}{}_\gamma$, 10 · AN B$\overline{\text{XV}}$9

Giovan Antonio da Brescia.
(Bartsch XIII. 315.)

Ce graveur s'est formé également à l'école du Mantègne dont il a copié plusieurs pièces ou dont il a imité la manière. Il étudia ensuite l'oeuvre de Durer, puis se rendit à Rome où il se rallia à l'école de Marc Antoine en copiant quelques-unes des gravures de ce maître et en travaillant ensuite d'après Raphaël et ses élèves ou en gravant ses propres inventions. Ce fut, sans doute, pendant son sejour à Rome qu'il exécuta la Vénus debout signée de son nom en entier, avec l'inscription qui se rapporte à cette figure, ROME NOVITER RE-PERTVM. Comme il n'était point bon dessinateur, il réussit davantage dans ses gravures d'après les autres maîtres surtout d'après Mantègne dont il imita les contours très-accentués avec des hachures assez fines mais un peu raides. Modifiant ensuite sa manière d'après celle de Durer, il la changea complètement après avoir été à Rome, et sans y gagner rien autre que de se servir de bons dessins qu'il reproduisit avec des contours assez raides et des hachures irrégulières.

Pour ces raisons, les gravures de son oeuvre sont si différentes entre elles qu'on ne se déciderait jamais à les attribuer à un seul et même graveur s'il ne les avait, dans la plupart des cas, revêtues de son monogramme. Zani (Encycl. II. 4, p. 343) a décrit une gravure de notre maître avec la date de 1505. Il a marqué du millésime 1507 sa copie de la Famille de Satyres d'après la pièce d'Albert Durer, exécutée en 1505, et sa Flagellation porte la date de 1509. Ces chiffres nous indiquent l'époque de sa première activité.

On ne sait quelles relations existent entre lui et Giovan M a r i a
d a B r e s c i a qui, en 1502, exécuta une couple de gravures et appartenait à l'ordre des Carmes. Mais celui-ci n'était point un imitateur
du Mantègne et a manié le burin d'une manière à lui particulière.
Rien ne prouve qu'il ait été un frère de Giovan Antonio, comme rien
ne demontre que celui-ci appartenait au même ordre. On pourrait
déduire le contraire de la circonstance qu'il n'a presque jamais, surtout à Rome, gravé des sujets religieux mais s'en est tenu de préférence aux sujets profanes. Gaye, dans son Carteggio II. p. 136, nous
à fait connaître une supplique adressée le 20 Avril 1515 par le peintre
Giovanni da Brescia au Doge de Venise pour demander le privilège de
publier une H i s t o i r e d e T r a j a n qu'il avait fait graver sur bois d'après
ses propres dessins. On a voulu maintenir que ce Jean de Brescia
est non seulement notre maître Giovanni Antonio mais que celui-ci
a aussi gravé sur bois. Mais si l'on refléchit que le peintre de Venise
se designe lui-même sous le nom de Zuan da Brexa, tandis que notre
maître n'a jamais manqué d'ajouter le nom d'Antonio à son premier
prénom, cette identité devient fort douteuse. Quand à en conclure
qu'il ait gravé sur bois, on ne l'a pu faire que par mégarde, puisque
le pétitionnaire dit clairement q u ' i l a f a i t g r a v e r s u r b o i s e n
s o n n o m un dessin exécuté par lui et qui lui a couté beaucoup de
temps, de fatigue et de depenses.

Nous faisons suivre le texte original de ce document qui est un
des plus intéressants pour l'histoire de l'art à cette époque:

MDXIV die 20 Aprilis

Sermo. Principe.

Humiliter et cum ogni debita reverentia supplica la sub^{tà} vostra el
fidelissimo suo servitor Z u a n d e B r e x a depentor: cum sit che lui
supplicante, essendo studioso di la virtù, habi fatto uno desegno, et
q u e l l o f a t t o i n t a g l i a r i n l e g n o a suo nome, nella qual opera
ha consumato molto tempo cum sua gran fatica et spesa, per essere
opera excellente, et tutto ha fatto volentiera per esser desideroso de
honor, et poi mediante le fatiche sue et industrie poter consequir
qualchè utilità et emolumento di ditta opera, la qual' è la historia di
Traiano Imperator; et havendo voluto lui supplicante far qualche espe-
rientia di ditta sua opera et veder come reusciva, ne ha fatto stampare
parte de quella cum intention poi de far la stampar tucta. Et perchè
in effecto lo disegno et opera predictà e bella et degna, è sta immedia-
mente tolta da alcuni altri, et hanno comenzato voler quella stampar;

la qual cosa seria contra ogni debito de iustitia et à grave mio danno, che, havendo io stentato et fadigatome longo tempo in far detta opera, che altri dovesse senza sua fadiga consequir guadagno de le fadice et sudori miei; quare Sermo. Principe io Zuan sopraditto recorro a piedi di quella, supplicandola si degni far prohibir che niuno per alcun modo possi ni debi stampar ditta mia opera, ma concedermi che io solo possi quella finir et poi stampar et vender a mio nome solamente per anni X, sitto pena di ducati 5 per opera a chi stampasse over fese stampar detta opera, da esser applicata la mità a lo accusator, et l'altra mità all' officio che farà l'execution, la qual sia commessa a qualunque officio di questa cità. Et questa domanda sia di gratia spetial accio le fatige non habia fatto in vano, et che possi conseguir qualche utilità in recompensation del tempo et spese ho consumato et fatto per ridur a perfection ditta opera: cui excellentissime Dominationi genibus flexis mi aricomando."

Cette note est apostillée: „Quod fiat ut petitur."

Observations au Catalogue de Bartsch.

2. La Sépulture. La pièce que Bartsch décrit sous ce titre semble être l'original d'Andrea Mantegna tandis que celle enregistrée dans l'oeuvre de ce maître est-plutôt la copie de Giovan Antonio da Brescia comme nous l'avons déjà fait remarquer.

4. La présentation de la Vierge au temple. Giulio Sanuti a traité également le même sujet et l'on ne saurait décider quel est l'auteur de la gravure originale. La composition, dans les deux pièces, est attribuée à Raphaël ce qui est évidement une erreur.

6. St. Pierre. Pièce traitée dans le style du Mantègne.

10. Hercule portant le taureau de Marathon. Composition empruntée à un Bas-relief antique.

11. Hercule déchirant le lion de Némée. Dans la manière du Mantègne.

12. Hercule tuant l'hydre de Lerne. Nous sommes de l'avis de Bartsch qui, malgré les initiales I. F. T, attribue cette pièce à Giovan Antonio da Brescia.

13. Hercule et Anthée. Aux deux copies mentionnées par Bartsch il faut en ajouter une troisième, celle décrite par lui, p. 99,

No. 3, sous la rubrique des Anonymes. On en trouve également une
copie sur bois, dans le même sens que l'original, signée IO. AN. BX.
mais seulement en contours très-marqués. Une autre copie sur bois
dans le même sens que l'original porte la date de 1542. H. 8 p. L.
6 p. 3 l. Ces deux dernières copies se trouvent à Berlin. Une reproduction moderne de cette pièce semble avoir été gravée sur cuivre
d'après ce bois, puisqu'elle se trouve être de plus petites dimensions
que l'original.

17. Silène entouré d'Amours. Zoan Andrea a également
gravé cette composition du Mantègne et la pièce de notre maître semble
en être une copie en contre-partie.

18. La Justice. Il y a du grandiose dans le dessin de cette
figure qui doit appartenir au Mantègne.

19. La jeune femme arrosant une plante. Dans la
Collection Albertine on trouve une première épreuve de cette pièce,
sans la signature du maître et qui n'est, après tout, qu'une copie en
contre-partie de la gravure originale de Marc Antoine, No. 383, que
nous croyons cependant avoir été exécutée dans son école par B. Beham.

22. Arabesque. Cette gravure sur métal est une imitation
libre de l'original de Nicoletto No. 57.

23. Arabesque. Dans le goût du Mantègne.

24. Trois têtes de chevaux. Cette pièce, de toute beauté
dans le dessin et l'exécution, n'est certainement point de notre maître.
Quelques-uns l'attribuent à Andrea del Verrochio, d'autres à Léonard
de Vinci lui-même. H. 4 p. 4 l. L. 6 p. 11 l.

Additions à Bartsch.

35. Le péché originel. Adam et Eve sont appuyés à l'arbre.
Il étend la main vers la pomme que celle-ci lui offre, tandis qu'elle
paraît prêter l'oreille aux paroles du serpent sur l'arbre. Pièce non
signée. H. 8 p. 9 l. L. 10 p. Bibl. de Vienne.

26. Abraham et Melchisedech. A gauche, on voit ce dernier avec sept personnes de sa suite; à droite, Abraham avec quatre
serviteurs; entre les deux groupes, quatre vases à vin et deux paniers
avec des pièces d'argent au lieu de pain. D'après la composition dans les
Loges de Raphaël. Sur une partie obscure du terrain, les signatures
R. V — $\Phi \mathcal{A} \mathcal{B}$ H. 7 p. 1 l. L. 9 p. 6 l. Musée britannique.
Dans cet exemplaire on trouve la suscription suivante:

Tesoro presētato al Re Salomon dali machabei e questo e depīto I camera del S. papa.

27. **La Coupe de Joseph retrouvée dans le sac de Benjamin.** Cette pièce médiocre, également d'après un dessin de Raphaël, est traitée dans le style de la précédente, de manière qu'il ne peut y avoir de doute qu'elle ne soit exécutée par notre maître. Bartsch la décrit sous les Anonymes XVII. No. 7. H. 6 p. 3 l. L. 10 p. 3 l.

28. **Judith.** Elle est debout, une épée dans la main droite et tenant, de la gauche, la tête d'Holopherne qu'elle se prépare à mettre dans le sac que lui présente sa vieille servante. Pièce non signée et copiée d'après l'original de Zoan Andrea (B. No. 1). H. 12 p. L. 9 p. 3 l. L'exécution est la même que celle de l'Hercule No. 11. Paris. Bibl. de Vienne.

29. **La Flagellation.** Le Christ attaché à la colonne est fustigé par quatre bourreaux. Le fond est une salle à deux voûtes soutenue par des colonnes d'ordre corinthien. Sur le terrain, à gauche, se trouve une tablette avec l'inscription IO. ANTON. BRIXIAN. et sur une pierre, 1509 F. Pièce exécutée dans la manière du Mantègne. H. 16 p. L. 10 p. 10 l. Coll. Albert., Berlin. Musée britannique, Paris.

30. **Ecce homo.** Le Christ couronné d'épines est montré au peuple. Dans le coin, à gauche, la signature IO. AN. B. F. H. 4 p. 2 l. L. 3 p. 2 l. Cat. Malaspina II. p. 40.

31. **L'enfant prodigue.** Copie en contre-partie d'après Albert Durer (B. No. 28). Le monogramme du maître allemand se trouve dans le coin, à gauche. Coll. Albertine.

32. **La Vierge dans un paysage.** Elle est assise, tournée un peu à gauche, sur un fauteuil et allaite l'enfant Jésus. Fond de paysage avec quelques édifices et une tour à plusieurs pinacles. Dans la marge et entourée d'un ornement, se trouve la signature IO. AN. BX. avec trois médaillons dont celui de gauche contient un oiseau, celui du milieu un buste et celui de droite une petite figure. H. 6 p. 2 l. L. 4 p. 5 l. (Brulliot Tabl. 92, No. 1.) [1]

---

1) La Vierge demi-figure avec l'enfant Jésus assis près d'elle et que Bartsch (XIII. 337) attribue avec raison à Benedetto Montagna, montre, sur des épreuves plus récentes, la signature IOAN. BX, qui est évidemment fausse mais qui a fait souvent attribuer cette pièce à notre maître.

33. **La Vierge avec des Saints.** Elle est assise dans une niche et offre une grenade à l'enfant Jésus posé sur les genoux de sa mère et qui donne sa bénédiction. A gauche, Ste. Hélène; à droite, St. Michel. Au bas, trois inscriptions, chacune de cinq lignes:
 1. QVAM VIDES HELENAM AMPLECTI etc.
 2. SACTA MARIA, FILIVM TVVM CREATO etc.
 3. PRINCEPS GLORIOSISIME MICHAEL etc.
Pièce non signée. H. 12 p. 1 l. L. 10 p. Paris.

34. **St. Sébastien.** Il est vu de face, la main droite élevée, dans laquelle il tient une flèche, attachée à un arbre en même temps que le bras gauche replié en arrière. Il a le pied gauche sur la base d'un pilastre. Fond obscur en guise de niche. Belle pièce exécutée probablement d'après un dessin du Mantègne. H. 8 p. 6 l. L. 3 p. 3 l. Musée britannique.

35. **Même sujet.** Le Saint est dans une attitude très-mouvementée, les deux mains attachées à un arbre. Le bras gauche élevé, cache la plus grande partie de son visage, tandis que le bras droit est replié derrière les reins. Il appuie la jambe droite contre le tronc de l'arbre. Pièce également traitée dans le style du Mantègne et probablement d'après un de ses dessins. H. 10 p. 9 l. L. 5 p. 6 l. Munich.

36. **St. Jérôme.** Il est assis de face derrière un pupitre et semble écrire dans un livre en consultant le cahier ouvert devant lui, à côté d'un crucifix. A gauche, est suspendu un chapeau de cardinal. Au bas et sur le même côté, la partie antérieure du lion. Pièce traitée dans la dernière manière du maître. H. 10 p. L. 7 p. 1 l. La marge autour est de 1 l. Musée brit.

37. **Ste. Barbe.** Elle est vue de face, la main droite cachée dans son manteau et tenant une palme de la gauche. A droite, une haute tour d'où sortent des flammes. Pièce non signée. H. 8 p. 4 f. L. 4 p. 6 l. Paris.

38. **Deux Sibylles et un Ange.** D'après un dessin de Raphaël pour les Sibylles de S. Maria della Pace; figures prises erronément par Bartsch pour celles de la Dialectique et de la Logique. (XV. 48, No. 5.) H. 11 p. 6 l. L. 9 p. 4 l.

39. **Neptune appaisant les flots.** QVOS EGO. Copie en contre-partie de la gravure de Marc Antoine (B. No. 352). Signée à la droite du bas, IO. AN. B. H. 8 p. 7 l. L. 5 p. 8 l. Musée britannique. Coll. Albert.

40. Jupiter et autres divinités du QVOS EGO. Copie en contre-partie de quelques-unes des figures de la pièce de Marc Antoine que nous venons de citer. Ce sont: Jupiter donnant ses ordres à Mercure; aux côtés, Junon et Vénus sur leurs chariots. Au-dessous du Zodiaque, la signature IO. AN. BX. H. 3 p. 9 l. L. 12 p. 8 l. (Brulliot Table 97, No. 3.)

41. Torse d'un Hercule sur le bûcher. Sans tête ni bras et vu de face. Au bas l'inscription: MŌTE CAVALLO. Pièce non signée. H. 6 p. L. 3 p. 8 l. (B. XIII. 100, No. 7.) Paris. Bibl. de Vienne.

42. Vénus, statue antique. Elle est vue de face tenant devant elle, de la main gauche, une draperie avec des franges qu'elle soutient en même derrière elle avec la main droite. Dans le paysage, une ville. A la gauche du bas, l'inscription:

ROME NOVITER REPERTVM

puis au milieu, la signature IO. AN. BRIXIANq· H. 11 p. 4 l. L. 8 p. 8 l. Bibl. de Vienne. Coll. Albertine. Paris.

43. L'Amour assis sur un bouc. Une femelle de Satyre, à gauche, conduit l'animal par la barbe et tient de la droite un fouet emmanché d'un pied de biche. Un Satyre jouant de la double flûte les suit en tenant le bouc par la queue. Fonds de paysage. Cette composition est la même que celle gravée par Zoan Andrea (B. No. 11), mais la pièce que nous décrivons est en contre-partie et exécutée avec beaucoup plus de finesse. H. 5 p. 6 l. L. 7 p. 4 l. Paris.

44. Le Songe. Copie en contre-partie de la gravure d'Albert Durer (B. No. 76) signée IO. AN. BRIXq· H. 7 p. L. 4 p. 4 l. Berl. Ottley p. 566.

45. Le grand Courrier. Copie en contre-partie d'après Albert Durer (B. No. 97). Le terrain sur lequel il pose est couvert de hachures croisées avec des roseaux dans le fond. Signée IO. AN. B. H. 7 p. 9 l. L. 6 p. 3 l. Berlin. Ottley p. 566 et Paris où l'exemplaire n'est point signé. (B. XIII. 105. No. 2.)

46. Le Combat pour la bannière. H. 11 p. 8 l. L. 10 p. 6 l. Pièce gravée par notre maître, dans sa dernière manière, d'après un dessin de Raphaël. Bibl. de Vienne. Collection Albertine. Musée britannique.

47. Chasse au lion. Deux cavaliers dont le plus avancé s'apprête à enfoncer sa lance dans la gueule du lion, s'élancent vers la droite. Un jeune homme étendu par terre est saisi aux genoux

par l'animal. Derrière lui un chasseur et une chasseresse. Deux têtes d'âne se montrent derrière un pin. Pièce gravée dans la manière romaine du maître et comme il paraîtrait d'après un bas-relief antique. Sans signature. H. 5 p. 7 l. L. 7 p. 6 l. Musée britannique.

48. Trois figures nues pour un plafond. Elles se trouvent dans un compartiment presque triangulaire. Le jeune homme, au milieu, regardant en l'air, semble vouloir soulever un rideau des deux mains. Il est vu de face, posé sur la jambe gauche, le pied droit en l'air. Sur les côtés, deux figures assises, vues de dos et de plus petites proportions. Elles se trouvent placées comme sur le bord d'un arc, les têtes dirigées vers l'intérieur. Cette pièce semble avoir été exécutée d'après un dessin de Michel Ange. H. 5 p. 1 l. L. 4 p. Musée brit.

49. Femme vêtue. Elle s'appuie du coude gauche sur un tronc d'arbre. A ses pieds un casque, une cuirasse et un bouclier. Pièce non signée. H. 5 p. 10 l. L. 4 p. 1 l. Coll. Albertine.

50. L'homme au bâton fourchu. Personnage barbu, assis de profil à gauche, presque nu et ramenant devant lui un lambeau de la draperie qui lui recouvre les épaules. Dans la main gauche élevée il tient un bâton fendu par le haut et dont l'extrémité inférieure se termine par un petit mascaron barbu. Devant lui s'élève une plante en forme de rinceau. Sans marque. Pièce peu importante de l'époque romaine du maître. H. 6 p. 4 l. L. 5 p. 6 l. Musée britannique. Francfort s/M.

52. Le débitant de lait. Figure d'homme un peu déguenillé, s'avançant vers la gauche un bâton de la main gauche et tenant deux seaux suspendus à une traverse qu'il porte sur l'épaule. En haut l'inscription :

LATE DONE LATE FRESCHA.

Pièce non signée et d'un travail assez rude, de l'époque romaine du maître. H. 6 p. 11 l. L. 4 p. 7 l. Musée brit.

Copie en contre-partie avec la mer et trois vaisseaux dans le fond. H. 7 p. 9 l. (?) L. 4 p. 7 l. (?) Francfort s/M.

52. Monstres à tête d'âne. Au milieu s'élève un arbre, auquel est suspendu un monstre à corps humain avec une tête d'âne et des jambes terminant en serres d'oiseau. Il souffle dans une corne très-ornée. Un centaure également avec une tête d'âne rejetée en arrière, tourne autour de l'arbre; il porte suspendu, devant lui, un canard. Fond à hachures obliques. Pièce non signée dans la manière

du Mantègne et probablement d'après un de ses dessins. H. 5 p. 9 l.
L. 4 p. 9 l.   Musée britannique.

53. Arabesque en forme de frise. Au milieu, la demi-
figure fantastique d'un homme couronné qui termine en quatre queues
de serpents. Il se tient à un rinceau de fleurs et de fruits qui part
à gauche de l'avant-train d'un lion cornu et, à droite, du torse d'un
homme couvert d'écailles avec des cornes et un bec d'oiseau. De
chaque côté de l'arabesque, la moitié d'un vase. Au milieu du bas, la
signature IO. AN. BX. H. 4 p. 7 l. L. 15 p. 9 l. Musée britann.
Paris.

54. Autre frise du même genre. Rinceau de feuillage, à
la droite duquel est une demi-figure de femme sans bras, terminée en
feuillage. H. 5 p. 8 l. L. 15 p. (?) Bâle.

55. Autre ornement semblable. Au milieu, une tête d'animal à quatre cornes et deux pinces de homard; de chaque côté des rinceaux. Pièce non signée. H. 3 p. 4 l L. 12 p. 2 l. Bâle.

56. Montant d'arabesque. A plusieurs compartiments; à
droite, un bouclier avec deux étoiles et une demi-lune. Plus
haut, un autre avec deux rosettes près d'une grande hache. A la
marge inférieure la signature IO. AN. BX. H. 13 p. 8 l. L. 2 p. 11 l.
(Brulliot, Table p. 94, No. 5.

57. Autre ornement semblable. Avec des trophées. Au
bas, une louve ou autre animal semblable; avec la signature IO. AN. BX.
H. 13 p. 6 l. L. 2 p. 8 l. Paris. Pendant dn No. 23.

58. Montant d'ornement à trois compartiments. A la
gauche du bas une femme assise; à droite, un homme barbu; entre
les deux est couché un enfant. Dans le compartiment du milieu, un
Pégase entre deux boucs. Dans celui du haut, une joueuse de luth.
H. 10 p. 3 l. L. 6 p. 3 l. (Bartsch XIII. 138, No. 168.) Coll.
Albertine. Paris. Coll. Wellesley à Oxford. Francfort s/M.

Appendice.

59. Ornement triangulaire. Sur une base portée sur deux
troncs de chêne avec feuilles et glands et supportant un vase d'où
sortent des flammes. Au-dessous, un coeur. Le milieu du triangle
est formé par un médaillon avec une guirlande de roses. Au bas,
une tête fantastique, la bouche ouverte, qui supporte une corbeille de

fruits et dont le mentou sert de point de départ à un ornement de feuillage. Pièce non signée. H. 8 p. 1 l. L. 5 p. 7 l. (F. v. Bartsch No. 217.)

60. Chapiteau et base de colonne. D'ordre composite avec une base très-ornée. A gauche, une tête de Satyre terminant en feuillage. En haut l'inscription:

De la torre di milicia.

H. 5 p. 3 l. L. 4 p. Musée britannique.

61. Même sujet. Egalement d'ordre composite; le chapiteau est richement orné de feuillage et de cornes d'abondance; le bour-relet de la base est orné de feuilles. A la gauche du bas, se trouve encore une feuille. On lit en haut: In Silvestro; au bas: In S. Giorcio. H. 5 p. 6 l. L. 4 p. Musée britannique.

62. Corniche d'ordre corinthien. A droite, on voit encore un lion ailé avec cornes de bouc mais qui semble n'être que la partie supérieure d'un rinceau de sculpture en marbre. On lit en haut:

Al bagno di Constantino A. S. IANI.

H. 3 p. 6 l. L. 4 p. Paris.

Giovan Maria da Brescia.

(Bartsch XIII. 311.)

De ce maître italien qui, selon Orlandi, aurait été en même temps orfévre et peintre, puisqu'il aurait peint dans son cloître de Brescia l'histoire des prophètes Elie et Elisée et qui, d'après le Comte Nicolo Christiani, dans sa biographie du peintre Lattanzio Gambara, aurait appartenu à la famille des Barbarossa de Bruges, nous n'avons d'in-formations certaines que celles qu'il nous donne lui-même sur le petit nombre que nous connaissons de ses gravures. Il en ressort qu'il appartenait à l'ordre des Carmélites et qu'il s'est occupé de la gravure sur cuivre de 1500 à 1512. Sa manière ne révèle en aucune façon, comme on l'a dit souvent, celle du Mantègne et il semblerait que, peintre assez distingué, il n'ait voulu que s'essayer dans cette branche de l'art, car bien que ses compositions soient bien ordonnancées et avec de justes proportions, son dessin est mauvais dans le nu et les dra-peries. Son exécution ne décèle point un artiste accompli, car ses hachures sont maigres et confuses. La gravure de la Vierge avec les 5 Saints révèle cependant un meilleur style que celui de ses premières compositions.

Additions à Bartsch.

1. **Justice de Trajan.** Les premières épreuves de cette pièce ne contiennent que l'indication OPVS MCCCCCII.

2. **La Vierge.** Elle est assise sur un trône placé sous un riche portique sur la corniche duquel se trouve l'inscription:

GENER REQVIEVIT AB OMNI OPERE QVOD PATRARAT.

A gauche et debout, St. Ange (de Jérusalem) avec un cimeterre enfoncé dans le crâne et St. Jean Baptiste avec les mots ECCE ALPHA et Ω; à droite, St. Albert et St. Jérôme. Aux pieds de St. Ange est étendu un petit vieillard avec l'inscription:

BELINGARIVS QVI JVSSIT SAN. ANGELVM CAR. OCCIDI.

Au-dessus du portique, sur une tablette, la signature:

OPVS. FR̄IS. IO. MARIE BRIXIENSIS. OR. CARMELITARVM.

Belle pièce imprimée d'une encre pâle. H. 10 p. 2 l. L. 7 p. 4 l. Coll. du roi de Saxe à Dresde.

3. **Marie accompagnée de cinq Saints.** Au bas, et au milieu de l'estampe, trois Saints de l'ordre de St. Dominique; St. Dominique, St. Pierre le Martyr et un troisième Saint tenant un lys. A droite, St. Jérôme; à gauche, St. Jean Baptiste. En haut, dans une gloire de nuages, la Ste. Vierge se courbant vers son fils qu'elle tient sur les genoux. A gauche, dans un paysage qui domine les figures, on voit Elie sur le chariot de feu et Elisée qui reçoit le manteau du prophète; à droite, Enoch enlévé au ciel par un Ange et, au bas, deux moines qui contemplent un de leur compagnons sur le terrain, probablement St. Pierre le martyr. Au-dessous de la gravure se trouve l'inscription suivante:

DEO MAX. BEATISS. THEOLOG. ALIISQ. CAELICOLIS AC HELIAE
    CAPREOLO AMICO CARISS. FR. IO. MA. BRIX. CARMELITA

DICTAVIT. ⟶ M.D.XII. ⟑

H. 12 p. 6 l. L. 3 p. 7 l. Paris. Musée brit.

Comme nous avons vu plus haut que notre maître avait peint pour son couvent l'histoire des prophètes Elie et Elisée, on pourrait

en conclure qu'il a voulu reproduire partie de cette composition dans
les petits sujets accessoires de sa gravure.

4. La messe de St. Grégoire. Cette pièce est signée:
OPVS FRS IO. MARIAE BRIXIENSIS. OR. CARMELITARVM.
MCCCCCII.

Heinecken en fait mention dans son Dictionnaire des Artistes III.
p. 327, et d'après lui Strutt qui, dans le premier volume de son
ouvrage, p. 146, en donne la mesure.

Additions à Bartsch XIII. p. 69 — 142.

C.
Gravures de maitres anonymes de l'école du Mantègne.

79. **La Nativité.** La Vierge, tournée vers la gauche, est age-nouillée devant l'enfant Jésus couché sur le terrain et adoré par trois anges et, un peu plus à gauche, par un pasteur. A droite, près de l'entrée d'une grotte, est agenouillé St. Joseph vu presque de dos. Dans le paysage, un cavalier près d'un autre homme debout. A droite, sur un rocher, un pasteur accompagné de cinq brebis regarde deux Anges qui font de la musique, à gauche. Dans le ciel, un lever de soleil; au milieu de nuages, de formes fantastiques. H. 9 p. 5 l. L. 6 p. 8 l. Paris.

80. **St. Antoine.** Il est debout, tourné vers la droite, s'ap-puyant de la gauche sur un bâton et tenant une clochette de la droite. Derrière lui, un petit pourceau. Pièce entourée d'une petite bordure ornée. H. 8 p. 6 l. L. 4 p. 4 l. Bibl. de Vienne.

Bartsch (XV. 472, No. 12) a, par erreur, attribué cette pièce à Reverdino.

81. **Cupidon et Psyché enchaînés.** L'Amour et une figure ailée de jeune femme sont attachés à un arbre, divisé en deux branches, sur la cime d'un rocher. Agenouillés tous deux, mais sur un seul genou, ils se donnent la main et semblent se regarder avec tristesse, quoique l'Amour ait les yeux bandés. A la branche de gauche est suspendu l'arc; à celle de droite, le carquois. Pièce traitée dans la manière du maître de 1515. H. 5 p. 1 l. L. 5 p. 5 l.

8*

L'exemplaire du Musée britannique est imprimé sur un papier rougeâtre.

82. **Les fiançailles de Jason et de Médée.** Riche composition de 27 figures. Jason en armure complète est debout, à droite, et donne la main à Médée. Au milieu, un groupe d'hommes et de femmes dont celle qui est plus près de la fiancée tient une petite harpe. Devant ce groupe, trois hommes nus à genoux tuant un porc pour le sacrifice. A gauche, des joueurs de trompettes; à droite, des guerriers qui défilent. Fond avec des édifices et une colonne portant la figure d'un cheval et ornée des travaux d'Hercule. H. 8 p. 6 l. L. 11 p. 7 l. Cat. de la Coll. Otto, No. 19.

Belle pièce dans le goût du Mantègne, finement gravée et d'un dessin rond et plein. Cat. du roi de Saxe. Voyez aussi ci-dessous Girolamo Mocetto, No. 15.

83. **La femme assise sur un canon.** Une femme à tête ailée est assise sur une espèce de canon dont la volée, tournée vers la gauche, termine en gueule de serpent. Elle est vue de face tenant, de la main droite, une bannière marquée S C, et étend la gauche vers un Satyre qui s'avance de la droite, tenant devant lui une coupe. A gauche, un enfant vu de dos fait la culbute, tandis que devant la femme un autre enfant est étendu, ventre à terre. Sur la culasse du canon on voit une tête de mort. Dans le fond, à gauche, deux arbres secs. Très-belle pièce de l'école de Padoue. H. 3 p. 9 l. L. 5 p. 11 l. Cabinet Wellesley à Oxford.

84 et 85. **Les mois de Mars et d'Octobre.** Un homme barbu, vu de face, est assis sur une chaise et ouvre la bouche toute grande comme pour se plaindre de la mauvaise chère du Carême. De la gauche, il tient quelques oignons et appuie le pied gauche sur un panier rempli de legumes. Vis à vis de lui, on voit un petit baril de sardines et tout près quelques poissons avec des écrevisses. A droite, des poissons et une sépia. A ses pieds une tablette avec l'inscription suivante:

Io son marzo che carne ño māzo bocone
Po ño p̄sso esser compagnone
Vivādo de moroua spinaze e gābareli
Caviaro tonina pori e burateli.

La pièce est entourée d'une bordure de feuilles de laurier. H. 6 p. 11 l. L. 5 p. 1 l.

— 85. Le mois d'Octobre. Un jeune homme est assis, tourné vers la gauche, et contemple avec douleur une cruche renversée à terre. Cependant sur la table qui est à sa gauche, on voit encore une autre cruche avec un flacon de vin. Dans le fond, un second jeune homme assis sous un oranger, contemple son compagnon, les bras croisés. Au bas, sur une tablette:

Io son Otubrio bō citadino
Che ño posso bever niun picol vino
Se io avese qualche bō tribiano
Ne beverja in loco de padoano.

Pièce entourée d'une bordure en forme de spirale.

Ces deux pièces de la Coll. Albertine appartiennent, à en juger par la manière, à l'école de Padoue de la fin du XV. Siècle et rappellent un peu le style du maître de 1515, mais d'un meilleur dessin et d'une exécution plus forte et plus pittoresque. Brulliot est d'avis (Table gen. p. 845) que l'auteur de ces pièces a dû graver toute la suite des 12 mois. Nous ne le croyons pas; il aura voulu plutôt indiquer le contraste entre les privations du Carême et les jouissances de l'époque des vendanges, figurées par les deux mois de Mars et d'Octobre.

86. La vieille femme aux saucisses. Cette composition grotesque nous montre, au milieu, une vieille femme avec une chevelure frisée en toupet qui tient, de la main droite, une broche garnie de saucisses et donne, de la gauche, à un jeune homme devant elle, un pied de cochon. Un autre homme, à genoux près d'elle, lui adresse sa prière et quatre autres dansent devant elle au son des trompettes que jouent deux hommes assis de profil sur les côtés et dont les boutons de vêtement sont en forme de clochettes. Le terrain est semé de fleurs et l'on en voit encore sur une bande dans le haut de l'estampe. Au milieu du bas, le monogramme $\overline{S\ E}$. H. 14 p. 8 l. L. 21 d. 6 l. Paris, Florence, Padoue.

Zani, dans ses „Materiali" etc., p. 60, émet l'opinion que ce monogramme pourrait indiquer que Squarcione est l'auteur de la pièce que nous venons de décrire. Nous ne saurions être de cet avis et pour plusieurs raisons.

D'abord le maître du Mantègne mourut en 1474 à l'age avancé de 80 ans et on ne peut croire qu'à l'époque de l'invention de l'art de la gravure en Italie, il ait dans sa dernière vieillesse voulu faire

un essai dans cette nouvelle branche de l'art. Ensuite, le dessin pris
sur nature de ces figures courtes et ramassées est en contradiction
trop frappante avec le style sévère du vieux maître qui fut le premier
à introduire dans la haute Italie le dessin d'après l'antique et qui en
observa lui-même religieusement les formes. Enfin, l'usage des monogrammes par les graveurs d'Italie ne remonte point à une époque aussi
ancienne que celle qui précéda la mort du Squarcione et ne devint
général que vers la fin du XV. Siècle.

Nous nous rallierons pas davantage à la conjecture de Brulliot que
cette gravure appartient au maître qui a exécuté les mois de Mars
et d'Octobre et dont le faire, aussi bien que le sujet, a quelque analogie avec celle de la pièce que nous venons de décrire.

D. Hopfer a gravée à l'eau-forte une copie de cette gravure, décrite
par Bartsch sous le No. 73 de son oeuvre.

L'Ecole de Lombardie et de Mantoue.

Anciennes cartes vénitiennes.

(Bartsch XIII. 120 — 138.)

Ces cinquantes pièces sont à present généralement reconnues comme formant un jeu de Tarots quoiqu'ils ne portent point les emblêmes usuels de Denari, Coppe, Bastoni, Spade, Atutti, mais se trouvent divisées en cinq classes correspondantes marquées de A à E (et d'un S remplaçant l'E dans la copie) et numérotées de I à XXXXX inclusivement. S'il paraît admis que ces cartes aient réellement servi comme Tarots, il faudrait aussi conclure, avec l'auteur de la Cronica de Morelli, écrite en 1393, qu'elles ont servi également à repandre parmi la jeunesse certaines connaissances utiles. Nous avons déjà cité ce qu'il en dit dans notre dissertation historique sur l'origine de la gravure sur bois. Les cinq classes nous représentent une série de sujets dans le goût italien de l'époque du Giotto. C'est ainsi que la première, de 1 à 10, nous montre les divers dégrès de l'échelle sociale depuis le Mendiant jusqu'au Pape; la seconde, la Poésie sous l'emblême d'Apollon accompagné des neuf Muses; la troisième, les Sept arts libéraux avec trois des Sciences; la quatrième, les sept Vertus théologales avec trois autres Sciences, l'Astronomie, la Chronologie et la Cosmologie; la cinquième enfin, les sept Planètes, la huitième Sphère, le Primo Mobile et la Prima Causa. Nous suivrons dans nos remarques sur ces cartes la progression numérale en faisant abstraction de celle des lettres qui, à rebours de l'ordre usuel, indiquent par la dernière de la série, E, les sujets d'importance inférieure pour marquer d'un A les sujets du dernier dégré supérieur. On aura probablement voulu faire comprendre ainsi que les plus hautes régions des connaissances humaines ne sont atteintes que lorsque l'homme, suivant en cela sa nature, a cessé de s'occuper des objets que l'entourent. (Voyez à ce sujet l'opinion de M. Emile Galichon, Gazette des Beaux Arts, Vol. IX. p. 142.)

On a émis diverses opinions sur l'école à laquelle on doit la gravure de ces cartes. Lanzi croyait y reconnaître celle du Mantègne. Ottley les attribue à l'école florentine et n'est pas loin d'y reconnaître la main de Baccio Baldini ou celle de Sandro Botticelli. Zani, avec plus de raison, démontre qu'elles appartiennent à l'école vénitienne de Padoue et s'appuie, à cet effet, sur les inscriptions en dialecte vénitien dont elles sont revêtues, telles que Doxe, Artixan, Zentilomo etc. et surtout sur le passage de l'Aretin dans son Dialogue „Delle carte parlanti" où il parle de l'excellence des anciennes cartes de Venise.

Tout en nous rangeant de l'avis de Zani pour reconnaître dans le graveur de ces cartes un maître vénitien, nous pourrons corroborer ce qu'il en dit en ajoutant que l'on a trouvé depuis une couple de gravures d'un ancien graveur vénitien, traitées absolument dans le style et avec le faire des cartes de Tarots. Nous voulons parler de l'Allégorie du Pape et de l'Empereur (Bartsch XIII. 110, No. 8), et du Navire, pièce décrite également par Bartsch (XIII. 415, No. 62), et qu'il croit être de Baccio Baldini quoique le style diffère complètement de celui de ce maître. Nous n'avons point d'autre indice sur l'époque où ces cartes ont été gravées que celui qui nous est fourni par la date de 1485 sur la copie de la carte de l'Arithmétique. Bartsch mentionne trois répétitions de ce jeu, mais confond l'original avec l'ancienne copie en contre-partie et de dimensions un peu plus petites, avec variantes, qu'il donne comme prototype, p. 120—131. Zani et Ottley se sont déjà aperçus de l'erreur, puisque la Copie A décrite par Bartsch est beaucoup plus belle de dessin et d'exécution que celle qu'il a prise pour l'original.

Bartsch n'ayant connu qu'une partie de la série originale, nous en donnerons plus bas une description plus précise.

On doit remarquer, à propos de la copie que Bartsch indique sous la lettre B., qu'elle fut exécutée par Jean Ladenspelder d'Essen qui a signé de son monogramme quelques-unes de ces pièces.

Les Cinquante Cartes de Tarots originales.

(B. XIII. 132—138. Nos. 18—67.)

I^ERE CLASSE (marquée E) représentant différentes conditions. La Série porte des chiffres romains et arabes de 1 à 10. Ces derniers sont dans le coin à droite.

1. Misero. Il est tourné à gauche, s'appuyant sur un bâton. De chaque côté, des arbres sans feuilles. I. 1. (B. No. 18.)

2. Fameio. Il s'avance, à gauche, portant un vase; il a des cheveux lisses et coupés en rond. Figure d'une beauté exceptionnelle et d'une finesse de dessin que l'on ne retrouve plus dans la copie. II. 2. (B. No. 19.)

3. Artixan. Un orfévre, tourné à gauche, est assis à son travail, à droite; derrière lui, un enfant debout. III. 3. (B. No. 20.)

4. Merchadante, il s'avance vers la gauche, lisant dans un livre. IIII. 4. (B. 21.)

5. Zintilomo. Il s'avance vers la droite, portant un faucon sur le poing gauche et passe la main droite dans sa ceinture. V. 5. (B. No. 22.)

6. Chavalier. La tête tournée à gauche, il tient un poignard des deux mains, suivi par un page qui lui porte l'épée. VI. 6. (B. 23.)

7. Doxe. Il s'avance vers la gauche. VII. 7. (B. 24.)

8. Re. Vêtu à la mode du XV. Siècle, il est assis sur un trône, tenant, de la main droite, le sceptre et appuyant la gauche sur la hanche. Il est vu de face, les jambes croisées, les genoux en avant, les pieds en arrière. VIII. 8. (B. No. 25.)

9. Imperator. Il est assis, tourné à gauche, tenant de la droite le globe impérial qu'il contemple; la main gauche passée dans sa ceinture. Ses pieds sont croisés l'un sur autre. L'Aigle est tournée vers la gauche. VIIII. 9. (B. 26.)

10. Papa. Il est assis tenant d'une main les clés, de l'autre un gros livre. On distingue la copie de l'original en ceci surtout que dans le dernier on voit deux mèches de cheveux à côté de la tête et que le siége repose sur deux têtes d'animaux. X. 10. (B. 27.)

IIE CLASSE. Apollon et les Muses sous la lettre D, placée à gauche. Huit des Muses portent des Sphères, sans doute en sui-

vant le rapport de Plutarque[1]), selon lequel huit d'entre elles se
trouvent au ciel où elles font leur demeure dans les huit sphères, tandis que la neuvième, qui a son siége au-dessous du cercle de la lune,
préside aux destinées des mortels. Martianus Capella[2]) donne également une Muse à chacune des régions célestes, Urania à celle des
étoiles fixes, Melpomène au Soleil, Clio à la Lune etc., tandis que
Thalie seule reste sur la terre, assise sur un pré fleuri, puisque son
soutien, le cygne, ennuyé du fardeau et peu habitué au vol, a pré-
féré s'en tenir au marais.

11. Calliope. La tête tournée à gauche, elle souffle dans
une espèce de trompe. A droite, une source se déversant dans un
bassin et dont la vasque à deux anses. XI. 11. (B. 28.)

12. Urania. Elle est tournée vers la droite, tenant un compas de la main droite, un cercle de la gauche. XII. 12. (B. 29.)

13. Therpsicore. Elle joue d'une guitare en étendant le
petit doigt de la main qui pince les cordes. Elle est vue de face ayant
à ses pieds, vers la gauche, un cercle. Fond de montagnes. XIII. 13.
(B. 30.)

14. Erato. Le Tambourin dont elle joue touche au côté droit
de la bordure. XIIII. 14. (B. 31.)

15. Polimnia. La tête est tournée à gauche, tandis que le
corps regarde la droite. Elle joue d'un petit orgue. XV. 15. (B. 32.)

16. Thalia. Elle est assise, la tête tournée à gauche, le genou
droit sur le terrain et joue d'un petit violon orné d'une arabesque
de feuillage. Elle n'a ni sphère ni cercle près d'elle, étant restée sur
la terre. XVI. 16. (B. 33.)

17. Melpomene. Elle est tournée vers la gauche et souffle
dans une corne. A ses pieds, à gauche, un cercle. XVII. 17.
(B. 34.)

18. Euterpe. Tournée vers la gauche, elle s'appuie contre un
arbre, en jouant de la double flûte. Devant elle, un cercle sur le
terrain. XVIII. 18. (B. 35.)

19. Clio. Elle est debout, à gauche, sur un cygne qui nage,
la main droite élevée et tenant de la gauche son vêtement. XVIIII. 19.
(B. 36.)

---

1) Plutarque Sympose, Lib. IX. p. 746. Id. De Animae procreatione in Tim.
C. 32, p. 1029. (D. F. Piper, Deutsches Kunstblatt 1850. No. 24.)
2) Mart. Capella, De Nuptiis Phil. et Mercurii. Lib. 1. § 27. 28. p. 68.

20. Apollo. Le dieu est vu de face, assis sur deux cygnes et les deux pieds posés sur un globe céleste. La jambe droite est nue et à ses pieds, à gauche, se trouve une espèce de miroir rond sans autre ornement qu'un cercle de boutons, tandis qu'il est entouré dans la copie d'une couronne de laurier avec deux dauphins. XX. 20. (B. 37.)

IIIᴱ CLASSE représentant les Arts libéraux et trois autres Sciences. Série marquée d'un C, à gauche.

21. Grammatica. Elle s'avance vers la gauche, tenant, de la droite, une férule, de la gauche, un vase. XXI. 21. (B. 38.)

22. Loica (la Logique). Elle est de profil tournée vers la droite et tient, de la main gauche, un dragon recouvert d'un voile qu'elle contemple avec étonnement. XXII. 22. (B. 39.)

23. Rhetorica. Elle est posée de face, la tête ornée d'une couronne et tenant un glaive de la main droite. De chaque côté, deux petits génies qui sonnent du cor, l'un dirigeant son instrument vers le haut, l'autre vers le bas de l'estampe. XXIII. 23. (B. 40.)

24. Geometria. Demi-figure sur des nuages, de profil à gauche. Elle dessine de la droite un carré contenant un cercle qui, à son tour, circonscrit un triangle. Au bas, un paysage avec rivière sur laquelle nagent deux canards; près d'eux, une cigogne. XXIIII. 24. (B. 41.)

25. Aritmeticha. Elle est vue de face, un peu tournée vers la gauche et compte de la main droite les pièces de monnaie qu'elle tient dans la gauche. Sa tête est couverte d'un voile et entourée de rayons. XXV. 25. (B. 42.)

26. Musicha. Elle est assise sur un cygne, la tête tournée à gauche, les pieds croisés l'un sur l'autre et jouant de la flûte. Sur le terrain, divers instruments de musique avec une orgue à gauche et à droite un petit violon appuyé à une chaise. XXVI. 26. (B. 43.)

27. Poesia. Elle est assise tournée vers la droite. Le couronnement de la vasque de la fontaine près de laquelle elle se tient, termine par une espèce de chapiteau en forme d'oignon, tandis que dans la copie c'est un vase entouré d'ornements. XXVII. 27. (B. 44.)

28. Philosofia. Sous les traits de Pallas, tenant de la main droite une longue lance et sur le bras gauche un bouclier. Elle tourne la tête à droite. XXVIII. 28. (B. 45.)

29. **Astrologia.** Elle est tournée à droite et tient de la main droite une baguette dont la pointe est dirigée à terre. Les ailes dont elle est munie sont élevées vers le haut de l'estampe. Une erreur a eu lieu dans la numération et cette pièce au lieu du No. 29 porte le No. XXXVIIII. 39. (B. 46.)

30. **Theologia.** Demi-figure de femme à tête de Janus dont le visage de vieillard est tourné à droite, celui de jeune homme, à gauche; les regards de ce dernier sont dirigés vers le ciel. La moitié d'un globe étoilé forme le bas de l'estampe. XXX. 30. (B. 47.)

IVE CLASSE. Les sept vertus cardinales et trois autres figures allégoriques de sciences.

31. **Iliaco** ou l'Astronomie sous la figure d'un génie ailé, tourné à gauche, et tenant de la main droite les symboles du soleil et de la lune. XXXI. 31. (B. 48.)

32. **Cronico** ou la Chronologie. Génie ailé, tourné vers la gauche et tenant de la droite un dragon qui se mord la queue. XXXII. 32. (B. 49.)

33. **Cosmico** ou la Cosmologie. Génie vu de face, portant de la droite un globe où est figuré le ciel et la terre, la main gauche devant lui. XXXIII. 33. (B. 50.)

34. **Temperancia.** Elle est tournée vers la gauche et verse, d'un récipient qu'elle tient de la main gauche, un fluide dans le vase qu'elle porte de la droite. Près d'elle un petit animal ressemblant à une belette se regarde dans un petit miroir posé sur le terrain. XXXIIII. 34. (B. 51.)

35. **Prudencia.** Elle est tournée à droite, ayant sur la tête un masque de vieillard barbu. De la droite, elle tient un compas et, de la gauche, un miroir ovale dont le manche représente un petit Amour. Sur le terrain, à droite, un dragon. XXXV. 35. (B. 52.)

36. **Forteza.** Elle est tournée à droite, la tête couverte d'une dépouille de lion, tenant, de la main gauche, une colonne brisée, de la droite, une masse d'armes. A gauche, un lion. XXXVI. 36. (B. 53.)

37. **Justicia.** Elle est placée de face, tenant, de la main droite, un glaive, de la gauche, une balance. A gauche, une grue qui ne se touche point du bec comme dans la copie. XXXVII. 37. (B. 54.)

38. **Charita.** Elle est un peu tournée vers la gauche, entrouvrant, de la gauche, son vêtement pour découvrir son sein d'où sort une flamme. D'une bourse qu'elle tient de la main droite, elle

laisse tomber sur le terrain des pièces d'argent. A la gauche du bas, un pélican nourrissant ses petits de son sang. XXXVIII. 38. (B. 55.)

39. Esperanza. Les mains croisées sur la poitrine, elle lève les regards vers le soleil, à gauche. Du même côté un phénix sur le bûcher. XXXIX. 39. (B. 56.)

40. Fede. Elle est vue de face, la tête tournée vers la gauche et tenant, de la droite élevée, le calice avec l'hostie. A ses pieds est assis un chien. XXXX. 40. (B. 57.)

V^E CLASSE. Les Sept planètes, la huitième Sphère, le „primo Mobile" et la „prima Causa". Série marquée d'un A.

41. Luna. Diane sur un char attelé de deux chevaux s'avance vers la gauche. Au-dessous d'elle, la mer entourée de terre et de montagnes, mais sans arbres. XXXXI. 41. (B. 58.)

42. Mercurio. Il s'avance vers la gauche, jouant de la flûte et tenant, de la main droite, son caducée. A ses pieds une tête d'homme avec du feuillage et, à gauche, un coq. XXXXII. 42. (B. 59.)

43. Venus. Elle s'avance pour se baigner dans une rivière où elle est reçue par une nymphe qui lui présente une couronne. Deux de ses compagnes accourent vers la droite. L'Amour se tient, à gauche, sur la rive. Dans les airs quatre oiseaux. XXXXIII. 43. (B. 60.)

44. Sol. Un Ange vêtu tient, de la main droite, le disque du soleil, porté sur un char attelé de quatre chevaux d'où Phaëton est précipité. Au bas, un paysage avec une ville près d'un fleuve. Le signe du Scorpion est tourné vers la gauche. XXXXIIII. 44. (B. 61.)

45. Marte. Il est assis, de face, sur un trône dont le dossier a trois pointes surmontées de boules et dont la base est portée sur des roues. Son casque n'a point d'ailes et il tient une épée de la main droite. A ses pieds, un chien tourné vers la droite. XXXXV. 45. (B. 62.)

46. Jupiter. Il est assis dans une espèce de gloire en forme d'ovale formant pointe aux deux extrémités (mandorla), la tête ornée d'une couronne et tenant, de la droite, une flèche dont la pointe est dirigée vers la terre. Au-dessus de l'ovale, perche un aigle, la tête tournée à droite, et au bas, dans l'intérieur du même ornement, est une figure de petite fille. Au bas, sur le terrain, six guerriers. XXXXVI. 46. (B. 63.)

47. Saturno. Vieillard tourné vers la gauche et se préparant

à dévorer un enfant qu'il tient de la gauche, un peu éloigné de sa bouche. De la droite il tient une faux sur laquelle est un dragon se mordant la queue. Au bas, quatre petites figures assises. XXXXVII. 47. (B. 64.)

48.   Octava Spera.   Un ange tourné vers la gauche tient des deux mains un cercle rempli d'étoiles. XXXXVIII. 48. (B. 65.)

49.   Primo mobile.   Un ange tourné vers la gauche, pose le pied gauche sur un demi-cercle, tandis qu'il élève la jambe droite. Il tient des deux mains une sphère. XXXXIX. 49. (B. 66.)

50.   Prima cavsa.   Un disque flamboyant entouré de seize anneaux forme le centre d'un cercle entouré de rayons. Dans sept de ces anneaux sont figurés la lune avec les planètes; vient ensuite un cercle d'étoiles. La partie supérieure et inférieure de l'estampe est vide. XXXXX. 50. (B. 67.

Anciennes copies des 50 Cartes de Tarots de 1485.
H. 6 p. 4—5 l. L. 3 p. 6 l.
(Bartsch XIII. 120—131. Nos. 18—67.)

La plus ancienne copie, celle que Bartsch a prise pour l'original dont elle diffère, comme on pourra le voir en comparant la description que nous en avons donnée avec celle de l'écrivain Viennois, pp. 120—131 de son ouvrage, en plusieurs façons, est presque entièrement gravée en contre-partie. Le chiffre 14085 sur l'estampe No. 25, représentant l'Arithmétique et qui se trouve sur la tablette avec les nombres de 1 à 10, sur deux rangées, nous paraît indiquer la date de 1485, le Zéro du milieu n'ayant été ajouté que pour compléter la série de cinq chiffres sur la troisième ligne, en harmonie avec les deux rangées supérieures.

Bartsch mentionne que sur la dernière pièce représentant la Prima Causa, il se trouvait, de chaque côté du bas, les deux figures symboliques des évangélistes St. Mathieu et St. Luc, en exprimant l'opinion que les autres symboles se trouveraient peut-être au haut d'une pièce plus complète que celle qu'il avait sous les yeux. Nous avons eu l'occasion de voir un exemplaire supérieurement con-

servé de cette suite de copies et la dernière feuille présentant un travail achevé ne contenait pourtant que les deux symboles au bas de
l'estampe.

Copie du Jeu des 50 Tarots

par

Hans Ladenspelder d'Essen.

H. 6 p. 6 l. L. 3 p. 7 l.

Quoique nous n'ayons jamais rencontré un exemplaire complet
de cette suite, nous n'hésitons pas à croire que Ladenspelder l'ait
gravée en entier. Cette copie a été faite d'après la série originale
et toutes les pièces ont la même bordure primitive, un ruban enroulé,
les mêmes inscriptions, la même numération et les lettres distinctives
de E à A. Seulement quelques-unes des pièces ont le chiffre de Ladenspelder ⚹, entre autres, l'Espérance, la Foi, le Soleil et la Géométrie
qui inscrit le monogramme sur une tablette. Le maître d'Essen n'a
point imité la manière des gravures anciennes, mais a manié le burin
dans le style des petits maîtres allemands avec des simples hachures
très-fines, mais d'un dessin assez faible. L'impression n'est point
comme celle des anciennes cartes d'une encre pâle, mais d'un noir
décidé quoiqu'il ne soit pas très-chargé.

Cartes de Tarots vénitiennes de l'an 1070 après la fondation de Venise.
H. 5 p. 2—3 l. L. 2 p. 7 l.

Le Comte Cicognara dans ses Mémoires sur „les Nielles et les
Cartes de jeu“, p. 64, mentionne un jeu de cartes vénitiennes que Zani
avait trouvé à Naples, dispersé dans deux collections, mais dont un
exemplaire complet colorié se conservait dans le Cabinet de la mar-
quise Busca, née duchesse de Sabelloni à Milan, et quelques cartes
seulement dans celui du marquis Durazzo de Gênes.

Cicognara donne dans son ouvrage, Planche XII et XIII, sept
facsimile de ces cartes, qui peuvent nous offrir une idée assez précise de la manière dans laquelle elles sont gravées. L'auteur dit ensuite que certaines pièces de la série ont des Nos., tandis que d'autres

portent les indications de S p a d e, D e n a r i et C o p p e; il ajoute enfin
que sur la pièce du B a c c h u s No. XIV. on lit l'inscription:

Col permesso del Senato Veneto nell' anno ab urbe
condita MLXX.

ce qui, dit-il, en prenant pour la date de la fondation de cette ville
celle de l'an 421 et non de 453, comme on a voulu le faire, nous
donnerait pour celle de l'exécution des gravures la date de 1491.

Le dessin et la composition de ces cartes ont ceci de particulier
que le mouvement des figures et le jeu des muscles ont quelque chose
d'exagéré qui rappellent tellement le style du Pordenone qu'on serait
tenté, en adoptant la date de 453 comme celle de la fondation de
Venise, d'en rapporter l'exécution à 1523 si les détails du costume
qui est celui de la fin du XV. Siècle, ne remplissaient mieux les conditions de la première hypothèse. D'ailleurs le peu d'intelligence du
dessin qu'elles révèlent et l'exécution un peu rude au moyen de
hachures obliques, correspondent davantage aux travaux de la première
époque du Mantègne.

De cette série il nous a été donné de voir 20 pièces dans la Coll.
Alb. de Vienne provenant de la Coll. du Comte Fries, trois autres
dans le Cabinet du baron de Haus dans la même ville et qui passèrent ensuite à la bibliothèque I. et R., enfin quatre dans le Musée
britannique à Londres. Nous ne pouvons cependant affirmer que
toutes ces cartes appartiennent à une même édition, bien qu'elles
aient les mêmes dimensions et soient traitées dans le même style
puisqu'il se pourrait faire que quelques-unes soient des copies, comme
cela paraît être le cas pour les deux Nos. 14 que nous décrirons
plus bas et qui diffèrent entre eux.

Cicognara, quoiqu'il eut vu à Naples et à Milan deux jeux entiers
de ces cartes, ne nous donne que des indications incomplètes quant
au nombre, aux contours, aux figures et à leur dessin. Nous ferons
observer seulement que si la figure du P a n f i l i o est marquée du
No. 1 cela pourrait indiquer qu'il s'agit ici d'un „Giuoco del Fante di
Spada" ou, selon l'usage vénitien, cette carte qui est celle du P a n -
f i l i o est la plus haute de toutes. [1]) Autant que nous pouvons le
reléver d'après 31 cartes que nous connaissons, il y aurait vingt
figures numérotées, tandis que les autres (roi, dame, chevalier et valet)
porteraient les couleurs de S p a d e, C o p p e, D e n a r i et B a s t o n e.

---

1) Cicognara, Memorie, p. 162, Tables p. 65.

Nous avons enregistré sous les Anonymes de l'école lombardo-vénitienne une gravure représentant un St. Sébastien (No. 91) du même maître qui a dessiné et gravé les cartes que nous allons décrire. Une autre pièce du même genre est celle qui représente un mendiant (misero) avec une feuille de lierre, circonstances qui semblent lui donner place parmi les cartes et nous engagent à la décrire à la suite de celles-ci.

---

20 cartes numérotées dans la Collection Albertine à Vienne.

1. PANFILIO. Il est vu presque de dos marchant vers la droite et portant sous le bras droit l'épée qu'il a suspendue sur l'épaule gauche. Le nom est en haut et, au-dessous vers la gauche, le No. I. Cicognara Pl. XII.

2. POSTVMIO. Il est vu de dos, tenant de la droite une torche et élevant de la gauche un bouclier rond portant son nom. Au bas, à droite, le No. II.

3. LEMPIO. Il est de profil tourné à droite et tient de la main droite une flamme, tandis qu'il se cache le visage avec la gauche. Devant lui, sur le terrain, une écuelle. Le nom est en haut et le No. 3 à gauche.

4. MARIO. Il est assis sur un tronc d'arbre, tourné vers la gauche et tient, devant lui, un bouclier. Son nom est au bas et le No. IIII. sur le tronc d'arbre.

5. CATVLO. Il est agenouillé, tourné vers la droite et tient un bâton sur lequel est son casque. Le nom est en haut; le No. V à la gauche du bas.

6. SESTO. Il est debout, la tête tournée à droite, vers une torche qu'il tient de la main gauche, tandis qu'il appuie la droite sur un bouclier rond. No. VI.

7. DEOTAVRO. Il est assis sur une espèce de siége, tourné à droite et tenant un sceptre de la main droite. Sur le siége, on voit un médaillon avec une feuille de lierre entre les deux initiales S — C. Marquée, avec le nom, du No. VII.

8. NERONE. Il est en armure complète et la moitié du corps seulement se voit à la droite de l'estampe. Des deux mains il tient un enfant nu au-dessus du feu. Marquée, avec le nom, du No. VIII .

9. FALCO. Il est à genoux, tourné vers la droite, avec une longue barbe et tient une masse d'armes de la gauche. No. IX.

10. VENTVRIO. Il s'avance tourné vers la gauche, le bouclier sur l'épaule et, de la gauche, tenant une lance. Comme Mercure, il porte des ailes aux bâtons. No. X.

11. TVLLIO. Il est debout tourné vers la droite et tient de la main droite une torche. No. XI.

12. CARBONE. Il s'appuie du bras gauche à un bâton auquel est suspendue une boule et tient de la main droite une grosse lampe; sur son carquois les initiales SPQR. No. XII.

13. CATONE. Il est debout, tourné vers la droite et lit sur une longue banderole, tandis qu'il enfonce le fer de sa lance dans l'oeil d'une tête de géant à ses pieds. No. XIII.

14. BOCHO. Il est agenouillé un peu tourné vers la gauche et les regards dirigés en haut, tandis qu'il tient devant lui un bouclier, une épée et une petite bannière. Au bas, le No. XIIII. On en trouve un facsimile dans l'ouvrage de Cicognara. Nous observerons à ce sujet que l'auteur dit que cette carte représente Bacchus et qu'elle porte l'inscription:

Col permesso del Senato Veneto nell' anno ab urbe
condita MLXX.

ce qui paraîtrait devoir se référer à un autre jeu que celui que nous décrivons.

15. METELO. Il est assis sur un siége, de profil à droite, et devant une petite colonne surmontée d'une grenade lançant des flammes. Il tient une petite bannière avec les initiales S. C. No. XV.

16. OLIVO. Il est debout, à droite, tournant à gauche sa tête ornée d'une couronne. De la main droite, il tient un rouleau de parchemin et on voit un basilic à ses pieds. No. XVI.

17. IPEO. Vêtu en moine et avec des ailes de chauve-souris, il est debout en adoration devant une tête ailée qui sort du tronc d'un arbre sec, à droite. No. XVII.

18. LENTVLO. Il est debout tenant sa barbe et se tourne vers la gauche pour contempler un globe lançant des flammes et placé sur un fût de colonne. Au bas, une couronne. No. XVIII.

19. SABINO. Figure jusqu'aux genoux couronnée et en armure, tenant de la gauche son casque et regardant à droite. No. XVIIII.

20. NENBROTO. Figure de jeune homme fortement mouvementée pour éviter un torrent de feu venant de la gauche. Devant lui,

un bouclier est appuyé à un pilastre dont le chapiteau surmonté d'une boule est sur le point de tomber. No. XX. Facsimile dans Cicognara Pl. XIII.

———————

Figures avec les marques des couleurs.

21. LVCIO CECILIO. Le roi de Coupe (coppa). Il est assis sur un siége, tourné vers la droite et le regard dirigé vers le spectateur. Devant lui, un petit arbre où perche un oiseau; au bas, un vase richement orné. Le nom est en haut près de l'arbre. On en trouve un facsimile dans l'ouvrage de Cicognara Pl. XII.

22. POLISENA. La reine de Coupe. Elle est assise de profil à gauche, sur un siége formé par des dauphins, et regarde, devant elle, un vase d'où sort un serpent. (Cicognara Pl. XIII.)

23. NATANABO. Il s'avance à cheval vers la gauche, deux petites ailes sur les épaules et tenant devant lui son casque. Au bas, la coupe marque de la couleur. Facsimile dans l'ouvrage, „Jeux de cartes et tarots etc.“ Paris 1844. Pl. 81.

24. Fante di Coppa. Jeune homme debout, tourné à gauche, et admirant un vase placé devant lui sur une base. Facsimile dans l'ouvrage que nous venons de citer.

25. R. FILIPPO. Roi de Deniers. Il est assis tourné à gauche, et tient devant lui un bouclier et un casque. Sur un petit écusson soutenu par un roseau on lit le mot PAX. Le nom est au-dessous de la chaise. (Cicognara Pl. XII.) Bibl. de Vienne.

26. ELENA. Reine de Deniers. Elle est assise, à gauche, s'arrangeant les cheveux avec une petite baguette et tient devant elle un petit miroir rond. Bibl. de Vienne.

27. SARAFINO. Il s'élance, à cheval, vers la gauche et tient un bouclier. Les pieds de devant du cheval sont coupés par la bordure de la pièce comme il arrive souvent, même pour les figures, dans ce jeu, par manque d'espace. A la droite du bas, le signe de la couleur Denari. Au haut, le nom. Musée brit.

28. Fante di Denari ou Valet de Deniers. Il est debout, à droite, la tête tournée en dehors et tenant, de la droite, un oiseau. Devant lui, sur un perchoir, se trouve un autre oiseau. Au bas, un disque (denaro). Musée brit.

29. AMONE. Il est à cheval et tenant derrière lui son épée dans l'acte de frapper. Le nom est à la gauche du haut. C'est sans doute le „Chevalier d'épée“ (Cavallo di Spada).

9*

30. Fante di Spada. Un joueur de luth, couronné de roses, ayant devant lui son épée appuyée à la bordure de droite. Au milieu, un arbre. C'est sans doute le valet d'épée. Bibl. de Vienne.

31. PALAS. Elle est assise sur un trône, tournée à droite et tenant de la droite une massue. Le nom est à la droite du haut. Probablement la reine de Bâton (Dama di Bastone). Musée brit.

Une Carte d'un jeu de Tarots de l'école lombardo-vénitienne, de la couleur Lierre.

31. Un mendiant aveugle. Il est debout, tourné vers la gauche, tenant une écuelle de la main gauche étendue et, de la droite appuyée sur un bâton, le cordon auquel est attaché son chien. Le terrain est pierreux et dans le lointain on voit une montagne surmontée d'un mur avec trois tours. A la gauche du haut, une feuille de lierre. Pièce imprimée d'un noir pale, au moyen du rouleau. Le dessin est plein dans la manière de l'école vénitienne du commencement du XVI. Siècle. H. 8 p. 6 l. (et avec la bordure 8 p. 8 l.) L. 3 p. 10 l. (avec bordure 4 p. 4 l.) Paris.

Jeu de Tarots de 78 pièces.
H. 4 p. 9 l. L. 2 p. 3 l.
(Cicognara, Memorie p. 163.)

Le Comte Léopold Cicognara de Venise possédait ce jeu complet, colorié, et nous a donné dans son ouvrage in-fol. déjà cité, Pl. XIV. six de ces cartes en facsimile, quatre as et deux figures de Tarots, Apollon et l'Amour et, Pl. XI., une reproduction du revers de ces cartes montrant deux enfans qui luttent parmi des rinceaux, sur fond noir. Selon lui le jeu est formé des quatre couleurs Spade, Bastoni, Coppe et Denari, chacune avec quatre figures et dix numéros, en tout 56 cartes, puis 22 tarots, en tout 78 cartes. La manière dont elles sont exécutées rappelle, jusqu'à un certain point, celle de Nicoletto da Modena, toutefois avec plus de simplicité dans les hachures. Cicognara donne sur ces cartes les détails suivants:

Denari. Ce sont des médaillons avec bustes de l'époque impériale de Rome au temps d'Auguste. L'as a le buste de Jules César, le X celui de Q. Sertorius.

Les quatre figures sont:

Roi, Myda rex Lydorum.   Vêtu à l'orientale et assis sur un trône.

Reine, Cleopatra Regina Allex. Aegypte.   Le sein et les bras nus, tenant de la main droite une médaille de Lucretia romana.   En haut, une autre médaille, Virgo Tarpeia.

Cavalier.   Il rappelle, jusqu'à un certain point, la figure du Marc Aurèle du capitole, mais davantage celle du bas-relief que la statue le petit écusson suspendu montre la figure de l'aigle double.

Fante (valet).   Marcus Crassus Consul, portant une médaille avec une Victoire.

Bastoni.   La couleur est représentée par des troncs d'arbres. L'as montre deux branches de chêne croisées comme dans les armoiries della Rovere (Jules II.) et où sont suspendus de petits écussons vides.   Au bas, deux pourceaux.   Dans la carte No. 2 est représentée la fable du renard et des raisins.   Les figures sont: Nino, Ippolita, Castore et Polluce.

Coppe.   Cette couleur montre un riche assortiment de vases, de coupes, de tasses, de formes variées et de la plus grande beauté. L'as représente un vase richement orné ayant au bas deux chiens et sur le couvercle deux Satyres attachés, aux côtés d'une tablette avec les initiales SPQR.   Les figures sont Sardanapallo, Semiramide, Marcantonio et Apicio.

Spade.   Les épées ont des poignées, des gardes et des fourreaux d'une grande élégance, la plupart dans le goût antique et sont accompagnées de boucliers de divers genres.   L'as montre un cimeterre suspendu dont le pommeau est une tête de Léopard.   Les figures sont: Alessandro, Tamiri, M. Sicio Dentato, ob virtutem, Achilles Ro.

La dernière des 22 cartes de Tarots représente un fou dans l'ivresse, tombé à terre et qui soutient avec les jambes en l'air un grand vase rempli de vin sur lequel on lit l'inscription Muscatello. C'est, en dehors du nom des diverses figures dans les quatre couleurs du jeu, la seule carte de cette série de Tarots qui ait une souscription.

Jeu de 48 cartes gravées sur bois formant un jeu de Trappola.

Samuel Weller Singer dans son ouvrage intitulé: R e s e a r c h e s
i n t o t h e h i s t o r y o f p l a y i n g c a r d s etc. Londres 1816. 4⁰. p.
198 mentionne ce jeu de cartes comme formant un jeu italien de 48
pièces avec les quatre couleurs de D e n a r i, C o p p e, S p a d e et B a s-
t o n i. Les figures représentant ces dernières couleurs sont deux à deux
et passés en sautoir comme dans les jeux Allemands du XV. et du XVI.
Siècle. Chaque couleur est composée d'un roi, d'un cavalier et de dix
cartes numérotées de I à X. Les D e n a r i sont autant de médaillons
avec des bustes. Sur une de ces pièces on trouve l'inscription mutilée:
IESI FECE ..... ANTONIO ZA .....
C'est sans doute à Jesi que ces cartes ont été imprimées. Les figures
du recto rappellent tout à fait la manière du XV. Siècle et sont évidemment d'une exécution plus ancienne que les figures sur bois du verso
qui appartiennent à la moitié du XVI. Ces dernières ont quelquefois
le nom IESI répété, et dans un seul cas, on trouve la figure d'un
Ange qui tient un écusson avec une montagne à trois coupons, surmontée d'une étoile ou de la figure de Neptune.

MₒℛℲℋ

Girolamo Mocetto.
(Bartsch XIII. 215.)

Quand ce maître signe ses gravures de son nom en entier, il le
fait toujours en latin: H i e r o n y m u s M o c e t u s. Il s'appellerait donc
en italien G i r o l a m o M o c e t t o ou M o z e t t o dans le dialecte vénitien. Il était, selon Vasari, natif de Vérone et se forma à Venise dans
l'école de Jean Bellini. Ceci résulte encore de certains tableaux
peints par lui, tout à fait dans le style du Bellin, et dont l'un dans la
Galerie Correr de Venise porte son nom avec la date de 1484. Le
tableau dans l'église de S. Nazaro et Celso à Vérone porte également
son nom et la date de 1493. Quatre vues de Nola dessinées et gravées par lui en 1513 nous prouvent qu'il travaillait encore au commencement du XVI. Siècle. Il n'est point facile de décider s'il a été
également peintre sur verre ou s'il a seulement dessiné la partie in-

férieure du grand panneau avec quatre combattants pour l'église de St. Giovanni et Paolo à Venise et qui est signé Hyeronymus Mocetus, tandis que la partie supérieure est de Vivarini. Il est plus probable que les deux artistes ont fourni seulement les cartons de ce travail.

Dans ses gravures il se montre un peu rude et maladroit si l'on en excepte quelques-unes exécutées avec plus de finesse et probablement copiées des dessins de son maître Giovanni Bellini, comme, p. e., dans la Judith No. 1. Le baptême de Jésus No. 2, la Vierge No. 3, le No. 4 et le No. 5 ont moins de finesse, quoique ces pièces soient encore dans le style de son maître. Dans le reste de son oeuvre il montre un style qui lui est tout à fait propre.

Bartsch lui attribue huit gravures, mais il ne connaissait qu'une des trois feuilles représentant un combat; il décrit sous les anonymes quatre autres pièces qui lui appartiennent, le Jugement de Midas, la Nymphe endormie et les deux frises aux Tritons. Nous ajoutons encore quelques gravures pour compléter ce que nous connaissons de son oeuvre.

Additions à Bartsch.

8. La Bataille. Trois grandes compositions sur trois feuilles. H. 10 p. 8 l. L. 43 p. 10 l.

a) A gauche, est assis un vieillard les mains jointes. Au coin sur le premier plan, un enfant avec un tambour et un fifre, à côté de deux chiens qui jouent. A droite, le général à cheval sous la figure d'un empereur romain et devant lui deux tambours. H. 10 p. 8 l. L. 13 p. 5 l.

b) Un homme frappe d'une hache un soldat abattu à ses pieds. Plusieurs cavaliers armés de lances combattent contre des soldats à cheval et à pied. Au milieu du bas, la signature HIERONIMVS. M. H. 10 p. 8 l. L. 15 p. 3 l. C'est la pièce décrite par Bartsch sous le No. 8.

c) Dix guerriers à cheval remplissent l'espace, à gauche, et semblent se reposer après le combat. Le premier lève une masse d'armes ou un bâton de commandement. Tout à fait à gauche, un soldat agenouillé charge sur ses épaules le corps d'un jeune homme. Au milieu, un cavalier en riche armure, pose la main sur son cheval au côté duquel se trouve un palefrenier et, plus à droite, un valet char-

geant une valise sur un mulet. Sur une montagne, à droite, un
château. Au bas, le nom MOCETVS. H. 10 p. 8 l. L. 15 p. 2 l.
Paris et Coll. Albertine.

Cette composition n'a point été terminée en entier. Sur la troisième feuille le paysage est seulement indiqué ainsi que le guerrier
à droite, sur le même plan. Charles Blanc décrit cette pièce sous le
nom du „Combat des Israélites contre Amalec" et voit dans le Vieillard Moïse accompagné d'Aaron et Hur. Le général serait alors Josué
et le guerrier qui se prépare à fuir, Amalec.

9. La Résurrection. Le Sauveur est debout sur les bords
du Sarcophage, portant l'étendart de la croix et bénissant de la main
droite. Des quatre gardes, reveillés ou endormis, deux ne sont visibles
que jusqu'à mi-corps. A droite, le calvaire où les deux larrons sont
encore attachés à la croix, tandis qu'on voit une échelle appuyée contre
la croix du milieu. Dans le fond, à gauche, s'élève une montagne
couronnée de fortifications au pied de laquelle se trouve une ville.
Au milieu du bas, la signature HIERONIMVS MOCETVS. H. 16 p. 9 l.
L. 11 p. Pièce d'un travail rude, exécutée néanmoins avec un certain soin et probablement d'après un dessin de Giovanni Bellini.
Coll. Albert. provenant de la Coll. Fries. (Zani Enc. II. 9. p. 84.)

10. La Vierge entourée de Saints. Elle est assise sur
un trône, tenant l'enfant Jésus qui donne sa bénédiction. A gauche,
un Saint lisant dans un livre, probablement St. Pierre; derrière lui,
une Sainte avec un autre jeune Saint. A droite, St. Jean Baptiste de
profil et un peu tourné à droite; derrière lui, la Madeleine. Sur les
degrés du trône, devant la Vierge, sont assis trois Anges faisant de
la musique. Le trône est surmonté d'un riche baldaquin soutenu par
un arc; une salle richement ornée sert de fond. Au milieu du bas,
le monogramme à rebours que nous avons donné plus haut. H. 18 p.
6 l. L. 13 p. 5 l. Paris.

Le Dr. Wellesley d'Oxford possède un exemplaire de cette pièce
où deux des Saints ne se trouvent point encore introduits.

11. Le Jugement de Midas (B. XIII. 113. No. 10. „La
Sottise sur le trône.) Cette composition représente le sujet généralement
connu sous le nom de la Calomnie d'Apelles d'après la description de Lucien. La scène, dans notre gravure, se passe sur la place
di San Giovanni et Paolo à Venise puisqu'on y voit la statue de Colleoni
par André Verrocchio. H. 12 p. L. 16 p. 6 l.

On en trouve quatre états:

a) Avant la taille sur la tête de l'enfant, jusqu'à la bordure, à droite. Forte impression.

b) Avec cette taille ou trait.

c) Ce trait a disparu; impression faible.

d) Epreuves avec l'adresse **Ant. Sal. exc.**

La gravure de cette pièce se trouve sur la même planche au verso de laquelle se voit la Nymphe endormie.

12. **La Nymphe endormie.** (B. XIII. 114. No. 11.) Cette composition allégorique porte une inscription en caractères si singuliers qu'il a été très-difficile de la déchiffrer jusqu'ici ce qui a donné lieu à plusieurs explications dont nous citerons, entre autres, celle que George Haderer publie dans les „Archives autrichiennes, année 1831, No. 25, p. 98. Il y trouve un mauvais hexamètre grec comme suit:

$$\sigma\varepsilon \ \mu\varepsilon\nu \ \varepsilon\alpha \ \delta\varepsilon\mu\alpha \ \alpha\nu\alpha\sigma\tau\varepsilon\lambda\lambda\varepsilon\iota\nu \ \alpha\sigma\tau\sigma\chi\sigma\varsigma \ \mu\alpha\chi\varepsilon\iota\varsigma.$$

„Cesse de soulever le voile etc."

et y voit une composition représentant l'instinct naturel qui cherche, dans la procréation, l'union de deux espèces homogènes mais qui repugne à celle des espèces hétérogènes. Ces idées prennent corps dans les figures de la jeune Nymphe et de l'Apollon d'un côté, en contradiction avec les deux Satyres qui sont menacés par le vieillard près du bois, et qui s'apprêtent à violer la Nymphe endormie. On a voulu voir encore, dans le trait qui unit la Nymphe au jeune dieu, une indication qu'ils sont destinés l'un à l'autre, mais Bartsch a nommé avec raison cette taille, „un trait échappé", puisqu'elle ne se trouve point dans les premières épreuves de la gravure.

Cependant l'explication du sujet telle que nous la donne M. E. Galichon dans la „Gazette de Beaux Arts 1859, p. 330", nous paraît la plus appropriée, comme la plus naturelle. Cette pièce représenterait selon lui Amymone changée en ruisseau et voici comment il la décrit:

Amymone, l'une des cinquante Danaïdes, s'est endormie à l'ombre d'un bois consacré à Pan, ainsi que l'indique un terme de Priape qu'on voit dans le fond, à gauche; son coude s'appuie sur l'urne d'où s'échappe, en abondance, l'onde à laquelle elle doit donner son nom. Auprès d'elle, on voit dans un bassin la tête d'Encelade son époux, qu'elle a tranchée, et dont le sang se mêle à l'eau du ruisseau. Un Satyre, hideux de lubricité, soulève le voile léger qui la couvre, et se réjouit de posséder les trésors que lui livrent les dieux irrités. Mais Neptune n'a pas oublié ce que la fille de Danaüs a fait pour Argos, sa fille favorite; il va la ravir à la brutalité du Satyre en la changeant en ruisseau.

Le dieu est représenté assis sur une pierre à droite, sous les traits d'un jeune homme sans barbe, un manteau jeté sur les épaules; il tient un trident à la main. Derrière la Nymphe, Apollon arrête Marsyas, qui accompagnait le Satyre lubrique et, lui présentant une flûte, le défie à cette lutte célèbre qui doit avoir pour lui une fin si tragique. Dans le ruisseau s'ébattent des poissons, des canards, et sur le bord au premier plan, deux crapauds soutiennent une bande-role sur laquelle, suivant l'explication de M. Jules Renouvier, on lit en caractères goffes:

Sepe eadem anas te jam sat parit.

Les premières épreuves, comme nous l'avons dit, n'ont pas le trait ou la taille, les quatrièmes proviennent de la planche retouchée et portent l'adresse d'Antoine Salamanca. H. 11 p. 11 l. L. 16 p. 7 l.

13. Une frise avec deux Tritons, deux Néréides sur des monstres marins et des enfants dont l'un est porté par un dauphin. (B. VIII. 101. No. 7.) H. 4 p. 6 l. L. 11 p. 7 l.

14. Autre frise semblable. Trois Tritons dont celui du milieu porte une corbeille avec des coraux et un enfant et qui saisit au bras une Néréide placée à droite. (B. XIII. 102. No. 8.) H. 4 p. 9 l. L. 11 p. 10 l.

Quoique ces deux pièces, comme celle de la Nymphe endormie, ne portent point de signature, il n'y a pas de doute qu'on ne doive les attribuer à Mocetto.

15. Sacrifice d'un pourceau. Cette composition semble avoir été empruntée à un bas-relief antique. Sur le devant sont age-nouillés deux hommes nus qui tiennent un pourceau que celui de gauche est sur le point d'égorger avec un couteau. Derrière eux, à gauche, se tiennent quatre joueurs de trompettes. Une des femmes, au milieu, porte une lyre. Plus à gauche, une autre femme se tient avec un vase couvert près d'un guerrier; deux autres s'avancent vers la droite où, dans le fond, on voit un monument avec un cheval et entouré des travaux d'Hercule. Le fond est entièrement couvert par un édifice dans un style mêlé, vénitien et gothique. Pièce non si-gnée d'un bon travail, quoiqu'un peu rude. H. 8 p. 9 l. L. 12 p. M. brit. Voyez aussi, ci-dessus, „Gravures de maîtres anonymes de l'école du Mantègne". No 82.

16—19. Quatre Vues et plans de la ville de Nola. On trouve ces gravures dans l'ouvrage intitulé:

De Nola. Opusculum distinctum plenum clarum doctum pulcrum verum grave varium et utile. (Auctore Ambr. Leone.)

In fine:

Incussum est hoc opus opera diligentiaq; Probi viri Joannis Rubri Vercellani. Venetiis Anno Salutis MDXIII. Septembris vero die IIII. sub Leonardo Lauredano Duce Sapientissimo.

Dans la dédicace au prince Henri Orsini on lit le passage suivant relatif aux gravures de l'ouvrage:

Illi enim patriā opere magno redintegrauere: uel effecere maiorem. ipse imaginē atq. aspectus pprii similitudie tāta pduxi in mediū adiutus opera HIERONYMI MOCETI pictoris: ut oculis ōium atq. ubiq. terrar perq. facile possit esse cōspicua.

— 16. Vue de Nola, de la Campagne et des environs, avec le Vésuve etc. et plusieurs inscriptions désignant les noms des lieux. Au bas, à gauche, la signature HIE. MOCE. Impression d'une encre bleuâtre. H. 7 p. 1 l. L. 10 p. 5 l.

— 16. Plan de ville avec les édifices les plus marquants, les antiquités etc. avec les noms. Pièce imprimée en noir. H. 7 p. 1½ l. L. 10 p. 3 l.

— 18. Plan de la nouvelle ville et des environs. Sur le devant, trois figures de plantes; avec les noms, lettres de référence et chiffres. Pièce imprimée en noir. H. 7 p. 1½ l. L. 10 p. 6 l.

— 19. Vue de la nouvelle ville, avec les ouvrages de circonvallation, les murs, les portes, les édifices etc., et une partie des environs avec figures, animaux et plantes. Avec les noms des lieux. Pièce imprimée en rouge. H, 7 p. 1 l. L. 10 p. 3 l.

Voyez R. Weigel, Kunst-Catalog No. 14150, où il est dit que Mocetto a également gravé sur bois, sans que nous en ayons d'autres preuves qu'un cul-de-lampe et trois initiales placées au commencement des trois divisions du livre que nous venons de citer et dont une surtout avec deux enfants est de toute beauté et digne d'être attribuée au Mocetto.

ם מ,

Martino da Udine,
surnommé
Pellegrino da San Daniele.
(Bartsch XIII. 356.)

Après avoir commis beaucoup d'erreurs dans l'explication de ce monogramme, erreurs que nous fûmes le premier à démontrer en faisant observer que ce maître appartenait très-certainement à l'école de Giovanni Bellini, les recherches faites à ce sujet par M. E. Harzen[1]) l'ont amené à découvrir un tableau de notre artiste avec le monogramme du double P, avec le lien, et la signature „Pelegrinus faciebat" 1519. Ce tableau qui a été peint pour la confrérie des Cordonniers à Udine, représente l'Annonciation et se trouve actuellement dans la Galerie de l'Académie à Venise.

Vasari mentionne ce gracieux artiste comme un des élèves de Jean Bellini et, parmi les écrivains récents en Italie, le comte de Maniago, nous donne sur sa vie et ses oeuvres les notices les plus détaillées.[2]) Il ignorait néanmoins que les gravures signées du double P lui appartenaient et, quant à la date de sa naissance qu'il fixe en 1450[3]), il doit être tombé évidemment dans une erreur que les faits suivants serviront à démontrer. En 1495, lorsque Pellegrino quitta Venise et l'école de Bellini pour retourner à sa patrie, Udine, on le voit adresser aux autorités une pétition pour obtenir la place de gardien d'une des portes, emploi qui entraînait pour le titulaire l'obligation de peindre certaines armoiries et bannières. Le rapport sur cette pétition désigne le suppliant comme „Magister Peregrinus probus juvenis" expression qui ne pouvait s'appliquer à un artiste déjà avancé en âge et connu par ses ouvrages. Ensuite nous avons de lui

---

1) Voyez Deutsches Kunstblatt, 1853, p. 195.

2) Storia delle Belle Arti Friulane, scritta dal Conte Fabio da Maniago. 2de. Ed. Udine 1823. 8o.

3) Maniago ne fixe point de date précise, mais se contente de placer la nais- sance de Pellegrino plusieurs années après la moitié du quatorzième (XV.) Siècle. Voici ses propres paroles:

„Nato Pellegrino da san Daniele, parecchi anni dopo la metà del se- colo decimo quarto, da Battista pittor Udinese non conosciuto" etc. V. Op. cit. p. 40. (Note de l'Ed.)

des pièces certaines, avec la date de 1529, qui ne trahissent, en aucune façon, la main débile d'un vieillard de 79 ans; enfin, sa mort tombe entre 1545 et 1548 ce qui le ferait presque centenaire dans le cas où l'on voulût admettre la date de 1450 comme celle de sa naissance. Il est plus probable qu'il naquit vers 1470.

Après s'être marié, en 1497, avec la fille d'un certain maître nommé Portunaro, de St. Daniel, il fut chargé de décorer de peintures à fresque la petite église de la confrérie de St. Antoine et commença à peindre, pour la voûte du choeur, Dieu le Père avec les quatre évangélistes et les quatre pères de l'église d'une excellente manière et d'un dessin très-noble dans le style de Bellini. Ces travaux, auxquels s'en ajoutèrent d'autres qui durèrent jusqu'en 1503, firent qu'il ajouta au nom de Pellegrino que lui avait donné son maître Bellini pour ses rares talents, celui de San Daniele.

Il n'est point dans nos intentions de faire mention ici de tous les tableaux de Pellegrino, ou même de ceux qui sont tombés sous nos yeux, mais il est indispensable pour fixer l'époque de quelques-unes de ses gravures d'attirer l'attention sur les divers changements que subirent et son style et sa manière de peindre.

C'est donc après s'être arrêté longtemps à Ferrare où, de 1513 à 1519, il peignit à l'huile et en miniature pour le duc, qu'il visita de nouveau Venise et s'aperçut du développement que l'art y avait pris par suite des travaux du Giorgione et du Titien. Revenu dans sa patrie il s'éloigna, par conséquent, du style sévère mais encore un peu raide du Bellini, pour adopter la manière plus large de la nouvelle école vénitienne, mais non sans tomber dans un certain dégré de maniérisme.

Mais, en revanche, la plupart de ses gravures sur cuivre semblent avoir été exécutées dans sa première manière, c'est à dire avant 1519 et peut-être le David aux formes pleines et rondes est-elle la seule gravure qui appartienne à une époque postérieure. C'est vers cette époque aussi, croyons-nous, qu'abandonnant sa manière primitive de graver qui donne à ses estampes l'apparence de dessins à la pointe d'argent, il retravailla plusieurs de ses planches en leur faisant gagner en force ce qu'ils perdaient en délicatesse et en pureté de contours. C'est ainsi que le travail si spirituellement fait à la pointe sèche disparaît dans les épreuves postérieures pour faire place à un maniement particulier du burin avec beaucoup de pointillé dans les ombres et les demi-teintes, ce qui donne à ces mêmes gravures l'aspect de copies d'un ordre inférieur. Les premières épreuves portent d'ordinaire le premier des monogrammes ci-dessus, tandis que les secondes sont marquées du double P avec le lien.

Le Catalogue de Bartsch ne contient que quatre gravures de notre maître. Il ne connaissait, toutefois du No. 1, La Chasse au Lion, qu'une copie ancienne en contre-partie, tandis que la Bacchanale No. 2 n'est qu'une copie d'après le Mantègne où notre maître n'a rien à voir.[1]) Il n'a pu s'expliquer la composition du No. 3 et la pièce No. 4 ne lui était connue que par la mention qu'en ont faite Lanzi et Zani. Il nous paraît donc convenable de reprendre ici en entier le catalogue de l'oeuvre du maître.

———

Gravures sur cuivre.

1. **David vainqueur de Goliath.** Le héros sous la figure d'un jeune homme à formes musculeuses est vu de dos, une légère draperie lui recouvre les épaules et il s'appuie sur une massue à laquelle est suspendue sa fronde, en croisant la jambe gauche sur la droite qui soutient le poids de son corps. A gauche, la tête chauve colossale de Goliath et, au-dessus, la signature du double P avec le lien. La taille est très-nourrie et les ombres exécutées au moyen de traits et de points. Cette pièce appartient à la seconde manière du maître. H. 12 p. 4 l. L. 5 p. 4 l. Coll. Albertine.

2. **Le Christ pleuré par les siens.** Le corps, descendu de la croix, est placé sur les genoux de la Vierge et la Madeleine, age- nouillée à gauche, soutient la jambe droite du cadavre. A côté, cinq hommes donnant les marques d'une profonde douleur et une autre sainte femme à genoux. Vis à vis, à droite, quatre femmes debout et deux vieillards dont l'un est assis à terre. Dans le fond, à gauche, on voit trois bergers avec des moutons sur un rocher et, à droite, une ville près d'une rivière. Le double P se trouve près d'un crâne au milieu du bas. H. 7 p. 4 l. L. 6 p. 2 l. Coll. Albert. Musée brit. Paris.

Ces trois exemplaires ont été retouchés et se trouvent recouverts

———

1) Bartsch ne semble point avoir reproduit exactement ce qu'il croit être la signature dans cette pièce. Le chiffre en question nous semble plutôt indiquer la date de 1515 avec les 5 à rebours.

de pointillé. Brulliot et Harzen mentionnent néanmoins des épreuves d'une grande ·finesse d'exécution et qui sont probablement les premières de cette pièce exécutée peut-être vers 1500 puisqu'elle montre, d'une manière très-décidée, l'influence de l'école du Bellini.

3. St. Christophe. Il est représenté sous les traits d'un jeune homme, s'avançant vers la gauche, un palmier à la main et portant sur ses épaules, à travers l'eau, l'enfant Jésus qui lui donne sa bénédiction. Fond de paysage rocailleux avec quelques petites figures. On lit en haut POTENS; au bas, le double P. H. 2 p. 11 l. L. 2 p. Paris.

La même composition, avec quelques variantes, se ·trouve ·parmi les fresques que l'artiste peignit dans sa première manière pour l'église de St. Antoine.

4. Le Triomphe de Sélène. Pièce · décrite par Bartsch (No. 3) sous la désignation, La puissance de l'Amour.

Une esquisse à la plume de cette composition, qui se trouve en possession de E. Harzen, porte pour inscription trionfo della luna, et cette dénomination est justifiée par le fait que la figure principale est une femme. Notre artiste a donc voulu représenter l'influence que cette planète exerce sur les destinées humaines et le culte qui en a été la suite. Voici ce que dit Harzen à ce sujet:

„Cette composition a probablement pour objet de nous représenter l'influence sur les destinées humaines attribuée par les anciens à la planète Lunus ou Luna. Nous voyons ici cette influence exercée, entre autres, sur les bergers et sur les voyageurs, dans les cas de guerre et d'épidémie et puis, dans ses attributions de Lucina, sur les mères et leurs enfants. Il n'est pas invraisemblable que Pellegrino ait été aidé dans la partie allégorique de cette composition par son savant compatriote Pierio Valeriani de Bellune (né en 1477) qui s'était adonné à Venise aux études astrologiques et dont les Hiéroglyphes contiennent beaucoup de sujets analogues.“

Comme Bartsch a donné une description très-exacte de cette gravure, nous nous contenterons d'y renvoyer en observant que la figure de Lunus est en partie couverte d'une draperie mais jamais totalement nue, et que le lévrier placé devant les jambes du guerrier endormi ne fait point partie de son corps comme on pourrait le croire en regardant la gravure, puisque dans le dessin les deux figures sont entièrement séparées.

L'exécution de cette pièce est, dans les premières épreuves, de la

plus grande délicatesse et d'un fini précieux: elles se trouvent signées
du premier des monogrammes ci-dessus. Dans les secondes épreuves,
la figure du cavalier dans le croissant a disparu et les deux P au lien
ont remplacé la première signature. La planche a été complètement
remaniée et couverte de points et on connait de ces secondes épreuves
divers états. Ottley a reproduit dans son „Inquiry etc." p. 478, un
facsimile assez exact du groupe de femmes dans la seconde épreuve, mais
comme il ne connaissait pas la première, les observations auxquelles il
se livre relativement à Bartsch perdent toute leur valeur.

5. Chasse au lion. Bartsch décrit cette pièce d'après une copie
en contre-partie avec des différences peu essentielles. Cet écrivain
observe d'ailleurs, avec raison, que cette copie ne porte point le
chiffre de Pellegrino mais bien un monogramme, qui ressemble à deux
R, gravés à rebours. Cette reproduction n'arrive point à la finesse de
l'original qui est un des meilleurs ouvrages dans la première manière
du maître.

6—8. Trois feuilles avec des figures de Géométrie.
Ces figures sont placées en perspective et finement exécutées à la
pointe sèche. Chaque feuille est signée, au milieu du bas, du double
P avec le lien.

— 6. Deux figures. A gauche, un dodécaèdre ressemblant à
un petit édifice à coupole et dans la partie inférieure duquel on voit
une rangée de petites fenêtres à volets ouverts. A droite, un polyèdre
à 128 côtés. H. 6 p. 3 l. L. 12 p. 4 l.

— 7. Une Sphère creuse avec douze valvules rondes à moitié
ouvertes, à droite; à gauche, un Mazocco ou la partie fixe de la
coiffure des personnages de distinction, du XIII. au XV. Siècle, en
Italie; comme aussi le bourrelet d'où pend le bout de draperie dans
cette coiffure. H. 8 p. 10 l. L. 7 p. 10 l.

— 8. Autre figure semblable avec 15 valvules carrées à demi-
ouvertes. A droite, l'autre moitié de la seconde figure ci-dessus, ce
qui ferait croire que les deux feuilles sont destinées à être réunies.

Nous devons la connaissance de ces trois pièces à la description
qu'en a donnée M. E. Harzen dans le „Deutsches Kunstblatt" 1853, p.
245; il y ajoute ce qui suit:

„La perspective linéaire de solides réguliers d'Euclide et surtout
des polyèdres, a beaucoup occupé les mathématiciens et les artistes
durant la première moitié du XVI. Siècle, et ces figures doivent être
les premières du genre, à moins qu'elles n'aient suivi l'ouvrage célèbre

de Fra Luca Pacioli, Divina proportione Venise 1509 in-folio, où l'on trouve également des sujets semblables. Ces figures étaient connues de Daniel Barbaro qui en fait mention dans le Mss. de son ouvrage, La pratica della Perspectiva, Ven. 1569, où il donne le côté gauche de la figure 6 et les fig. 7 et 8 dessinées à la plume, mais sans en avoir connu, à ce qu'il paraît, l'auteur. Puisque ce prélat ne possédait qu'une partie de la fig. 6, on pourrait en conclure que ces pièces n'ont jamais été publiées ou que du moins elles n'ont point servi pour quelque livre.

Marcello Fogolino.
(Bartsch XIII. 212.)

Ce peintre appartient à l'école vénitienne du commencement du XVI. Siècle et paraît être natif de Padoue, à en juger par l'inscription sur un Tableau de l'Adoration des trois Rois à l'hôtel de ville de Vicence

Marcellus Fogolinus P. P. (Pictor Paduanus).

Un autre de ses tableaux représentant la Vierge sur un trône avec l'enfant Jésus, entourée de six Saints, se trouve, signé de son nom, au Musée de Berlin. Sa manière ressemble à celle du Bellini, quoique moins forte de coloris. On le croit né en 1470, mais il vivait certainement encore en 1550. Ses gravures, dont on ne connaît jusqu'ici que cinq, sont de la plus grande rareté; elles sont traitées d'une façon toute particulière et très-pittoresque. Son burin est d'une grande légèreté et d'une grande franchise dans les contours, d'un dessin rond et plein et ses ombres sont exécutées au moyen de courtes hachures irrégulières. Il semble quelque fois s'être aidé de l'eau-forte et de la pointe sèche pour terminer souvent ses gravures au maillet. Il est probable que notre artiste passa quelque temps de sa vie à Rome si nous en jugeons par la gravure qu'il nous a laissée de la Statue équestre de Marc Aurèle.

Gravures sur cuivre.

1. La Nativité. Au milieu de ruines qui paraissent celles
d'un amphithéâtre et sous une toiture de chaume, est assise la Vierge
tenant devant elle l'enfant Jésus. Dans le fond, St. Joseph est occupé
à tirer de l'eau d'un puits, à côté de lui se tient l'âne. Dans l'étable
se trouve le boeuf. Sur une tablette, au pied d'un tronc d'arbre, à
gauche, la signature MARCELLO FOGOLINO. H. 7 p. 5 l. L. 5 p.
8 l. Musée brit.

2. La présentation de la Vierge enfant dans le temple.
Elle se trouve sur le premier gradin des degrés conduisant au
temple, un cierge à la main; un prêtre dans une attitude respectueuse
la reçoit. A côté d'elle, à droite, Ste. Anne, Zacharie et une autre
femme. Sur le premier plan, à gauche, un homme vû de dos et en-
veloppé d'un manteau, près d'un joueur de cornemuse assis. Sur une
terrasse, derrière un mur à hauteur d'appui, six vieillards ou docteurs
de la loi, en conversation; derrière eux on voit une statue placée dans
une niche. Dans le lointain, quelques édifices près de l'eau. Pièce
non signée, mais tout à fait dans la manière du Fogolino et certainement gravée par lui. H. 5 p. 4 l. L. 5 p. 5 l. Musée brit.

3. Une femme et son enfant. Elle est assise près d'un
amphithéâtre antique, le dos recouvert d'une légère draperie et tenant
un enfant sur l'épaule droite; elle est coiffée à l'orientale avec une
draperie formant une espèce de turban. Fond de riche architecture
et, dans le lointain, des édifices sur une montagne. Sur une tablette,
à la droite du bas, la signature MARCELLO FOGOLINO. H. 6 p.
2 l. L. 5 p. 6 l. Dresde, Musée britannique (de la Coll. Paignon
Dijonval).

4. Marc Aurèle. C'est la statue équestre du Capitole. Derrière
le piédestal on voit un pan de mur et, s'élevant au-dessus, les ruines
d'un cirque avec d'autres édifices antiques dans le fond. Sur le mur,
à droite, le nom du graveur au-dessous du mot ROMA avec l'indication que la statue se trouvait alors près de la porte S. Giovanni.
H. 7 p. 4 l. L. 5 p. 7 l.

5. Statue antique de femme. C'est une figure, en pied,
près des ruines d'un temple, la tête penchée à gauche et couverte
d'une draperie collante et montrant toutes les formes du corps; les
bras manquent. Le fond représente un lac avec quelques édifices et

des montagnes dans le lointain. A gauche, près du pied droit de la statue, une tablette avec le nom du maître. H. 3 p. 1 l. L. 2 p. 9 l. Dresde.

Altobello de' Melloni.

Altobello de la famille Mellone appartient également aux artistes de la haute Italie qui se sont adonnés à la gravure. Vasari fait mention de lui dans sa vie du Garofalo, comme d'un peintre de Crémone. Selon le père Resta, dans ses „Lettres sur la peinture", III. p. 341, Altobello était élève du Bramante, mais il ne nous donne aucune autorité pour cette assertion et nous trouvons, au contraire, dans l'Anonimo de Morelli qu'un certain Armanin avait été son maître.[1])

L'inscription sur une de ses gravures ALTOBELLO. V. F. nous pourrait faire croire qu'il était natif de Vérone ou de Vicence. En 1517 il peignit pour le dôme de Crémone quatre tableaux à fresque[2]) faisant suite aux huit déjà exécutés en 1515 par B. Boccaccino représentant la Vie de J. C., suite qui fut complétée après par C. Moretto, J. F. Bembo, le Pordénon etc. Il signa ces peintures de son nom entier:

ALTOBELLVS DE MELONIBVS. F. MDXVII.

Il s'y montre artiste consommé, quoiqu'il y ait un manque d'équilibre dans l'effet général. D'une période plus récente est le tableau à l'huile de la Coll. de Bréra représentant la Nativité avec la figure du dona-

---

1) V. Morelli, „Notizia d'Opere di disegno etc. scritta da un anonimo." Bassano 1800. p. 37:

In casa del prior di S. Antonio in Cremona. La Lucrezia, che si ferisce, in tela, a colla, alla maniera Ponentina, a figura intiera, fu de mano de Altobello da Mellon Cremonese, giovine di buon instinto e indole in la pittura, discepolo de Armanin."

Nous ne savons qui est cet Armanin. Quant à la „maniera Ponentina" c'est sans doute celle des peintres néerlandais d'alors, à la colle sur du canevas non préparé.

2) Ces tableaux représentent:

La Fuite en Egypte,
Le Massacre des innocents,
Le Christ devant Caïphe, et
Le Christ bafoué.

Le Comte Bartolomeo de Soresina Vidoni „Pittura Cremonese". Milano 1824. p. 39, et Rosini „Storia della Pittura italiana". Tav. LXXV, donnent chacun un reproduction de la première de ces compositions.

taire et de St. François. C'est un beau tableau où le pittoresque domine, d'un ton vigoureux et presque noir dans les ombres. Ottley nous donne la description suivante des deux seules gravures connues du maître.

Gravures sur cuivre.

1. **Quatre Amours dansants.** Celui de gauche tourne les yeux à droite vers un enfant sans ailes, légèrement vêtu et dont il tient la main gauche. Le troisième Amour est couronné de pampres et porte sur la poitrine une espèce de cuirasse formée de la dépouille d'un lion; il tient la main droite du quatrième qui, vêtu d'une légère draperie, s'avance vers la droite en tournant la tête à gauche. Fond obscur. Le petit Amour de gauche tient, de la main droite, un ruban auquel est suspendue une tablette avec l'inscription ALTOBELO. V. F. Pièce traitée légèrement et avec délicatesse, à hachures simplement croisées. H. 5 p. 8 l. L. 6 p. 8 l. Ottley en donne un facsimile dans sa „Collection of 129" etc.

2. **Quatre Amours faisant de la Musique.** Ils sont tous quatre vus de face. Celui de gauche, couvert d'un petit vêtement à capuchon, joue de la cornemuse; le second, tenant une guitare, appuie le pied gauche sur une grande pierre; le troisième joue du violon et le quatrième s'amuse avec un fifre et un tambour. Ces trois derniers sont nus. Fond obscur comme dans la pièce précédente et dont celle-ci, gravée dans un goût semblable, a les mêmes dimensions.

Ces pièces appartenaient à Lloyd et se trouvent décrites dans le Cat. Wilson, p. 41. Le No. 2, appartenant au Rev. J. Griffiths, a été exposé, en 1857, à Manchester.

Appendice.

3. **Le prisonnier.** Un jeune homme s'avançant vers la droite, tourne la tête à gauche. Il porte un joug sur les épaules et traîne un boulet attaché à ses pieds. H. 7 p. 4 l. L. 4 p. 9 l. (?)

Ottley dans son „Inquiry" etc., p. 494, donne un facsimile de cette pièce qu'il attribue à Andrea Mantegna. Nous avons déjà, dans la description de l'oeuvre de ce maître, donné les raisons qui nous semblent combattre l'opinion de l'écrivain anglais et Nagler, dans son ouvrage les „Monogrammisten", No. 1224, p. 525, nous dit que cette gravure porte le nom d'Altobello, sans nous dire cependant sur quel fondement il appuie son assertion. Au demeurant, comme elle montre, dans le style ainsi que dans le maniement du burin, l'empreinte de la manière d'Altobello, nous n'avons point hésité à l'adjoindre à son oeuvre.

Adam Sculptor (surnommé Ghisi) nous en a donné une copie gravée en contre-partie et décrite par Bartsch sous le No. 103 des gravures de ce dernier maître.

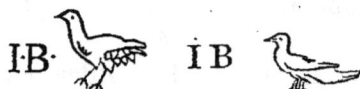

Giovanni Battista del Porto.
(Bartsch XIII. 244.)

Ce maître, qui a adopté pour signature les initiales I. B accompagnées d'un oiseau, nous est donné par Zani („Materiali" etc. p. 134) comme étant le graveur Jean Baptiste del Porto dont Vidriani, dans sa „Raccolta de' Pittori, Scultori et Architetti Modenesi più celebri", parle avec beaucoup de louange en citant à ce sujet la Chronique de Lancilotto. Zani avait sans doute, pour son assertion, de très-bonnes raisons qu'il nous aurait données si son grand ouvrage avait pu être continué et il ajoute qu'il avait vu du maître I B à l'oiseau une gravure avec la date de 1502.

Son dessin est en général d'une bonne entente et révèle un artiste accompli, mais dans l'exécution ses hachures sont irrégulières et maladroites. Comme beaucoup d'artistes de la haute Italie, il s'est servi souvent des gravures d'Albert Durer; il lui a emprunté, entre autres dans l'Enlèvement d'Europe, No. 4, le paysage de l'Enlèvement d'Amymone, et sa famille de Satyres (B. No. 2) a beaucoup d'analogie avec le même sujet gravé par le maître Allemand.

Notre artiste a certainement visité Rome comme le prouve le fond de paysage dans sa gravure de la Léda où le temple ruiné est une imitation de celui de Minerva Medica à Rome et encore plus la pièce des Jumeaux dans notre catalogue sous le No. 12.

Le maître I B a également fait des dessins pour la gravure sur métal ou sur bois, et dans ce dernier cas, son monogramme est suivi du chiffre du graveur sur bois ·A⋀· Ces pièces sont exécutées d'une belle manière et avec beaucoup de finesse, au moyen de hachures croisées et serrées qui leur donne l'aspect d'une gravure sur métal. Une grande partie de ces bois ne portent cependant point cette dernière signature et ont été exécutées par un autre graveur sur bois avec beaucoup moins de talent.

Bartsch a décrit de notre artiste cinq gravures sur cuivre et trois autres sur bois ou sur métal. Nous pouvons ajouter quelques autres pièces à son catalogue sans prétendre, pour cela, compléter entièrement l'oeuvre d'un maître qui semble avoir fait de la gravure sa principale occupation.

Additions à Bartsch.

Gravures sur cuivre.

6. St. Jérôme. Il est agenouillé au pied d'un crucifix. Sur le devant, à gauche, la signature avec l'oiseau. H. 8 p. L. 6 p. 3 l. (D'après une note manuscrite de Rechberger.)

7. Roma. Elle est assise, tournée vers la gauche sur un amas d'armes défensives et offensives, tenant, de la main droite élevée, une statuette de la Victoire. A la gauche du bas, la signature avec l'oiseau et vers le milieu, le mot ROMA. H. 8 p. 2 l. L. 5 p. 9 l. Paris, Bâle.

Jérôme Hopfer a fait une copie de cette pièce. (B. No. 37.)

8. La Prévoyance. Elle tient un miroir, de la main droite, et un serpent, de la gauche, presque nue avec une légère draperie qui lui tombe de l'épaule droite. A gauche, sur un piédestal, on lit: ISTANTIA EXPENDO, PRAETERITIS SEQVENTIA NECTO. Fond obscur; au bas la marque du maître. H. 2 p. 9 l. L. 2 p. (Cat. Wilson p. 42, No. 72.)

9. Le jeune Bacchus, sous la figure d'un enfant ivre, couché à terre la tête vers la gauche et tenant une coupe de la main gauche. Près de son bras droit étendu est un vase d'où coule du vin. Dans

le fond, à droite, un berceau de vigne. La signature est au bas.
Belle pièce. H. 2 p. 10 l. L. 4 p. 1 l. Paris.

9. Les amours de Jupiter et de Léda. Elle est assise
sur une butte près d'un bouquet d'arbres qui s'élève à la gauche de
l'estampe. Au second plan coule un fleuve sur lequel nagent des cygnes
et dans le lointain on aperçoit la mer. Le monogramme se trouve
au milieu du bas. H. 5 p. 8 l. L. 3 p. 9 l.

Il y a deux états de cette gravure:

1er état. Avec la marque du maître.

2d état. La marque du maître est effacée et remplacée par celle
de Nicoletto da Modena. Plusieurs montagnes ont été ajoutées au-
dessus de la ligne d'horizon. Bartsch décrit cette pièce dans l'oeuvre
du dernier maître sous le No. 46 et la croit une copie de celle du
graveur I B à l'oiseau, mais il a oublié de mentionner cette pièce dans
le catalogue de l'oeuvre de ce dernier.

11. Deux femmes nues et un bouffon. Celle de gauche
tient une pomme de la main droite; l'autre vis-à-vis, pose une main
sur le sein de la première et l'autre main sur son épaule. A gauche,
le bouffon agace un chien contre elles. Le signe est à la gauche du
bas. H. 3 p. 1 l. L. 2 p. 10 l.

12. Réunion de monstruosités. (Les deux jumeaux.) A
droite, deux enfants attachés l'un à l'autre par le ventre; à gauche, un
chat à trois têtes et tout près un oeuf en forme d'outre, marqué oWo.
Fond de paysage avec un château près de l'eau, traité dans la manière
d'Albert Durer. Au bas, l'inscription:

Anno. post. Christi. ortum MDIII. XV KL. Aprilis. pont.
Max. tenente. Alexandro VI. nata sunt Rome. eodem. die.
haec. mostra. dvo. infantes. in. vtero. conivnti. et catvs
triceps. et ovvm. galli. in. formam hanc qvam. supra.
effinximus.

Ensuite la signature IB avec l'oiseau. H. 7 p. 5 l. L. 4 p. 7 l. (avec
l'inscription). Dresde.

Appendice.

13. St. George. Il s'élance à gauche en brandissant son épée,
tandis que le dragon mort est étendu sur le dos devant une caverne;

près du monstre, la lance du Saint. En haut, à gauche, la princesse agenouillée avec l'agneau. Le paysage rappelle celui du P o r c m o n-s t r u e u x d'Albert Durer. (B. No. 95.) Pièce non signée. H. 4 p. 6 l. L. 4 p. 9 l.

Cette pièce dont la manière ressemble beaucoup à celle du maître I B à l'oiseau, lui est attribuée dans la Coll. de Paris.

14. V é n u s e t l ' A m o u r. Vénus debout à la gauche est dans l'attitude du commandement. Sur son bras gauche élevé, flotte une draperie qui voile sa nudité. L'Amour a jeté à terre son carquois et s'amuse avec des échasses, à droite de l'estampe. Un portique s'élève derrière la déesse et dans le lointain, à droite, un château fort. Sur

une boule est gravé le monogramme ⌃ ℙ ⌃ Vénus et l'Amour sont des copies d'après les figures de l ' O i s i v e t é par Alb. Durer (B. No. 76); la marque est celle de Jacques Prévost mais imprimée avec une autre encre que le reste de l'estampe et elle semble avoir été ajoutée au moyen d'un poinçon. H. 4 p. 10 l. L. 3 p. 10 l. Paris.

Voy. Gaz. des Beaux Arts 1859, p. 267, No. 10, où cette pièce est attribuée à Jean Baptiste del Porto, tandis que Brulliot Dict. I. No. 3050 la range parmi les estampes de Jaques Prévost.

Gravures sur métal ou sur bois.

4. D a v i d v a i n q u e u r d e G o l i a t h. Il est vu de face, cou-ronné d'une guirlande et les reins couverts par une draperie légère. Il foule aux pieds la tête de Goliath sur laquelle il appuie la pointe de son épée. A travers deux arcs d'architecture, on voit un paysage dans le fond. Le chiffre du maître est au bas. H. 13 p. 11 l. L. 9 p. 9 l. Paris.

5. L e C h r i s t e n c r o i x. Il se trouve au milieu de l'estampe; à la gauche, la Vierge, accablée de douleur, est debout, tandis que la Madeleine embrasse le pied de la croix. A droite, St. Jean, les mains jointes. La marque se trouve sur un fragment de corniche gisant à terre. H. 11 p. 6 l. L. 7 p. 11 l. Musée Correr à Venise.

6. M a r s e t V é n u s d a n s l a f o r g e d e V u l c a i n. Celui-ci est occupé à façonner un casque, à droite; à gauche, Vénus est debout à côté de Mars. Cupidon avec un arc se tient à côté de Vulcain. Le chiffre est au milieu du bas. H. 11 p. 3 l. L. 7 p. 11 l. Paris.

7. Les trois Grâces. Elles sont placées, selon l'usage antique, devant une niche. A gauche, un arbre; à la droite du bas, une
tablette avec le chiffre du maître et tout près, sur le fond, le monogramme du graveur sur bois .A̲A̲. Au haut de la niche, une autre
tablette avec l'inscription: $\mathrm{XAPI}\atop\mathrm{TE\Sigma}$. H. 8 p. 8 l. L. 6 p. 4 l. Bibl. de
Vienne. Cat. Malaspina II. p. 20.

8. Méléagre et Atalante. Le sanglier s'élance hors d'un
bois dans un paysage rocailleux, poursuivi par les chiens dans la
direction de Castor qui, nu et couronné de feuillage, s'apprête à le
recevoir sur son épieu. Derrière, son frère Pollux à cheval est dans
l'acte de lancer un javelot contre la bête qu'Atalante se prépare à
blesser d'une flèche, tandis que Méléagre, les épaules recouvertes d'une
peau de chèvre, se dispose à l'attaquer avec une grosse lance. Le
sanglier a déjà renversé un des trois chiens qui le pressent. La
signature du maître I B à l'oiseau se voit au milieu du bas. H. 9 p.
7 l. L. 16 p. 4 l.

On trouve une reproduction en petit de cette pièce dans la Gazette des Beaux Arts 1859, p. 265.

<hr>

B⁀ M⁀

Benedetto Montagna.

(Bartsch XIII. 332.)

Selon Lanzi, cet artiste distingué était natif de Vicence et frère
du célèbre peintre Barthélemi Montagna. D'après Ridolfi il florissait
vers l'an 1500, mais les dates de sa naissance et de sa mort nous
sont restées inconnues. Il vivait, du reste, encore en 1533 puisqu'il
existe un de ses tableaux signé:

Benedictus Montagna Pinsit MDXXXIII

comme Zani nous en informe dans son Encyclopédie I 13. 475, et
Zanetti dans le Cat. de la Coll. du Comte Cicognara, p. 161. Notre
maître s'est acquis cependant beaucoup plus de gloire par ses gravures
que par ses tableaux, d'ailleurs fort peu connus. Ses premiers travaux dans ce genre, entre autres le St. Jérôme (No. 14), démontrent
qu'il appartenait à l'école de Jean Bellini et qu'il savait déjà manier

le burin avec beaucoup de finesse. Ses copies d'après Albert Durer
nous prouvent qu'il chercha à se former d'après le maître allemand,
sans avoir pu atteindre l'excellence de son modèle, puisque la plupart
de ses gravures, toutes belles d'invention, sont généralement assez rudes
d'exécution, surtout dans les épreuves postérieures où manque le pointillé très-fin dont il se servait pour les demi-teintes et les gradations
de ton.

Récemment Ottley a émis l'opinion que plusieurs gravures sur
métal des éditions vénitiennes, avec la marque · ♭· et ♭·𝑀× appartiennent à Benedetto Montagna et qu'il aurait été aussi graveur sur
bois. Dans notre dissertation historique, nous avons déjà démontré
l'erreur de l'écrivain anglais en faisant observer que la plupart des
gravures ainsi signées sont très-différentes quant au dessin emprunté
quelquefois à Sandro Botticelli comme pour les compositions du Dante
de 1491, et reproduisant, entre autres, les figures remarquables
de l'Hypnerotomachia dont le dessin rond et plein, forme un contraste marqué avec le style de Benedetto Montagna, bien que souvent
ses propres compositions aient été reproduites sur métal. Nous ne
connaissons cependant de lui qu'une grande composition de ce genre,
signée Benedictus pinxit, Jacobus fecit, et probablement
gravée par Jacques de Strasbourg qui se trouvait en 1503 à Venise.

Observations au catalogue de Bartsch.

4. Le Christ au jardin des oliviers. La signature est
comme suit:

BENEDECTO MONTAGNA.

Le jet des draperies, à cassures angulaires, mais surtout le château-
fort dans le paysage, à droite, rappelle la manière d'Albert Durer.
Dans les épreuves postérieures on a enlevé le nom du maître et recouvert la place avec des grosses tailles croisées.

5. La Vierge entourée d'Anges. Les initiales B M se trouvent au bas du piédestal. H. 7 p. 5 l. L. 5 p. 9 l.

7. La Vierge à mi-corps, avec l'enfant Jésus. On en
trouve trois états.

a) Celui de la pièce décrite par Bartsch, sans signature.

b) Epreuve signée *A* sur le mur d'appui.

c) Epreuve signée, sur une tablette, à gauche, IOAN. BX. et attribuée erronément à Giovan Antonio da Brescia.

8. La Vierge dans un paysage. Une copie médiocre de cette pièce, en contre-partie, ne porte point de signature.

12. St. George. Dans les épreuves postérieures, la tête est tournée à gauche, les cheveux sont visibles et le Saint porte une barbe frisée. La princesse lève les yeux vers son libérateur.

16. La Nymphe disputée. Dans une épreuve entière on doit trouver en haut la signature BENEDETO MONTAGNA. H. 6 p. 4 l. L. 3 p. 11 l.

21. La femme assise près d'un Satyre. H. 6 p. 1 l. L. 5 p. 4 l.

22. Apollon et Midas. On trouve un facsimile de cette pièce dans l'ouvrage d'Ottley „A Collection" etc.

25. Orphée. Les initiales B M se trouvent au milieu du bas. H. 9 p. 8 l. L. 7 p. 4 l.

38. L'homme à la flèche. Les premières épreuves n'ont point la colline dans le fond. On ne trouve que fort rarement des bonnes épreuves de cette pièce exécutée avec beaucoup de délicatesse.

Additions à Bartsch.

34. La Naissance du Christ. A gauche, la Vierge agenouillée adore l'enfant Jésus couché à terre. A droite, St. Joseph. Le boeuf et l'âne se trouvent dans un édifice ruiné à gauche. Fond de paysage rocailleux. Pièce non signée. H. 6 p. 8 l. L. 4 p. 3 l. Paris.

35. Même sujet. Copie en contre-partie de l'estampe d'Albert Durer (B. No. 2). Pièce signée B M, en haut, dans un écusson. Musée britannique.

36. Même sujet. L'enfant Jésus est couché dans une corbeille devant l'étable où l'on voit le boeuf et l'âne. La Vierge est agenouillée tout près et derrière elle se trouvent Ste. Cathérine et un moine (St. François?) portant une croix. A droite, pareillement agenouillé, l'évangéliste St. Jean et derrière lui, St. Joseph. Du fond, s'avance un pasteur, tandis qu'un autre dans le lointain est averti par trois petits Anges de la naissance du Sauveur. En haut, à droite, l'étoile mira-

culeuse. Sur une pierre obscure, au milieu du bas, la signature:
BENEDETO MONTAGNA. H. 6 p. 1 l. L. 5 p. 5 l. Paris.

37. La Résurrection. Le Christ est vu de face tenant l'étendard de la croix et bénissant de la droite; près de lui, le mot RESSVRESIT. Dans le fond, à gauche, une ville et, à la droite, un rocher avec la sépulture. Au milieu du bas, les initiales B M. H. 10 p. 6 l. L. 8 p. 2 l. Coll. Albert. Paris. Musée brit. Bâle.

38. L'homme de douleurs aux bras étendus. Copie de la gravure d'Albert Durer (B. No. 20). Dans le fond un riche paysage. Au bas, la signature B M. H. 4 p. 2 l. L. 2 p. 7 l. Paris.

39. La Vierge allaitant l'enfant Jésus. Copie en contrepartie de l'estampe d'Albert Durer (B. No. 34). Sur la tablette suspendue à l'arbre, on lit la date 151 ᷾ (au lieu de 1503 dans l'original); à la droite du bas, le monogramme du maître allemand. Le dessin de cette pièce est mauvais; elle semblerait être, par conséquent, un des premiers essais de notre artiste. Berlin.

40ᵃ. La Vierge, demi-figure. Elle est tournée à gauche, adorant l'enfant Jésus assis sur un mur à hauteur d'appui et qui, vu de trois quarts à gauche, tient dans les mains un petit livre. Dans le fond, à gauche, un rideau; à droite, un paysage avec un château dans une contrée montagneuse et près de l'eau. Au milieu du bas, ᴚ M. On en trouve aussi des épreuves sans le chiffre. H. 7 p. 7 l. L. 5 p. 10 l. Paris, Wolfegg.

40ᵇ. Sainte famille. A gauche, est assise la Ste. Vierge tenant l'enfant Jésus sur les genoux; a côté d'elle, le petit St. Jean qui lève la jambe droite et qui est soutenu par St. Joseph assis, à droite. Dans le fond, quelques ruines sur une colline baignée par l'eau. A la gauche du haut la signature: BENEDETO MONTAGNA. H. 6 p. 1 l. L. 4 p. Coll. Brooke à Londres.

41. St. Antoine ermite. Il est debout tourné à gauche, les mains jointes et levant les yeux au ciel. Sur le premier plan, à droite, un petit pourceau; à gauche, un papillon. Dans le fond, à droite, une hutte entourée d'arbres. Les initiales B M se trouvent au milieu du bas. H. 9 p. 8 l. L. 7 p. 3 l. Paris. Bâle.

42. St. Paul ermite. Il est debout à gauche, appuyé contre un arbre et contemple la mort de St. Antoine. Il tient un livre de la main gauche et fait de la droite un mouvement. A droite, un rocher avec la demeure de St. Antoine où l'on voit cet anachorète mort, assis et le bras droit appuyé contre le rocher. Dans le fond, à gauche, la

mer avec quelques nacelles. Pièce non signée, mais traitée dans le
même style que le Sacrifice d'Abraham. No. 1. H. 7 p. 2 l. L.
6 p. 3 l. (Brulliot Dict. II. p. 535. Note.)

43. St. Jérôme. Il est assis, tourné à gauche et lisant dans
un livre. Devant lui, le lion; à gauche, un arbre. Fond de paysage
avec trois cerfs et un lapin. La figure principale est une copie de
celle gravée en contre-partie par Marc Antoine et Agostino Veneziano
(B. 102, 103). La composition paraît appartenir à Jean Bellin ou au
Titien. H. 5 p. 9 l. L. 8 p. 2 l. Coll. du roi de Saxe à Dresde.

44. St. François. Il est agenouillé, à droite, tourné vers la
gauche et reçoit les stigmates d'un crucifix avec l'enfant Jésus orné
de six ailes. Dans le fond, près d'un cloître, on voit frère Elie. Les
initiales B M sont au milieu du bas. H. 10 p. 5 l. L. 8 p. 2 l.

45. Ste. Cathérine. Elle est debout tenant, de la main droite
élevée, une palme et, de la gauche, un livre avec le pan de son
vêtement. A droite, un morceau de la roue appuyé contre un arbre.
Dans le fond, la mer avec un fleuve. A la gauche du bas, une tablette
avec la signature: BENEDECTO MONTAGNA. H. 6 p. 3 l. L. 5 p.
8 l. (?) Paris.

46. Même sujet. La Sainte est debout, vue de face et tenant,
de la droite, une palme. A droite, un morceau de la roue; à gauche,
sur une pierre, les initiales B M. H. 4 p. 3 l. L. 2 p. 9 l. Bibl.
de Vienne.

47. Vulcain et le poète. Le dieu, à gauche, forge des flèches. Devant lui, un jeune homme debout, couronné de lauriers et dans
le costume du XVI. Siècle, semble lui parler pour lui dire de ne plus
s'occuper de pareilles armes. A droite et derrière lui, l'Amour paraît
attendre les flèches forgées par Vulcain. Le fond est une cour de
ferme. En haut, la signature BENEDETO MONTAGNA. H. 6 p. 9 l.
L. 4 p. 9 l. Berlin.

48. Un dieu marin avec un Amour. Le premier, sous les
traits de la jeunesse, est assis à droite sur un rocher, le bras gauche
appuyé sur une urne d'où coule de l'eau; de la droite, il tient une
branche de palmier. Devant lui est un petit Amour qui pose le pied
gauche sur un globe et tient élevée une sphère armillaire. Dans le
fond, un fleuve très-large près duquel on voit un rocher avec quelques édifices. En haut, la signature BENEDETO MONTAGNA. H. 6 p.
L. 4 p. 2 l. Musée britannique. Paris.

49. Vénus. La Déesse est debout, nue et vue de face avec de

longs cheveux épars; elle tourne la tête et dirige les regards vers le
haut de l'estampe. De la main droite, elle tient un petit miroir rond
et lève la gauche en signe d'étonnement. A gauche, près de la tête,

l'inscription: $\underset{S}{\underset{V}{\underset{N}{\underset{E}{\overset{V}{}}}}}$. Il y a un peu d'ombre portée auprès des pieds, tandis

que le reste du fond est blanc. Belle pièce non terminée, sans signature, de la même exécution que l'homme à la flèche, mais
sans les points de la demi-teinte. H. 10 p. 4 l. L. 5 p. 2 l. Paris.
Musée britannique. Collection du Dr. Wellesley à Oxford.

50. La Nymphe endormie avec deux enfants. Elle est
couchée, à gauche, entre deux enfants dont le plus avancé lui porte la
main sur le sein. De la droite, s'avancent deux Satyres dont l'un soulève la draperie qui recouvre la Nymphe, derrière laquelle s'élève un oranger. Au bas, les initiales B M. H. 6 p. 5 l. L. 8 p. 5 l. Paris. Musée brit.

51. La Nymphe endormie. Elle est couronnée d'une guirlande et dort, la tête appuyée contre une butte à gauche. Dans le
fond, à droite, des édifices d'architecture vénitienne près de l'eau.
Pièce non signée. H. 4 p. 2 l. L. 6 p. 6 l. Paris.

52. La Sorcière. Copie en contre-partie de l'estampe d'Albert Durer, B. No. 67, de la même grandeur que l'original et signée,
à la gauche du bas, B M. Berlin. Munich.

53. Deux chasseurs. Ils sont debout près du cerf qu'ils
ont tué. Celui de gauche est vu de dos et semble parler à son compagnon. A gauche, un arbre. Dans le haut, la signature BENEDETO
MONTAGNA. H. 5 p. 3 l. L. 3 p. 6 l. Musée brit. Francfort s/M.

Dans le Musée britannique il existe de cette pièce une mauvaise
copie dans laquelle le fond simple de l'original est remplacé par la
vue d'une grande ville avec des montagnes. Au-dessus du chasseur,
vu de dos, on lit le nom Ciparisso surmonté de la signature Bened.
Montagna. H. 5 p. L. 3 p. 6 l. Cette même composition a été
gravée également sur métal et se trouve dans l'édition des Métamor-
phoses d'Ovide, imprimée à Parme en 1505 (fol. 110 b); on y voit
quatre chasseurs dont les deux empruntés à Montagna représentent
Apollon et Ciparissus qui fut changé en arbre pour avoir tué le cerf
consacré au dieu.

54. L'Oriental. Vieillard barbu coiffé d'un turban, assis et
tourné à droite, tenant, de la gauche, un livre ouvert et, de la droite,

une petite boule. Fond de paysage avec un gros arbre près d'une rivière. Au bas, les initiales B M. H. 3 p. 9 l. L. 2 p. 9 l. Paris.

55. **Un turc assis.** Il est assis à terre, au milieu de l'estampe, le corps tourné à droite, tandis qu'il regarde à gauche. Dans le fond, à gauche, et devant une maison, sont assis deux hommes en conversation; à droite, une montagne avec un château-fort et la mer dans le lointain. En haut, la signature BENEDETO MONTAGNA. H. 6 p. 1 l. L. 4 p. 2 l. Musée brit. Paris.

56. **Une femme avec deux enfants.** Elle est assise, à gauche, sur une butte au bord de la mer tenant devant elle un enfant nu, tandis qu'un second, vêtu, est posé sur le pied gauche de sa mère, en s'attachant à elle, pendant qu'un homme, assis à droite, lui saisit le pied. Dans le fond, à droite, un berceau appuyé sur le terrain et plus loin des ruines sur une île. En haut, la signature B M. H 6 p. 3 l. L. 4 p. 1 l. Paris. Musée britannique.

Appendice.

La pièce suivante qui ainsi que le No. 39 (la Vierge allaitant l'enfant) est une gravure à l'eau-forte qui n'est point signée du maître, rappelle de style de B. Montagna mais ne peut lui être attribuée avec certitude.

57. **St. Paul.** Copie en contre-partie d'après la gravure d'Alb. Durer, mais avec un fond de paysage. H. 6 p. L. 4 p. 1 l. Paris.

Gravures sur métal.

Nous avons déjà fait mention, dans notre introduction historique, relativement aux gravures sur bois et sur métal en Italie, d'une composition de Benedetto Montagna exécutée sur métal par Jacques de Strasbourg; c'est la suivante:

58. **La Vierge, avec sujets de la vie de Jésus Christ.** Elle est assise, avec l'enfant Jésus, sur un trône en forme de niche et entouré, en haut et en bas, de sept petits sujets de la vie du Christ, entre St. Roch, à gauche, et St. Sébastien, à droite. Sur le couronnement du trône se trouve l'inscription:

Ave regina coelorum Mater regis Angelorum. Sal.

Et sur deux tablettes:
      BENEDICTVS PINXIT. — JACOBVS FECIT.
Pièce d'une excellente exécution. H. 20 p. 2 l. L. 14 p. 6, l. Paris.

   M. Rudolphe Weigel, dans son Kunst-Catalog No. 5648, décrit une
gravure avec le même sujet, mais contenant en plus, sur le gradin,
quatre enfants portant les instruments de la passion et l'adresse suivante:
      In Verona, per Bartolomio Merlo.
Il n'est pas fait mention des autres inscriptions.

J. J. Campagnola. (?)
(Bartsch XIII. 370 et XV. 539. No. 1.)

   Le maître qui s'est servi des deux chiffres ci-dessus paraît avoir
appartenu à la famille des Campagnola quoiqu'il ne soit pas le même
que le graveur Giulio. Bartsch a lu la première de ces marques F. I. CA
sur une gravure de la Nativité qu'il attribue à Giulio Campagnola,
mais il n'a pas observé que la pièce qu'il décrit (Vol. XV. p. 539),
représentant une Sainte Ottilie, appartient au même maître
puis qu'elle porte la seconde des signatures ci-dessus. Ottley en parlant (Note p. 767) de la première de ces gravures, a lu la signature
comme suit: H. CA ayant sans doute pris pour le trait horizontal de
la première de ses lettres, une des tailles du fond qui se trouvent
dans la même direction et l'attribue, par conséquent, au Jérôme Campagnola mentionné par Vasari, dans la vie de Vittore Carpaccio, comme
un peintre de Padoue, élève du Squarcione et père de Giulio Campagnola. Mais Zani, dans son Enc. I. 5, p. 318, met en doute l'assertion
du Biographe d'Arezzo et démontre, par le témoignage de deux auteurs
contemporains de Padoue qui ont parlé des artistes de cette ville, que
ce Jérôme père de Giulio, était un écrivain de beaucoup de réputa-

tion et auteur de plusieurs ouvrages en latin et en italien.[1]) Des écrivains postérieurs ont confondu ce Jérôme de Padoue avec le sculpteur Girolamo Campagnola de Vérone.

Revenant au graveur I. I. CA. dont nous ne connaissons que deux estampes mais que, nous appuyant sur les initiales CA et sur sa manière qui est celle de l'école de Padoue formée par le Mantègne, nous croyons être un des Campagnola de cette ville, nous devons contester l'opinion de Brulliot (Table p. 137) qui, voyant dans le petit insecte aux pieds de la Vierge, dans la Nativité, une sauterelle, croit pouvoir attribuer cette pièce au maître Néerlandais ⟨monogram⟩ d'après lequel A. Durer et Israel v. Meckenen ont exécuté les copies d'une Ste. Famille. Mais notre auteur tombe, à ce sujet, dans plusieurs erreurs. En ce qui regarde le maître à la sauterelle qu'il croit être le même que J. J. Campagnola, il n'a jamais existé d'artiste qui ait adopté cet emblème comme signature, et ces Saintes Familles sont toutes des copies d'après A. Durer qui a, en effet, introduit cet insecte dans sa composition. Mais dans la Nativité de notre maître on ne trouve point une sauterelle mais bien une libellule (demoiselle) les élitres étendues et qui ne peut être considérée comme une signature.

Nous avons déjà observé que la manière de notre maître s'approche de celle de l'école de Padoue avec quelque analogie à celle du Mantègne, comme on peut le voir dans le dessin et dans les hachures du St. Joseph et des trois petits anges dans la Nativité. Dans l'autre pièce que nous avons de lui, la Sainte Ottilie, la manière surtout dans les draperies est plutôt celle de Benedetto Montagna, tandis que le paysage est tout à fait dans le style de Durer.

Gravures sur cuivre.

1. La Nativité. (B. VIII. 370. No. 1.) A gauche, la Vierge assise adore l'enfant Jésus posé sur ses genoux. A droite, St. Joseph

---

1) Jérôme Campagnola semble avoir publié, en outre, un ouvrage sur les oeuvres d'art qui se trouvaient à Padoue, puisque l'Anonimo de Morelli en parlant des artistes se réfère à Campagnola, entre autres quand il mentionne, à page 28 „que les peintures de la Chapelle du Podestà, à Padoue, sont de Ansuin da Forli, Fra Filippo et Nicolò Pizzolo Padovano", et p. 30 où il dit que „les peintures dans la Chapelle du Capitano furent exécutées par Guariento et Jacomo Davanzo de Padoue.

debout. Deux pasteurs s'avancent. Dans le haut, l'étoile miraculeuse
et trois petits anges. On voit dans le fond la marche des trois mages
à cheval. Aux pieds de la Vierge, une libellule. Le premier des
chiffres ci dessus se trouve sur un contre-vent de fenêtre. H. 10 p.
L. 8 p. 8 l. Bibl. de Vienne. Coll. Albertine. Musée britannique.
Paris. Francfort s/M.

2. Ste. Ottilie. (B. XV. 53. No. 1.) Elle est vue de face,
tenant de la main droite une pointe surmontée de deux yeux (emblême qui appartient également à Ste. Lucie). Dans le paysage, imité
de Durer, à droite, une masure de paysans sur une colline, dans le
lointain la mer avec quelques vaisseaux. A la droite du bas, une
tablette avec le second des chiffres ci-dessus. H. 7 p. 10 l. L. 6 p.
3 l. Bonne pièce et qui, dans les draperies, rappelle le style de
Benedetto Montagna.

Appendice.

3. Le Catalogue Cicognara décrit, sous le No. 1469, une Justice
debout dans une niche, d'un mauvais dessin et d'une pire exécution,
qui doit appartenir à la dernière moitié du XVI. Siècle. Néanmoins
cette pièce, dans la Bibl. Imp. de Vienne, est attribuée à Girolamo
Campagnola et se trouve enregistrée avec cette désignation dans le
Cat. de F. von Bartsch No. 371. H. 7 p. 11. L. 5 p. 5 l.

Φ

Giulio Campagnola.

(Bartsch XIII. 368.)

Cet artiste distingué était fils de ce Jérôme Campagnola dont nous
avons fait mention comme écrivain et naquit en 1481 comme il résulte
d'une lettre de Matteo Bosso de l'an 1498[1]) où il est dit que Giulio,

---

1) Voyez les lettres de Matteo Bosso, imprimées à Bologne en 1627:
„Ad Hieronymum Campagnolam de Julio Filio tradito in aulicum Herculi Ferarie Ducis Epistola 2 1 1.“

à peine agé de 17 ans, s'était rendu dans les premiers mois de cette année à la cour du duc de Ferrare, Ercole I. Déjà quatre ans auparavant, en 1494, le même écrivain, dans une lettre à Jérôme Campagnola, exprime son admiration des talents variés du fils de celui-ci et mentionne, entre autres, son goût pour la peinture.[1]) Comme Giulio n'avait alors que 13 ans, Bosso a dû entendre par là un talent pour le dessin. Zani[2]) croit pouvoir démontrer néanmoins que notre graveur ne s'est occupé de peinture qu'en amateur et cette opinion acquiert une certaine vraisemblance si l'on considère que, pour la plupart de ses gravures, il s'est servi des dessins des grands maîtres de l'école Vénitienne surtout de ceux de Jean Bellin et du Giorgione et que même deux miniatures de sa main sont empruntées aux compositions de ce dernier et de Benedetto Diana de Venise.[3]) Cependant l'Anonimo de Morelli auquel nous devons cette dernière notice fait aussi mention de quelques-uns de ses élèves et entre autres de Domenico Veneziano allevato da Julio Campagnola qui exécuta dans la maison d'Alvise Cornaro, à Padoue, deux tableaux d'après des dessins de Raphaël.[4])

„In Julio nostro, qui tuo ex voto assitus est in aulicum ab inclyto Hercule, tibi mi Campagnola congratulor; precorque rem ipsam Deus coelique secundent. Est enim puer vere Hercule dignus, in quo super aetatem tanta eminet virtus etc. Veronae XVI. Kal. Febr. 1498.“

1) Epistola 75 (de la seconde Collection imprimée à Mantoue en 1498).

„Vix tertium ingressus lustrum ingenio et natura non est Lippo (Aurelio Brandolino) absimilis: quin praeter litteras tum Latinas tum Graecas, impuber iste et lyram tractare, et in ea canere, versus edere, et, quod casus non potest, scribere, pingere, statuas atque signa fingere sic per sese magis, ut puto, duce natura, quam arte, perdidicet; ut temporibus nostris omnibus illi tantis in rebus simul possit meo judicio conferri nemo.“

2) Materiali etc. Parma 1802. p. 132.

3) Morelli, Notizia etc. Bassano 1800. p. 19.

In Casa di M. Pietro Bembo in Padova:

„Li dui quadretti de capretto inminiati furono di mano de Julio Campagnola: l'uno e una nuda tratta da Zorzi (Giorgione), stesa e volta, e l'altro una nuda che dà aqua ad uno albero, tratta dal Diana, con dui puttini che zappano.“

„El quadretto picol del Cristo morto sostenuto da dui angioletti, fu de mano de .... gargion de Julio Campagnola e aiutato da esso Julio in quell'opera.“

4) Et à p. 10:

„Li quadri in la lettiera, ritratti da Carte di Raffaello, furono de mano de Domenico Veneziano allevato da Julio Campagnola.“

On doit conclure de tout ceci que Giulio était artiste de profes-
sion également distingué dans plusieurs branches, puisqu'il était re-
nommé comme graveur en creux. Nous en trouvons une preuve dans
le testament d'Alde le vieux, mort à Venise le 6 Février 1516, où
le célèbre imprimeur enjoint de ne faire tailler les matrices pour un
nouveau caractère italique, à personne autre que Giulio Campagnola
„genio a niuno secondo ed incisore insigne“.[1]) Ajoutons
qu'il n'a pas eu seulement la renommée d'avoir été un des graveurs
les plus délicats de son époque, mais qu'il a également été le premier
à introduire dans ses ouvrages le pointillé au maillet, opus Mallei,
et cela avec un effet des plus heureux.

Observations au Catalogue de Bartsch.

1. La Nativité. Nous avons déjà fait remarquer, dans l'article
précédent, que Bartsch se trompant sur la signature de cette pièce,
l'avait lue F. I. CA (fecit Julius Campagnola), tandis que la gravure en
question doit être attribuée à un artiste encore inconnu de la même
famille.

2. Jésus et la Samaritaine. La composition de cette gravure rappelle tellement le style du Giorgione que nous n'hésitons pas
à lui en attribuer le dessin.

3. St. Jean Baptiste. Cette gravure a été faite d'après un
dessin de Jean Bellin dont s'est servi également Girolamo Mocetto.

4. Ganimède. Le paysage dans cette pièce est emprunté à
celui de la Vierge au Singe d'A. Durer. Le travail très-fin du
burin n'est point entremêlé de pointillé.

5. Le jeune berger. La composition de cette pièce est du
Giorgione. Le Musée britannique possède une épreuve d'artiste travaillée à la pointe froide avant l'emploi du maillet.

7. Le vieux berger. Cette pièce est signée, dans le haut,

Φ et on n'en trouve point de premières épreuves sans le monogramme. Bartsch décrit deux copies de cette gravure, par Agostino
Veneziano; nous en connaissons une troisième d'un anonyme, en contre-

---

1) Voyez Renouard, Annales des Aldes, p. 33—40. — Ebert, I.— Panizzi,
„Chi era Francesco da Bologna.“ Londres 1858. p. 15.

partie et sans le chiffre. Dans le Cabinet de Munich on trouve un exemplaire de l'original, qui paraît être une contre-épreuve, et qui porte, à la droite du haut, le monogramme.

8. L'Astrologue ou le Magicien. Bartsch n'est pas très-clair dans sa description de la pièce originale et des copies qu'il a même confondues. Nous rétablissons cette description comme suit:

Original. Le globe porte les chiffres 2140 — 4350 et la date de 1509. Le monstre est à droite comme Bartsch l'indique dans la la Copie C.

Copie A. En contre-partie. Sur le globe les nombres 4051—5043 et la date de 1509. C'est l'original de Bartsch.

Copie B. En contre-partie. Sur le globe les chiffres 4021—5043 et la date de 1514. (Copie A de Bartsch.)

Copie C. Dans le sens de l'original par Agostino Veneziano. A la droite du haut les initiales A. V. Sur le globe les nombres 2140—4350 et la date de 1514. (Copie B. de Bartsch.)

Additions à Bartsch.

9. Tobie et l'Ange. La marche est à droite. Le jeune Tobie porte à la main droite un bâton auquel est suspendu le poisson; devant les deux figures, un petit chien. A gauche, un arbre; à droite, une ville sur un rocher près de la mer. A la gauche du bas, la signature: IVLIVS. CAMP. PAT. F. H. 3 p. 1 l. L. 4 p. 2 l. Munich, Pavie. (Coll. Malaspina, Cat. II. 46.)

10. Ste. Géneviève. Copie en contre-partie de la gravure d'Albert Durer. (B. No. 13.) A la droite du haut:
IVLIVS CAMPAGNOLA ANTENOREVS.
H. 6 p. 9 l. L. 4 p. 5 l. Paris.

11. La femme couchée. Elle est nue et vue presque de dos sous un berceau de feuillage, tandis que la tête est de profil. Dans le fond, un château-fort avec une tourelle. Pièce non signée d'un travail très-délicat au poinçon. Le dessin rond et plein trahit la manière du Giorgione et la gravure est probablement une reproduction de la miniature, d'après le maître vénitien, indiquée plus haut comme se trouvant dans la maison de Pierre Bembo à Padoue. H. 4 p. 4 l. L. 6 p. 9 l. Bibl. de Vienne.

Il en existe une copie en contre-partie, avec la tête à droite, travaillée au maillet, mais d'un ton très-chargé. Paris.

12. Un jeune homme contemplant une tête de mort. Il est assis, à gauche, vu de profil et tourné à droite, sur un coussin près d'un tertre couvert d'arbres. Il porte la main droite à sa tête et contemple un crâne posé devant lui. Dans le fond, à droite, une ville. Au bas, une inscription sur deux lignes:
.... VS. ET. FORMAN. MORS. FAVCHVLENTA. RAPIT. Belle pièce finement gravée. H. 6 p. 7 l. L. 8 p. 3 l.

13. Un enfant et trois chats. Un enfant nu est assis, tourné à gauche, sur les gradins d'un auvent, près d'un pilastre et caresse un des trois chats assis sur un socle. Le terrain est parqueté de dalles blanches et noires. Pièce travaillée au maillet sans signature. H. 3 p. 2 l. L. 2 p. 7 l. Cat. Wilson No. 84, où l'on trouve aussi un facsimile.

14. Plusieurs animaux, d'après A. Durer. A gauche, près d'un arbre, le boeuf, le cerf, le chat et le lapin tirés de l'Adam et Eve du maître allemand; à droite, les deux chiens du St. Hubert du même graveur. Le paysage est de l'invention de Giulio Campagnola qui, dans cette pièce, paraît avoir voulu s'exercer à graver d'après A. Durer, comme le prouverait, du reste, l'exécution assez maladroite de toute l'estampe. H. 5 p. 4 l. L. 7 p. 8 l. Paris.

15. Le daim enchaîné. Il est couché, tourné vers la droite auprès d'un arbre auquel il est attaché par un collier et une chaîne. A la gauche du haut, la signature: IVLIVS CAMPAGNOLA. F. Pièce d'une exécution très-délicate au maillet. Le terrain est couvert de plantes, dans le goût de l'école de Léonard de Vinci. H. 6 p. 7 l. L. 4 p. 3 l. Coll. Albert. Musée brit.

16. Le daim en liberté. Il est debout, vu de profil et mangeant une plante. Derrière l'animal, un arbre à moitié sec et dont une seule branche, à droite, porte des feuilles. Dans le tronc creux on voit trois fourmis. Terrain rocailleux, arrosé d'eau et dont les plantes sont traitées comme dans la feuille précédente. Belle pièce au maillet. H. 6 p. L. 4 p. 3 l. Coll. Wellesley à Oxford. Paris.

17. La biche couchée. Elle étend le sabot gauche. Sur la branche d'un arbrisseau, deux oiseaux effrayés à la vue d'un serpent qui s'avance vers eux. Fond de paysage avec la mer qui forme la ligne très-élevée de l'horizon où l'on voit deux vaisseaux à la voile et

deux petites îles. Sur le premier plan, à droite, deux grénouilles et dans les roseaux, à gauche, deux petits canards. Pièce traitée dans le style des deux précédentes. H. 6 p. 9 l. L. 5 p. 1 l.

D.C, D.P, DO.CAP., DNCVS.PATVS.

Domenico Campagnola.

(Bartsch XIII. 377.)

Cet artiste distingué, qui était en même temps peintre et graveur à Padoue, doit être, selon Lanzi, considéré comme le neveu de Giulio. On ne peut préciser au juste la date de sa naissance, nous savons seulement qu'il a été un des premiers élèves du Titien et que ses talents, hors ligne, avaient même reveillé la jalousie de son maître. Dans ses tableaux il se montre grandiose dans la composition et ferme dans le dessin quoique son coloris soit, pour l'époque, un peu dur. Il se distingua surtout dans le paysage et l'anonimo de Morelli (p. 25) mentionne plusieurs pièces à la détrempe et à la plume qui se sont conservées jusqu'à nos jours et qui ont été gravées par Corneille, Massé, Pesne et Caylus. Dans ses gravures il se montre très-inégal; les unes sont conduites avec la plus grande finesse, tandis que d'autres sont exécutées d'une façon très-rude et cependant elles portent également ment la date de 1517. A tout évènement, si l'on en excepte deux pièces avec le millésime 1518, nous n'en connaissons point d'une date postérieure. Zani dit pourtant, dans ses Materiali, que l'on peut fixer l'activité de Domenico comme graveur, entre 1512 et 1518 et que c'est à cette dernière époque qu'il se montre dans toute sa force; mais il ne fait aucune mention de ses premières travaux. Quoiqu'il n'y ait pas lieu de douter que la plupart de ses gravures ne soient exécutées d'après ses propres compositions, cependant quelques-unes d'entre elles portent l'empreinte plus élevée du style de Giorgione et du Titien et nous serions porté à en attribuer à ces deux maîtres le dessin. Nous ne citerons, entre autres, que le Berger et le vieux soldat et les Douze enfants qui dansent.

On trouve encore des gravures sur bois et sur métal d'après des compositions de Domenico Campagnola ce qui a induit plusieurs à croire qu'il s'est également exercé dans ces branches de l'art. Mais cette opinion est très-invraisemblable même là où il s'agit de pièces en ce genre signées de son nom. Nous savons d'ailleurs que les trois gravures d'après ses dessins représentant la m a r c h e et l'a d o r a t i o n des r o i s M a g e s avec le M a s s a c r e d e s I n n o c e n t s portent la marque de Luc Antonio di Giunta, graveur sur métal et imprimeur à Venise, comme nous l'avons déjà dit dans l'article qui le concerne.

Observations au Catalogue de Bartsch.

1. Le C h r i s t g u é r i s s a n t le p a r a l y t i q u e. Les premières épreuves ne portent point la date de 1517.

2. La R é s u r r e c t i o n. On en trouve des épreuves récentes que l'on reconnaît à la qualité du papier.

3. La D e s c e n t e d u St. E s p r i t. Les épreuves plus récentes ont la date de 1518 au-dessous de la signature $\overline{CAP}$. Pièce ovale. H. 7 p. L. 6 p. 5 l. On trouve des épreuves de la planche remaniée.

Zani, dans son Encyclopédie, décrit le même sujet, mais avec les douze apôtres et St. Jean au milieu, sans la Vierge; la signature DO. CAP. 1518, s'y trouve également. Pièce ronde de 6 p. 11 l. de diamètre. Comme Zani ne fait aucune mention de la pièce décrite par Bartsch et par nous, il y a lieu de croire à une erreur qui lui aurait fait prendre la gravure ovale pour une pièce ronde.

4. L'A s s o m p t i o n. La composition de cette pièce rappelle celle d'un tableau d'autel de Nicolo Giolfino dans l'église de St. Anastase à Vérone; mais comme ce tableau porte la date de 1518, tandis que la gravure a celle de 1517, on pourrait croire qu'elle a été exécutée d'après une esquisse du Giolfino.

5. La V i e r g e e n t o u r é e d e S a i n t s. Cette belle pièce a beaucoup de la manière du maître au Caducée, Jacques de Barbari.

8. Le b e r g e r et le v i e u x g u e r r i e r. La composition simple et grandiose de cette pièce rappelle la manière du Giorgione. Il y a d'assez bonnes épreuves récentes de cette pièce.

9. Les b e r g e r s m u s i c i e n s. Belle composition dans le style du Giorgione et assurement de lui; le paysage est traité avec une égale beauté. Les premières épreuves de la copie en contre-partie mentionnée par Bartsch ont été tirées sur la planche non terminée quand

les figures dans le paysage manquaient encore. On trouve une épreuve très-fraiche de ce genre dans le Cabinet de Paris et que l'on attribue à Giulio Campagnola, mais dont l'exécution est trop médiocre pour lui appartenir.

10. La Bataille. On en trouve des épreuves récentes sur papier fort. Cette pièce, par suite d'un erreur typographique, porte chez Bartsch le No. 19.

Additions au Catalogue de Bartsch.

11. St. Pierre rénie son maître. Il est debout, au milieu, entouré de plusieurs soldats dont il prend par le bras celui qui se lève d'une table, à gauche. Une grande salle forme le fond. Sur le premier plan on voit, sur le couvercle d'une citerne, la signature DO. CAMP. 1517. H. 4 p. 6 l. L. 3 p. 7 l.

12. St. Pierre guérit un estropié. Le Saint est debout à l'entrée du temple et bénit de la main droite le perclus qu'il fait lever de la main gauche. Six autres personnages l'entourent. Sur la bordure à enroulements on lit: 1517. DO. CAMP. H. 4 p. 11 l. L. 3 p. 7 l. Musée brit.

Cette pièce forme pendant avec celle décrite par Bartsch (No. 1). Zani Encycl. II. p. 168, cite le même sujet comme une pièce ronde de 6 p. 10 l. de diamètre, mais nous croyons qu'il y a ici erreur, et que les deux pièces sont les mêmes.

13. L'homme de douleurs. On voit le Christ, jusqu'aux genoux, dans un sarcophage, la tête penchée sur l'épaule droite et soutenu par un petit Ange par derrière et au-dessous des bras et un autre, à droite. De chaque côté se trouve un petit Ange. Au bas, à gauche, une petite feuille avec la signature DO. CAMP. 1517, sur fond noir, en trois lignes. H. 3 p. 7 l. L. 4 p. 9 l. Berlin.

Dans le Cat. Malaspina, II. 47, cette pièce porte la date de 1518.

14. St. Jérôme. Il est assis, nu, à l'entrée d'une cabane ayant à ses pieds le lion. En haut, à gauche, sur une poutre, la signature DOMINICVS CAMP et, au-dessus, le millésime 1517. H. 4 p. 10 l. L. 3 p. 10 l. Ottley, p. 771. No. 11.

15. Le berger et le Satyre. Dans un paysage, à droite, un

pasteur debout, et regardant en l'air est appuyé sur une massue.
Vers lui s'avance, vu de dos, un Satyre tenant un trident de la main
gauche et lui offrant de la droite un vêtement. Au premier plan dans
les coins, deux vieux pasteurs, dont l'un tient une cornemuse, regardent
agenouillés. A côté deux, un chien couché. Cette pièce est probablement de la jeunesse du maître, car elle est exécutée avec moins de
finesse que ses gravures avec la date de 1517. H. 6 p. 2 l. L. 6 p.
7 l. Berlin.

16. Douze enfants dansants. Des jeunes garçons et des
petites filles se tiennent par la main, dans des attitudes très-mouve-
mentées. Sur le devant, à gauche, on voit un petit garçon de profil,
puis une petite fille avec son compagnon qui lève le bras gauche. Sur
le même côté un autre enfant joue du tambourin. Sur un carré de
papier, au milieu du bas, la signature DOMINICVȘ CĀPAGNOLA
1517. H. 3 p. 6 l. L. 5 p.

Cette petite pièce est d'une telle beauté, d'une telle grâce dans
la composition et le dessin à formes arrondies, qu'on n'en saurait attribuer l'invention à personne autre qu'au Titien. On en trouve
des exemplaires imprimés en rouge dans la Bibl. imp. de Vienne et
dans la Coll. du Dr. Wellesley à Oxford, comme une épreuve d'un
gris verdâtre dans la Coll. de Francfort s/M. (Cat. Malaspina, p. 48.)

Appendice.

Dans le Catalogue Malaspina on attribue aussi à Domenico Campagnola les gravures suivantes dont l'authenticité reste encore à établir.

17. Moïse tire l'eau du rocher. Il est debout, à droite, et
tient une baguette dirigée vers un terrain pierreux. Sur le devant,
à gauche, sont agenouillées deux femmes vues presque de dos et dont
celle de gauche donne à boire à un enfant, tandis que celle de droite
puise de l'eau dans un vase. Dans le fond, deux vieillards. Au bas,
une tablette avec les initiales R G. Pièce ronde de 5 p. 4 l. de diamètre. Coll. du roi de Saxe à Dresde.

Duchesne, dans son voyage d'un Iconophile, p. 328, décrit cette
pièce et a cru y voir la signature D. C. Mais on y trouve en réalité
les initiales R. G. et le style de cette gravure est celui de la moitié
du XVI. Siècle.

18. **L'Adoration des bergers.** A gauche, la Vierge agenouillée adore l'enfant Jésus couché sur la paille. Pièce non signée,
en ovale. H. 5 p. 10 l. L. 4 p. 8 l. (Cat. Malaspina, p. 47.)

19. **Adoration des Mages.** La Vierge, assise, tient l'enfant
sur les génoux. Pièce non signée, également ovale et de même dimension que la précédente. (Cat. Malaspina, p. 47.)

20. **La Flagellation.** Le Christ est attaché à une colonne;
grande et belle composition, non signée. H. 15 p. 3 l. L. 19 p.
(Catalogue Malaspina, p. 47.)

21. **St. Jérôme.** Il est assis sur une butte, au premier plan,
et lit dans un livre. Dans le paysage, à gauche, on voit debout sous
un arbre, un pâtre barbu; plus loin, à droite, accourt le lion du Saint; tout
à fait à gauche, un moulin à eau. Dans le lointain, la mer avec une
église sur une île. Pièce non signée, exécutée avec finesse dans la
première manière du maître sous l'influence de Jean Bellin. H. 4 p.
10 l. L. 4 p. 4 l. Francfort s/M.

Cette pièce est, dans le Catalogue Evans attribuée à Benedetto
Montagna; cependant il est plus vraisemblable qu'elle appartienne à
Girolamo Mocetto.

22. **L'Amour endormi** sur un rinceau de fruits tenu par
deux têtes de lion dans les coins du haut. Pièce non signée. H. 2 p.
11 l. L. 3 p. 9 l. Coll. Wellesley à Oxford.

23. **Paysage.** Vieux hameau dans un paysage montagneux.
Sur une pierre, les initiales D. C. Pièce à l'eau-forte. H. 9 p. 5 l.
L. 14 p. 5 l. (Coll. Malaspina, p. 48.)

24. **Autre paysage.** De chaque côté, au premier plan, deux
arbres ressemblant à des lauriers; au fond, un groupe d'édifices avec
un arc et une haute bâtisse carrée avec escalier extérieur. Pièce non
signée. H. 4 p. 8 l. L. 6 p. 4 l. Coll. Wellesley à Oxford. On en
trouve souvent des épreuves récentes.

Gravures sur métal et sur bois

4. **La marche et l'adoration des rois Mages et le Massacre des Innocents.** Ces trois compositions sur quatre feuilles
forment une seule gravure dont Bartsch ne connaissait qu'une partie,
la dernière, qu'il donne sous le No. 1. Zani les décrit toutes quatre
dans son Encyclopédie I. 5, p. 168.

a) **La Marche des rois Mages.** Ils sont à cheval et trois anges leur montrent la route à suivre. Sur le terrain, près d'un chien courant, un billet avec la signature : DOMINI^{CVS} CAMPAGNOLA sur trois lignes. H. 15 p. L. 10 p. 4 l.

b) **L'Adoration des Mages** en deux feuilles; sur la plus petite on voit le troisième roi, à cheval, de profil à gauche. Au-dessus d'un arbre, trois anges et sur un billet, près d'un chien courant, la signature DOMINI^{CVS} CAMPAGNOLA sur deux lignes. Sur la seconde feuille, les trois rois sont debout devant l'enfant Jésus et le plus vieux, à tête chauve, s'appuie sur un de sa suite pour faire son offrande à l'enfant. La Vierge et St. Joseph sont assis. Un pasteur joue de la flûte et des anges font de la musique dans les airs tandis qu'à gauche un enfant menace le chien que nous avons décrit plus haut. Sur une

pierre, au coin, la marque du graveur ⟨A⟩ ✳ (Luc Antonio di Giunta).

Cette riche composition contient 22 figures. H. 15 p. L. 30 p. 6 l. (les deux feuilles).

c) **Le Massacre des Innocents.** Dans le fond, à gauche, Hérode assis donne l'ordre du massacre que l'on voit exécuté sur le premier plan. Près d'un enfant mort, sur le terrain, on lit: DOMINICVS CAMPAGNOLA. M.D. XVII. et sur la marge du bas, l'adresse IN VENETIA IL VIECERI. Deux feuilles. H. 15 p. L. 39 p. Bartsch No. 1 donne à la plus grande H. 19 p. L. 29 p. 10 l.

5. **La prédication de St. Jean Baptiste.** Il est assis au milieu d'un grand paysage. A la droite du bas, les initiales D. C et la signature Nich°. B. V. T. (Nicolò Boldrini, Vicentino, tagliò). H. 14 p. 7 l. L. 20 p. 6 l. (Brulliot, Table p. 130.) Paris.

6. **Le Christ guérissant un malade.** Jésus est debout tourné vers ce dernier qui est assis, à gauche, sur une pierre; ils sont entourés par les disciples. Dans le fond, une vieille porte couronnée de feuillage. Sur le devant un billet, où sur trois lignes on lit: DO. CAP. 1517. Paris. Brulliot, Table p. 130, croit que ce sujet pourrait être celui de la Résurrection de Lazare. H. 8 p. 1 l. L. 5 p. 10 l.

7. **Le Christ montré au peuple.** Il a les mains liées et porte un roseau. Pilate qui tient un des pans du manteau, élève la main gauche pour parler au peuple qui n'est point visible dans l'estampe. Pièce signée, après ECCE HOMO, des initiales D. P. (Do-

menicus Patavinus). H. 10 p. 6 l. L. 7 p. 4 l. Zani, Enc. II. 7, p. 286.

8. **La Sainte famille et plusieurs Saints.** Au milieu, sous un groupe d'arbres, la Vierge assise tient l'enfant Jésus sur le genou gauche, à côté d'elle St. Joseph debout et St. Jean Baptiste agenouillé. Dans le fond, un vieillard (probablement St. Augustin) occupé avec un enfant. A la droite de la Vierge, St. Jérôme avec le lion et, dans le paysage, un château-fort sur un rocher. Sur le devant, à droite, un billet avec l'inscription: DOMENICVS CAMPAGNOLA M.D.XVII. H. 11 p. 10 l. L. 16 p. 8 l.

Brulliot (Table p. 129) décrit cette pièce comme une gravure sur bois qu'il croit exécutée par Nicolas Boldrini. Coll. du roi de Saxe à Dresde.

Appendice.

On attribue encore à notre maître les gravures sur bois suivantes.

9. **St. Jérôme,** priant dans le désert où l'on voit plusieurs lions au repos. Pièce non signée. H. 14 p. 11 l. L. 19 p. 11 l. Cat. Malaspina II. p. 48.

10. **Trois enfants avec un chien.** Ils sont près d'un piédestal et l'un d'eux assis regarde un chien qui ronge un os. Cette grande pièce est signée d'un D qui doit indiquer un autre graveur puisqu'il n'y a pas d'exemple que Campagnola ait signé ses pièces de la première lettre de son nom.

Le maître à la ratière, NA DAT, et TN.
(Bartsch XIII. 362.)

Zani explique la signature NA DAT par Natalis Datus ou Natale Dati sans nous donner à l'appui de son assertion des preuves qui nous manquent encore aujourd'hui. Dans les recherches que l'on pourra faire à cet égard il ne sera pas inutile d'observer que l'emblème adopté par lui est plutôt une souricière qu'une ratière et que l'on trouve les initiales TN ajoutées sur deux de ses gravures. Les édifices sur le bord de la mer dans la troisième pièce de son oeuvre, nous feraient croire qu'il a vécu à Venise. Sa manière rappelle jusqu'à un certain point le style néerlandais introduit à Venise par Antonello da Messina, tandis qu'ailleurs et surtout dans l'architecture de la gravure No. 1. (La Vierge et Ste. Anne) il montre davantage la manière italienne du commencement du XVI. Siècle, qui est d'ailleurs la période de son activité comme le prouve une ancienne inscription à la main sur le revers de la pièce conservée au Cab. de Vienne, marquée Rota di Ravenna 1512. C'est la bataille dans laquelle Gaston de Foix perdit la vie, tandis que Bartsch voit dans cette inscription un nom de graveur. Cette gravure, quoique l'on y ait ajouté plus tard la date de 1530, est assurement l'original qui a servi de modèle à la copie exécutée en 1518 par Agostino Veneziano, mais avec beaucoup moins de finesse dans la gravure et dans la taille.

Additions à Bartsch.

3. Deux enfants monstrueux attachés par le dos. Le garçon marche à quatre pattes portant sur son dos la fille dont les jambes sont à la tête et la tête vers les reins de son frère, tandis qu'elle étend bras et jambes. Sur les côtés, des arbres secs et un rocher. Dans le lointain, la mer avec deux vaisseaux. Sur une tablette suspendue à l'arbre de gauche on lit:

QVOS. DESIGNATOS. QVIDA. GEMESIS. QVARRIS. NEGOTIAS.
GENNA. P MIRACVLO. MISIT.

Au-dessus de l'arbre, la souricière avec l'inscription NA DAT sur un billet. Sur l'autre arbre vis à vis, on lit sur une seconde tablette:

DVO. GEMINI. I. TRAPEZOTHA. NATI. SOLDANODRATITI. SVNT.
DONO. HOS. EDVEARI. SOLDANVS. DILIGITER. RAEIT.

Au bas sur un cippe on trouve encore les initiales T. N. Belle pièce finement taillée. H. 3 p. 9 l. L. 5 p. 8 l. Musée britannique.

1515.

, F , M ,

(Bartsch XIII. 367.)

Nous n'avons aucun renseignement sur le maître qui a employé les initiales ci-dessus. A un excellent dessin, il a su joindre un effet pittoresque qui révèle en lui un artiste qui a suivi les données de l'école vénitienne sous Jean Bellin et le Titien. Nous ne connaissons de lui qu'une seule pièce qui se trouve néanmoins dans plusieurs Collections. C'est celle décrite par Bartsch sous le titre suivant.

Gravure sur cuivre.

1. La Nativité. Bartsch ne connaissait de cette pièce qu'un exemplaire fort rogné. La gravure, dans son entier, mesure: H. 13 p. 9 l. L. 10 p. 7 l. Bibl. impériale de Vienne et Musée britannique.

Graveurs de Milan.

Donato Bramante d'Urbino,
né en 1444, mort en 1514.

Cet architecte distingué était en même temps peintre et il a gravé à Milan une grande pièce très-remarquable et dont Zani nous a le premier donné une courte description dans ses mémoires. Les écrivains plus anciens ne connaissaient point cette gravure et ignoraient complétement que Bramante eut cherché à s'exercer dans cette branche de l'art, cependant on ne saurait expliquer l'inscription dont cette gravure est revêtue:

BRAMANTVS. FECIT IN MŁO. M...

autrement qu'en admettant qu'il l'ait exécutée lui-même. Non seulement la composition et le dessin de cette pièce ont quelque chose de particulier, mais la taille même révèle la main d'un grand maître. La manière ressemble jusqu'à un certain degré à celle d'André Mantègne, ce qui a porté Duchesne à croire que cette gravure pourrait être de ce dernier maître. Nous ne pouvons adopter cette manière de voir, d'abord parcequ'il est très-improbable qu'un aussi grand maître que le Mantègne eût consenti à graver d'après les compositions d'un autre, ensuite parcequ'on trouve des différences essentielles entre le style de cette pièce et le sien. Comme le Bramante avant de se fixer à Milan avait parcouri les différentes villes de la Lombardie [1]), on ne

---

1) C'est Vasari qui nous le dit, sans néanmoins faire mention d'aucun de ses travaux dans les différentes villes de la Lombardie; mais l'anonyme de Morelli mentionne à p. 47 qu'il peignit sur la façade du palais du Podestà à Bergame et

peut douter qu'il n'ait connu Mantègne et que voyant ses gravures il
n'ait cherché à l'imiter dans cette branche de l'art en s'appropriant
autant qu'il était en lui la manière du maître de Padoue.

On attribue encore au Bramante deux autres gravures, l'une représentant des édifices avec l'inscription BRAMANTI ARCHITECTI OPVS
et l'autre représentant le sacre de David où l'on a introduit le petit
temple rond du Bramante dans le cloître de San Pietro in Montorio
de Rome, mais il sont toutes deux d'une taille trop peu spirituelle
pour souffrir la comparaison avec la pièce que nous allons décrire:

1. Edifice somptueux avec plusieurs figures. C'est la
vue intérieure d'une riche construction dans le style ancien de l'architecture romaine et dont une partie, à droite, est en ruines. A gauche,
sur le devant d'une niche et sur un support en manière de candélabre,
on voit une croix et sur la base de cet ornement l'inscription.

> BRAMANTV
> S. FECIT
> IN. MLO
> M..

L'abbréviation MLO doit se lire Mediolano; quant à la date, le reste
du millésime après M se trouve effacé dans l'exemplaire du Musée britannique; à tout évènement, la gravure doit avoir été exécutée avant
1500, puisqu'en 1499 Bramante avait quitté Milan pour Rome où on
lui avait confié les travaux de l'église de St. Pierre. Peut-être fau-
drait-il lire MXD. Dans la niche se trouve une statue presqu'entièrement cachée par le candélabre et dont on ne peut deviner le sujet et,
devant, on voit trois hommes en conversation, tandis que d'autres sont
occupés à lire. A gauche, un religieux s'entretient avec un jeune
homme et plus loin, vers le milieu de l'estampe, un homme barbu,
vu de dos, est agenouillé devant le crucifix. A gauche, on voit plusieurs cavaliers et gens de pied et parmi ceux-ci, auprès d'un pilastre
à moitié brisé, deux jeunes lansquenets à taille très-svelte, dont l'un,
vu de face, s'appuie au pilastre et l'autre, vu de dos, tient une lance.
La partie supérieure de l'édifice et les caissons des voûtes sont richement ornés; dans une lunette, entre deux Centaures, se voit une
niche circulaire avec un buste colossal et dans les coins, au-dessus

---

dans une des salles de cet édifice des Philosophes, clair obscur en vert vers
l'an 1486 et selon Lomazzo (Tempio della Pittura, Milan 1590) ces philosophes
seraient Pietro Suola il Vecchio, Giorgio Moro da Ficino et Beltramo et sur les
portes les anciens philosophes Héraclite et Démocrite.

de la voussure des arcs, se trouvent deux médaillons en demi-relief.
La frise représente un sacrifice en ronde bosse. La partie ruinée de
l'édifice est également riche d'ornements. Comme la plupart des figures
ont le regard dirigé à droite où rien dans l'estampe ne peut fixer leur
attention, on serait tenté de croire que la gravure que nous avons
sous les yeux n'est qu'une partie ou même la moitié d'une grande
composition dont le reste, s'il se retrouvait, pourrait nous donner la
signification de l'ensemble. H. 25 p. 10 l. L. 18 p. 9 l. Musée
britannique où l'exemplaire est d'un ton brun-clair. Cabinet Perego
de Milan. Coll. Wellesley à Oxford.

On trouve cette composition reproduite au contour dans la „Storia
della pittura italiana" de Rosini, mais sans indication d'année.
(Planche C V.)

Appendice.

2. **Divers beaux édifices formant une rue.** On lit,
au-dessus:

BRAMANTI AR
CHITECTI
OPVS

A gauche, une maison dont la partie inférieure représente un couloir
voûté soutenu par des pilastres. L'étage supérieur, assez bas, a neuf
fenêtres; vis à vis, à droite, l'étage supérieur d'une maison reposant
sur deux rangées de colonnes. Dans le fond de la rue ou de la cour,
un arc de triomphe avec la figure de l'Abondance. Dans le lointain
on voit le portique d'une église surmontée d'une coupole. Au-dessus
de l'arc de triomphe s'élève, à droite, une autre coupole; à gauche,
une tour. H. 10 p. L. 13 p. 11 l. Musée brit.

Cette pièce a été certainement exécutée d'après un dessin du
Bramante, mais elle n'a pas été gravée par lui d'autant plus que la
taille s'éloigne beaucoup de l'ancienne manière italienne.

3. **Nathan bénit David.** Le prophète est à droite et bénit
le Saint roi qui s'apprête à combattre les Philistins. Celui-ci, entièrement armé, met un genou en terre et pose la main gauche sur sa
poitrine en tenant de la droite une courte épée. Sur le devant on
voit une pierre en forme de bouclier, destinée sans doute à recevoir
l'inscription qui manque; dans le fond, à gauche, un petit temple rond,

semblable à celui bâti par le Bramante à St. Pietro in Montorio de
Rome et dans le lointain, une troupe de cavaliers. Dans cette pièce
: qui mesure H. 9 p. 4 l. L. 7 p. 3 l. le dessin des figures s'éloigne
beaucoup de celui qu'on admire dans la pièce No. 1, et celle-ci n'a
rien de commun avec le Bramante que l'architecture du petit temple
rond. La taille maladroite et presque rude paraît appartenir à la
moitié du XVI. Siècle et Heinecken dans son Dict. I. p. 392, l'attribue
à un élève de Marc Antoine en donnant la composition à André del
Sarto, ce que nous ne pouvons admettre. Zani croit au contraire
(Encycl. II. 3 p. 319) que l'invention est du Bramante quoique l'exécution en soit trop médiocre pour lui être attribuée.

On trouve des épreuves postérieures de la planche retouchée
avec l'adresse: Ant. Sal. excud.

Léonard de Vinci,
né en 1452, mort en 1519.

Ce peintre célèbre qui possédait un génie presque universel s'était
rendu déjà, en 1483, de Florence à Milan où il développa une grande
activité en y fondant une école nombreuse. Nous ne pouvons ici
donner même un court resumé d'une vie si glorieusement remplie,
mais nous nous bornerons à rechercher s'il a lui-même gravé sur
cuivre ou s'il a fourni des dessins pour la gravure sur bois ou sur
métal.

Aucun des biographes anciens ne fait mention que Léonard se
soit exercé à graver sur le cuivre comme on a prétendu le prouver
récemment; s'il a fait quelques expériences en ce genre nous devons
croire que le résultat en a été fort peu important, et qu'il n'y a
attaché lui-même aucun poids puisque l'on en a ignoré si longtemps
l'existence. A ces essais on doit rapporter les travaux qui lui sont
attribués par Ottley et Vallardi et l'on peut même admettre qu'ils révèlent jusqu'à un certain point la manière de notre grand maître, quoiqu'avec un peu d'hésitation dans la taille.

Que Léonard ait fait le dessin de certains „entrelacements" qui
ont été gravés sur cuivre, Vasari[1]) nous en est garant, mais il ne

---

1) Oltre che perse tempo fine a disegnare gruppi di corde fatti
con ordine, e che da un capo seguissi tutto il resto fino all altro,

s'ensuit pas qu'il les ait gravés lui-même et nous pencherions à croire que l'on en doit l'exécution à Albert Durer et qu'ils ont été utilisés par les élèves de Léonard comme nous le verrons plus bas.

Nous avons déjà fait observer, dans la partie historique de cet ouvrage, que l'assertion de Fra Luca Paciolo, dans sa Divina proportione, ne doit pas être prise au pied de la lettre et que Léonard a seulement fourni pour cet ouvrage le dessin de quelques figures géo_ métriques fort compliquées. Il n'y a pas, d'ailleurs, la moindre preuve (et nous croyons qu'il sera même fort difficile d'en trouver) qu'il ait gravé sur bois ou sur métal ou fourni des dessins pour ce genre de travail. Par contre, on sait que sa fameuse Cène a été gravée par plusieurs maîtres contemporains et, dans le Catalogue que nous allons donner de quelques oeuvres du maître, nous ajouterons ces gravures ainsi que les divers panneaux avec enlacements ou lacs dont on lui attribue l'invention.

Gravures sur cuivre.

1. **Portrait d'une jeune femme.** Buste sans mains de profil à gauche. De riches tresses ornent son cou en retombant sur les épaules et une boucle de cheveux se joue sur sa poitrine. Son vêtement est à plis crevés. Le galbe du profil est bien celui des belles têtes de femme de Léonard et la chevelure, selon sa coutume, est traitée avec beaucoup de soin. Dans l'exécution, la finesse des tailles s'accorde beaucoup avec la manière bien connue du maître. Impression d'un beau noir. H. 3 p. 11 l. L. 2 p. 10 l. Musée britannique.

Cet exemplaire unique provient de la Coll. Stosch de Milan et on en trouve un fac-simile dans le Catalogue Wilson, Londres 1828.

2. **Tête d'homme,** dans un petit médaillon, avec les lettres ACHA, à gauche, et, à droite, LI—VI ces dernières voulant dire Leonardi Vinci. L'exécution de cette pièce est en tout semblable à celle de la gravure précédente. L'estampe que nous décrivons se trouve parmi celles de la Collection de Marolles dans le Cabinet de Paris.

---

tanto che s'empiessi un tondo; che si vede in istampa uno difficilissimo e molto bello, e nel mezzo vi sono queste parole: „Leonardus Vinci Accademia". (Vasari Ed. Le Monnier.)

3. **Quatre petites esquisses pour une statue équestre.** Celle-ci est toujours sans le piédestal et représente un cavalier en selle avec un bâton de commandement. Deux fois la figure du cheval est soutenue par celle d'un soldat renversé qui cherche à se sauver. L'estampe est divisée en trois compartiments.

Il n'y a point de doute qu'il ne s'agisse ici d'esquisses pour la statue équestre de Ludovico Sforza que Léonard modela en terre, dans des proportions colossales, et qui ne fut point coulée en bronze à raison de la mort de ce prince en 1499. Ce modèle fut ensuite détruit par les troupes françaises qui s'emparèrent de Milan.

L'exemplaire unique de cette pièce se trouvait en possession du négociant Vallardi à Milan et on en trouve un fac-simile dans l'ouvrage de Gerli: **Disegni di Leonardo da Vinci, Milano 1830. pl. 5.**

Appendice.

4 — 7. **La Cène,** d'après la peinture à fresque de Léonard dans le réfectoire du couvent de Sta. Maria delle Grazie, à Milan.

Bartsch mentionne dans son catalogue des anonymes, Vol. XIII., trois anciennes gravures de ce sujet en commençant par la plus médiocre pour finir par la meilleure des trois. Zani, dans son Encyclopédie en décrit 5, mais ajoute que le No. 1 et 2 ne sont que des épreuves d'une même planche de manière que le nombre s'en trouve réduit à 4. Nous faisons suivre quelques observations à propos des pièces citées par Bartsch.

— 4. Bartsch XIII. 83. No. 28. H. 8 p. 4 l. L. 16 p. 5 l. Zani Encycl. II. 7. pp. 121 — 123. No. 1. H. 8 p. 3 l. L. 16 p. 6 l. No. II. H. 8 p. 4 l. L. 16 p. 8 l. Ces petites différences dans les dimensions n'étonneront point ceux qui, dans la pratique, savent combien il est difficile de préciser avec rigueur la mesure des estampes. Cette pièce est d'ailleurs la meilleure de toutes celles dont nous nous occupons et l'exécution rappelle dans une certaine mesure celle du Mantègne, quoiqu'on y trouve souvent des tailles croisées.

— 5. Bartsch No. 27. Zani No. IV. Dans le fond on voit par l'ouverture de trois arcs, à gauche, le Calvaire; à droite, le mont des Oliviers. Le chiffre NE se trouve dans la seconde ligne de l'inscription au-dessous de la seconde syllabe du mot DICO. H. 8 p. 4 l. L.

16 p. 5 l. La taille un peu raide de cette pièce diffère beaucoup de celle de la gravure précédente. Musée brit. Coll. Albertine. Dresde. — 6. Bartsch No. 26. H. 8 p. 10 l. L. 14 p. 10 l. Zani No. III. H. 10 p. 10 l. L. 16 p. 7 l. La différence dans les dimensions données par les deux écrivains peut venir de ce que la bordure en arabesque manquait, en partie, dans l'exemplaire de Bartsch. Cette bordure contient huit médaillons avec bustes; en haut, ceux de St. Jean Baptiste entre St. Etienne, à gauche, St. François, à droite. Aux côtés Ste. Marie Madeleine et un Saint tenant un aspersoir. Au bas, St. Pierre le Martyr, un saint évêque tenant un martinet et St. Antoine de Padoue. L'exécution de cette pièce est rude, la taille en est sèche et l'ensemble n'a point de sentiment artistique. H. 10 p. 9 l. L. 16 p. 9 l. Musée britannique. Paris. Coll. Albertine à Vienne.

— 7. Zani No. V. H. 6 p. 8 $^1/_2$ l. L. 9 p. 3 $^1/_2$ l. Les caractères de l'inscription sont fort beaux. On n'y trouve point le chien comme dans les autres pièces, le fond ne montre ni fenêtres ni portes et la voûte est sans ornements. Cab. Bianconi à Milan provenant de la Coll. du Comte Paar.

Nous avons, en outre, eu sous les yeux une autre gravure de la Cène, de mêmes dimensions que la précédente mais avec des différences qui nous portent à croire qu'elle a été tirée d'une autre planche; nous en faisons suivre, par conséquent, la description.

8. La Cène. Cette gravure d'un ancien maître est d'une taille très-maigre et sans aucun sentiment artistique. Les différences avec le No. 7 consistent en ce qu'il s'y trouve, dans le fond, trois portes à travers lesquelles on voit un paysage représentant une colline à gauche, avec trois édifices et une montagne à droite, avec deux arbres. Le plafond à caissons est orné de rosaces. H. 6 p. 7 l. L. 9 p. 3 l. R. Weigel. Cat. de la Collection Meyer.

9. Panneaux ou disques avec enlacements ou dédaes. Nous avons déjà observé que Vasari a mentionné que Léonard avait fait des dessins d'enchevêtrements de cordes et qui avaient été gravés sur cuivre avec l'indication de son Académie. Il n'en donne pas le nombre et nous n'en connaissons que trois espèces qui correspondent aux Nos 142, 143 et 144 des huit pièces analogues de Durer, mais de plus petit format, plus irrégulières de dessin et dont les quatre coins ont des enlacements sans bordure de feuillage. Il est difficile de décider si Léonard de Vinci a été l'inventeur de ces espèces d'enlacements ou bien Albert Durer, puisque Vasari semble ne

les connaître que par la gravure et en prend occasion pour reprocher
à l'artiste florentin de perdre son temps à-de semblables bagatelles.
D'ailleurs ce genre d'ornement n'a jamais été particulier à l'Italie, tandis que l'usage s'en est maintenu en Allemagne jusqu'à nos jours pour
garnir les vêtements et les casquettes; il est donc vraisemblable que
Durer a été porté le premier à en donner des modèles et ses gravures sur bois à cet effet sont mieux entendues, plus précises et de
dimensions plus grandes que celles des gravures italiennes sur cuivre.
On peut ajouter à ces considérations que les enjolivures en question
avaient en Allemagne leur application dans la vie usuelle, tandis qu'en
Lombardie on ne paraît s'en être servi que pour encadrements et,
dans le cas actuel, autour de l'indication Academia Leonardi Vin.
Les impressions de ces gravures sont toujours d'une encre pâle et
nous n'avons trouvé l'impression de la planche entière que pour l'une
d'elles qui mesure H. 10 p. 9 l. L. 7 p. 9 l., espace qui n'est pas
rempli cependant par le disque avec les enlacements. Nous faisons
suivre la description de ces trois pièces.

a) Au milieu on trouve une espèce d'écusson arrondi ayant autour
l'inscription ACADEMIA LEONARDI, et au milieu VI. CI. Le dessin
de l'enlacement correspond à la planche No. 142 de Durer. On en
trouve un exemplaire complet à Wolfegg. II. 10 p. 9 l. L. 7 p. 9 l.
(R. Weigel, K.-C. No. 21310ᵃ).

b) Les enlacements forment six ronds dont celui du milieu porte
l'inscription :

ACA—DE—MIA
VĪCI
LEO—NAR—DI.

(A. Durer No. 143.) H. 10 p. 10 l. L. 7 p. 9 l. Paris. (R. Weigel
No. 21310ᵇ).

c) Le milieu est une tablette chantournée à huit pointes formant
une espèce de bouclier d'Amazone et entourée de six enlacements
ronds avec l'inscription ACADEMIA LEONARDI VIN. (A. Durer No.
144.) H. 11 p. 1 l. L. 7 p. 10 l. Paris. (R. Weigel No. 21310ᶜ).

10. Trois têtes de chevaux. Dans notre catalogue de
l'oeuvre d'André del Verrocchio, nous avons déjà décrit cette pièce
qui, pour de raisons très-plausibles, est attribuée à ce maître, mais
nous avons fait observer en même temps qu'Ottley la considère comme
une gravure originale de Léonard et il faut avouer que l'exécution
correspond parfaitement à sa manière. Mais Bartsch se trompe assu-

rement quand il attribue cette estampe à Giovan Antonio da Brescia,
sous le No. 24 de l'oeuvre de ce graveur, puisque ce maître était trop
faible dans le dessin pour avoir pu fournir un pareil travail. H. 4 p.
4 l. L. 6 p. 11 l. Musée brit. (Epreuve d'un noir pâle.) Bâle.
Paris.

Nous ne connaissons de ce maître qu'une seule pièce d'après une
composition de Léonard de Vinci ayant rapport à la situation politique de
l'Italie à cette époque, composition imitée entre autres par Luc A. di
Giunta.

1.   Combat d'animaux fantastiques.   Un dragon tient
sous lui un autre animal qu'il mord à la tête.   Au-dessous d'eux un
ours; dans le coin, à droite, une tête de sanglier; à gauche, une tête
de loup.   Le monogramme ci-dessus en petit se trouve dans la marge
du haut.   Pièce ronde de 4 p. 6 l. de diamètre.   (Brulliot, Dict. I.
No. 2400.)

D.

Gravures sur cuivre de Maîtres anonymes de l'école Lombardo-Vénitienne.

87. L'Adoration des bergers. Devant un palais ruiné, la Vierge entourée d'Anges est agenouillée en adoration devant l'enfant Jésus qu'un quatrième Ange tient sur les deux bras. A droite, trois pasteurs dont l'un porte un agneau sur les épaules. Au milieu est agenouillé un autre pasteur à côté de St. Joseph qui donne des marques d'étonnement. Dans le lointain, une maison avec trois figures, un pourceau et un chien. Zani Encycl. II. 4. 368, dit que les plantes et le terrain sont traités dans l'ancienne manière italienne de Venise. H. 9 p. 9 l. L. 6 p. 4 l. Paris.

88. La Vierge. Elle tient le pied droit de l'enfant Jésus assis sur son genou gauche et qui montre du doigt dans un livre. Le trône où elle est assise est cintré; l'ornement du milieu est un coquillage, tandis que de chaque côté deux anges font de la musique. Quatre demi-figures d'anges dans des nuages entourent le trône. Belle pièce dont le dessin ressemble à celui du Vivarini. L'impression d'un beau noir n'est point entièrement réussie dans l'exemplaire du Musée britannique. H. 7 p. 2 l. L. 5 p. 7 l.

89. La Vierge à l'Ex-voto. Deux Anges tiennent une petite maison au-dessus de la figure de la Vierge avec l'enfant Jésus, entourée de rayons. Au-dessous de la petite maison ou chapelle, un évêque debout et un chevalier agenouillé. Dans le lointain la mer et dans le fond, à droite, des arbres; à gauche, une ville sur une montagne.

Pièce ronde de 3 p. 4 l. de diamètre. Impression d'une encre pâle, vers le commencement du XVI. Siècle. Paris.

90. St. George. Il est vu de face, la tête tournée à gauche. De la main droite il tient une bannière et lève la main gauche. Derrière lui, le dragon mort dont il a coupé la tête. Dans le fond, à gauche, la princesse agenouillée, le corps tourné vers la gauche, mais la tête à droite, vers son libérateur; à droite, près d'un arc ruiné, l'écuyer du Saint avec le cheval vu par la croupe. Dans le lointain, un paysage avec une maison. Bonne pièce dans la manière du Mocetto. H. 7 p. 9 l. L. 6 p. 6 l. Bibl. de Bruxelles.

91. St. Sébastien. Il est attaché par le milieu du corps à une colonne et percé de 22 flèches. De la gauche, un petit ange vole vers le Saint tandis que l'un des bourreaux serre la corde qui l'attache et que son compagnon, assis à gauche et tenant un arc et deux flèches, regarde en arrière. La base octogone de la colonne pose sur des boules et porte l'inscription: S. SEBASTIANVS. Une bordure ombrée, à gauche, et composée de deux traits entoure l'estampe dont le dessin et l'exécution rappelle ceux des cartes de 1070 depuis la fondation de Venise et semble appartenir au maître qui a gravé ces dernières. H. 7 p. 8 l. L. 4 p. 8 l. Bibl. de Vienne.

92. St. Nicolas, patron des marins. Sur une mer en tourmente, un gros vaisseau est poussé sur des rochers par des têtes symboliques de Vents. Déjà les matelots jettent les marchandises pardessus le bord mais S. Nicholo paraît, à droite, et Satan abandonne, à gauche, les agrès du navire. Pièce traitée dans le style vénitien. (B. XIII. 424. No. 61.) H. 8 p. 3 l. L. 6 p. 2 l. Coll. Albertine.

93. St. Bénoit. Il est debout au milieu de l'estampe tenant de la main droite la crosse d'abbé et de la gauche un livre dans lequel on lit:

Asculta fili mi precepta magister.

De chaque côté du haut, les demi-figures de St. Maure et Placide, et au bas, à côté de Ste. Scholastique se trouvent des petites figures d'hommes et de femmes agenouillées. H. 5 p. 3 l. L. 3 p. 3 l. Bamberg.

94ª. St. Ange de Jérusalem. Il est agenouillé les mains jointes, un cimeterre enfoncé dans le crâne et l'épaule droite percée d'un poignard, le corps tourné vers la droite. On lit sur une banderole:

Domine paratus sum. sed terram tuo precioso sanguine etc.

A la droite du haut, la demi-figure du Christ entourée de chérubins et donnant sa bénédiction. Sur une autre banderole l'inscription:

Angelo .... sperabis.

Dans le paysage quatre arbres et au bas la légende:

Angelus de Jérusalem Carmelita martir et virgo. extirpe david sancte fidei orator assiduus. ora pro nobis deum amen.

H. 5 p. 5 l. L. 3 p. 11 l.

Cette pièce ainsi que la précédente sont du même maître; elles n'offrent que de simples contours avec quelques tailles d'ombre croisées. Elles se trouvent collées à l'intérieur de la couverture d'un livre conservé dans la bibl. de Bamberg sous le titre:

Psalterium Davidis, cum expositione Gabriellis Brebia. — Impressum Mediolani nonis quintilibus MCCCCLXXVII. etc. De Murr (Beiträge, p. 28) donne des reproductions de ces deux gravures mais si mal exécutées qu'elles ne donnent point la moindre idée de l'original.

94ᵇ. St François et St. Antoine de Padoue. Ils sont agenouillés devant un buisson de roses. Le premier lève les mains et reçoit les stigmates d'un Christ avec ailes de séraphin, dans un médaillon. Le second tient une tige de lys et dirige les regards vers un autre médaillon avec la Vierge et l'enfant Jésus entourés de quatre têtes de chérubins. Entre les deux figures, l'église de St. Antoine à Padoue. Pièce qui semble exécutée par un orfévre au commencement du XVI. Siècle. H. 7 p. 9 l. L. 5 p. 4 l. Berlin.

95ᵃ. St. Antoine de Padoue. Il sort d'un portique cintré et contemple l'enfant Jésus assis sur un livre qu'il porte du bras droit, tandis que de la main gauche il tient une tige de lys. En haut, au-dessus de la corniche, un ange porte une tablette avec l'inscription:

ANTONIVS DE PADOVA.

Cette pièce paraît être du commencement du XVI. Siècle. H. 8 p. 5 l. L. 6 p. Paris.

95ᵇ. St. Bernardin de Sienne. Il est debout, sous un arc dans le style orné de la Renaissance et montre de la droite le livre qu'il tient de la gauche et dans lequel on lit l'inscription:

Pater manifestavi nomen tuum hominibus.

Sur le mur, le monogramme du Christ | �𝔥 S et, au premier plan, deux anges avec des cornes d'abondance. Sur un mur, à hauteur d'appui, on voit trois mitres et un vase de fleurs.

La tête, qui ressemble à un portrait, est très-bien dessinée et l'exécution est dans le style du Mantègne, mais avec plus de goût dans les draperies et une meilleure entente de la taille. Cette pièce semblerait donc appartenir à un de ses élèves. L'impression est très-bien réussie. Musée brit. (Voyez Archives de Naumann II. p. 245.)

96ᵃ. Le jeune Bacchus. La main gauche sur la tête, comme dans les sculptures anciennes, il pose la droite sur l'épaule d'un' égipan monstrueux. A gauche, un Satyre joue de la double flûte et souffle en même temps dans une corne. Aux pieds du dieu un chien qui mord un serpent. Près de l'égipan une Cista mystica d'où s'élèvent deux serpents et sur un arbre le chalumeau du dieu Pan. A part les détails du nu, un peu durs, l'exécution ressemble à celle de Giov. Antonio da Brescia. H. 5 p. L. 4 p. 6 l. (?) Musée brit. (Archives de Naumann II. 246.)

96. Un jeune homme mort. Il est vêtu et le corps appuyé contre un arbre. De la gauche, s'avance avec vivacité une femme qui lui tâte la poitrine de la main droite, tandis qu'elle lui pose la gauche sur l'épaule; une banderole qui s'enroule sur deux arbres porte l'inscription:

CRVDA FERVM PECTVS SAVCIA.

Cette inscription, qui se lit de gauche à droite, prouve que cette pièce n'est point une épreuve de Nielle comme le veut Duchesne dans son „Voyage d'un Iconophile" p. 115. Du reste l'exécution, sur fond noir, ressemble à celui des nielles et la pièce appartient à l'ancienne école Lombardo-Vénitienne. H. 2 p. 3 l. L. 1 p. 2 l. Coll. Albertine. Berlin.

97. La femme assise sur un dragon. Elle est nue et conduit le dragon au moyen d'une bride; de la main droite, dirigée vers le bas, elle verse le contenu d'une coupe. Pièce de l'école Lombardo-Vénitienne du commencement du XVI. Siècle. H. 4 p. 1 l. L. 3 p. 2 l. Coll. Wellesley à Oxford.

98. La jeune mère. Elle est tournée à droite, assise sur une pierre et tient sur le bras droit un enfant au maillot. A droite, deux chiens. Fond blanc. Cette pièce est traitée dans la manière de Giovanni da Brescia. 4 p. 7 l. en carré. Munich.

99. Un bain de femmes. Dans une grande vasque se baignent quatre femmes et une petite fille. A gauche, une d'elles en aide une autre à entrer dans le bain au milieu duquel s'élève une base portant une statue de femme nue entre deux Cupidons assis dont l'un

tient une boule. Sur le terrain, on voit trois couples assis; la femme, à gauche, tient sur les genoux la tête d'un jeune homme; à côté d'eux le second couple s'entretient et, dans le troisième, le jeune homme donne la main à sa compagne. Enfin sur le premier plan, une autre femme couchée qui s'entretient avec un petit Amour. Fond de paysage rocailleux. Cette belle composition est dans le style de Pellegrino di San Daniele, mais avec des tailles croisées et un dessin plus faible. H. 7 p. 6 l. L. 6 p. 6 l. Musée britannique où l'épreuve est d'une impression excessivement claire.

100. Un bain d'Amours. Sept petits Amours s'amusent dans une grande vasque sur les bords de laquelle deux s'efforcent de grimper. Au milieu de la vasque, s'élève une base en deux compartiments dont l'inférieur montre trois Cupidons se tenant par les mains et dont deux élèvent chacun une boule en l'air. Dans celui du haut, se trouve une figure de femme ailée qui tient, de la main gauche, la légère draperie qui lui couvre les hanches et porte, de la droite, une torche. Au-dessus d'elle s'élèvent deux têtes d'aigle et, au-dessous, on voit une tête de dauphin. Fond de paysage rocailleux. Pièce semblable d'exécution à la précédente et du même maître. H. 6 p. 7 l. L. 3 p. 9 l. Musée britannique.

101. Les deux ermites. A gauche, un vieillard à barbe longue et en guenilles tient un livre dont il semble méditer le contenu. Dans le fond, à droite, un moine vu de dos et qui semble dormir. H. 7 p. 3 l. L. 6 p. 4 l.

Bartsch décrit cette pièce dans l'oeuvre de Reverdino No. 32, mais elle n'appartient certainement pas à ce maître, mais plutôt à l'école Lombardo-Vénitienne ancienne.

102. Deux jeunes cavaliers sur les bords de la mer. Ils sont richement vêtus. Un d'eux est assis sur une butte près du rivage tandis que l'autre, vu de dos, joue du luth. Sur la mer, bornée par des montagnes, voguent sept nacelles. A droite, une église surmontée d'une grande coupole et d'une tour. Belle pièce dans le vieux style vénitien et imprimée d'un beau noir. H. 6 p. L. 7 p. 9 l.

103. La femme endormie. Elle est couchée, la tête à droite, s'appuyant à une pierre et presque de face, avec le bras gauche incliné vers le terrain, tandis qu'on ne voit que la partie supérieure du bras droit. La tête est couronnée d'une guirlande avec fort peu de feuilles et, à part un bout de draperie sur la hanche gauche, elle est complètement nue. Derrière elle, et sur les côtés, deux troncs d'arbre

et dans le fond. des édifices près de l'eau. Le dessin dans cette pièce
n'est point très-beau, mais le modèle est bien reproduit au moyen de
tailles serrées et très-fines. Cette pièce paraît être l'essai de quelque peintre vénitien de l'école du Giorgione. H. 4 p. 3 l. L. 6 p. 4 l.
Musée britannique.

104. Une chasse à l'ours. Un chasseur venant de la gauche
perce de son épieu l'animal maintenu par les chiens. Au milieu de
l'estampe, un pin. Dans le fond, une pièce d'eau entre deux rochers.
Ottley p. 455 attribue cette pièce à l'école florentine et, dans le fait,
la composition a quelque analogie avec le style de Sandro Botticelli
dans la gravure No. 75, mais le dessin est trop plein et le faire trop
pittoresque pour que l'on y puisse méconnaître la manière de l'école
Vénitienne. L'impression est d'un noir pâle. H. 10 p. 7 l. L. 7 p. 5 l.
Musée britannique.

105. Le marchand et les singes. Il est endormi sous un
arbre et entouré de plusieurs singes qui lui enlèvent ses marchandises
placées dans une corbeille à côté de lui et les emportent sur l'arbre.
Le marchand est étendu vers la droite, s'appuyant sur le bras gauche
et semble être le jouet de quelque songe agréable. Un des singes
cherche à le déshabiller, un autre fait ses besoins dans son chapeau,
tandis qu'un troisième, debout dans le panier, se regarde dans un
miroir. Les autres sont assis sur l'arbre, ou s'occupent à y porter divers
objets dont ils s'amusent. Cette gravure, à contours assez lourds, est
d'une bonne exécution et paraît appartenir à l'école lombardo-vénitienne
de la moitié du XV. Siècle.

106. Composition allégorique se rapportant aux gouver-
nements politiques de l'Europe à cette époque, trouvée à Altino en
1495 et apportée à Venise. (B. XIII. 110. No. 8.) H. 8 p. 3 l. L.
5 p. Nous avons déjà (No. 48) donné une description d'une pièce
analogue dont Ottley a reproduit le fac-simile dans son ouvrage: „A
Collection of 129" etc. La gravure que nous décrivons est dans le
style des anciennes cartes de Tarots vénitiennes. H. 7 p. 9 l. L. 5 p.
3 l. Musée britannique. Cat. Weber, No. 285. R. Weigel, K.-Cat.
No. 28.

107. Pronostic pour l'année 1510. Cette composition
allégorique porte le titre suivant:
PRONOSTICO DE LĀNO 1510. NOVITER VENVTO DA ROMA.
En haut, sur un petit nuage, la demi-figure d'un pape donnant la bénédiction. Au bas, une vasque autour de laquelle se tiennent quatre

jeunes gens de divers pays avec des banderoles à inscriptions. Plus haut, un jeune homme déguenillé près d'un aigle; il tient une branche de chêne et un billet avec l'inscription:

TRASI VINSI E STASI.

A gauche, près de la vasque, est assis un autre jeune homme près d'un coq et tenant une tige de trois lys et un billet où on lit:

GIONSI SPINSI E VINSI.

A droite, un troisième également assis tient une branche avec trois oranges en même temps que l'inscription:

FINSI ET EXTINCSI.

Enfin, un homme armé s'avançant au-dessous de la vasque, ayant à côté de lui un aigle et une sphère; près de sa tête le mot MATO et dans une banderole l'inscription:

DEL CERTO IIO FATTO INCERTO.

Au milieu de l'estampe, on voit un autre bassin rond autour duquel sont placés divers cylindres avec des noms de villes et dont trois seulement sont encore debout marqués VICI—PA—TRE. (Vicenza, Padua, Treviso?) Au milieu de l'eau du bassin, un globe avec le nom de Venise VENETIA. A la marge du bas l'inscription:

GVARDATI IL ZVRLO NŌ ABATI IL MATO PCHE ABATENDO
NVLA FIA QVESTO STATO.

Cette pièce est comme la précédente dans la manière de l'ancienne école vénitienne. II. 6 p. 3 l. L. 4 p. 5 l. Munich.

108. La Roue de Pie IV. Cette pièce porte l'inscription:

ROTA A PIO QVARTO IN SOLIS ET LVNAE IMAGINIBVS INCI-
PIÈNS, ET FVTVRA DE PONTIFICIBVS PRAEDICENS.

La roue ou boussole est divisée en huit compartiments avec autant d'emblèmes; en haut le soleil et la lune; à gauche, la tête d'un pape barbu; ensuite un demi-taureau qui tient un serpent et un oiseau (ressemblant à une autruche) qui tient une petite croix dans le bec; au bas, un lion tenant entre les pattes de devant le lys français; plus loin un demi-lion tenant une épée et un dragon avec un glaive dans la gueule; enfin un calice d'où sort un serpent avec un ornement formé de trois roses. En haut, à côté de la tête du pape, un étendart avec l'inscription SPQR et, à droite, une main tenant un fouet et une aigle. Cette pièce est dans la même manière que les précédentes. II. 5 p. 3 l. L. 4 p. 2 l. Munich.

109. Un général espagnol. Demi-figure assise, vue de face et un peu tournée vers la droite. Il porte la barbe courte; la tête

est couverte d'une barrette et il tient au cou un gros anneau. Son justaucorps brodé est orné de dentelles. Il regarde le spectateur et porte sous le bras droit une grande épée. Fond à ciel ouvert avec des petits nuages. A droite, l'inscription:

LIO VICTORISSISSI^{MO}
CAPITANEO ZENERALE DE
LARMATA DEL SER^{MO}
RE DE SPANIA.

Excellente pièce. H. 10 p. 2 l. L. 7 p. 10 l. Musée britannique. Harzen (Archives de Naumann, V. 127) attribue cette gravure, qu'il croit être une eau-forte, à Giov. Ant. di Brescia.

Copie A. De la même dimension, mais en contre-partie, le fond est blanc et l'inscription, en haut à gauche, porte:

Questo siè el grañ capitanio de larmata del re de Spania
ch distrusse el re et granata. retrato dal vivo.

Copie B à l'eau-forte et en contre-partie par D. Hopfer. H. 10 p. 10 l. L. 7 p. 11 l. Les premières épreuves n'ont point d'inscription; les secondes portent la suscription:

Claus Sturtz den Becher,

et la souscription sur quatre lignes:

Ich Sturtz den Becher und die Kandel etc.

Bartsch veut en conclure que ce portrait est celui de Conrad von der Rose, le conseiller bouffon de l'empereur Maximilien I. qui s'est aussi appelé Claus Stortz den Becher.

Le même portrait en buste, dans un médaillon ovale, et de la même époque a l'inscription:

Claus Stortzenbecher der verrühmte Seeräuber von den Hamburgerrn gefangen vndt zum Todt verurtheilt. A°.

1401. Albert Crantz 10, 6 von den Wenden. 8°.

110. Un bâtiment à voiles. Il vogue à droite. A gauche, sur la poupe, on voit un homme couché, près d'un autre occupé aux agrès; un peu à droite, un autre matelot assis en fait autant. Pièce traitée dans le style des cartes de tarots. H. 9 p. 6 l. L. 7 p. 2 l. ? (Bartsch XIII. 425. No. 62.) Musée britannique.

111. Trois vaisseaux. Le premier, à gauche, a deux mats; le second, plus gros, en a trois; le troisième, plus au ras de l'eau, se trouve entre les deux autres. A la gauche du haut, le soleil; à droite, la lune sous la figure de la tête d'une jeune femme, couverte d'un voile et entourée de rayons. Pièce exécutée dans la manière

vénitienne, à tailles croisées. (B. XIII. 140. No. 72.) H. 10 p. L. 14 p. 3 l. Coll. Albert.

112. Les deux vaisseaux et la mort. On les voit de trois quarts par la poupe. Le mât de celui de gauche est brisé et sur le devant se tient la Mort près de l'ancre. Dans la manière du Mocetto, mais d'une taille plus fine. H. 2 p. 11 l. L. 5 p. 11 l. Coll. Wellesley à Oxford.

113. Deux vaisseaux. Celui de gauche, vu de trois quarts, vogue à pleines voiles vers la droite. Celui de droite, vu de poupe, avec la grande voile tendue, se dirige vers le fond à gauche. Sur le beaupré, un croissant et l'ancre suspendue à une chaîne. Dans le vaisseau de gauche, on voit une figure d'homme à un des sabords. H. 9 p. 3 l. 11 p. 9 l.

E.

Gravures sur cuivre de Maîtres anonymes de l'école d'Ombrie. (?)

114. La Cène d'après le Pérugin. A une longue table, au milieu de laquelle on voit le Christ assis, se trouvent les apôtres dans l'ordre suivant de droite à gauche:

S. Simon,
S. Filippus,
S. Jacobus,
S. Andreas,
S. Petrus,
Santissimus Jessus.
S. Johanes,
S. Matheus,
S. Jachobus,
S. Tom⁸.,
S. Tadeus,
S. Mateus,

Judas Ichariot; il est assis sur le devant tenant une bourse et jetant en arrière un regard envenimé. C'est la composition peinte à fresque par un élève du Pérugin dans le réfectoire du cloître de St. Onofrio à Florence et qui a été maintefois attribuée à Raphaël, mais avec quelques différences dans la gravure qui montre, dans le fond, cinq arcades ouvertes divisées par des pilastres et avec deux petits génies dans les coins. Dans le haut, on voit encore la partie inférieure d'une rangée de fenêtres et de pilastres. Aux côtés, deux arcs. Sur un des pilastres, richement orné, on voit, au bas, trois enfants avec des rinceaux autour d'un vase. Le siége sur lequel est assis St. Simon est orné d'un bas-relief représentant un chevalier en armure que suit un page tenant une banderole sur laquelle on lit, à rebours, LVG....INO. Vis à vis, sur le siége de St. Mathieu, se trouve un autre bas-relief avec Judas, tenant une bourse et conduisant quatre soldats. Le style de la composition, les têtes, l'architecture, le jet des draperies sont décidément dans le goût du Pérugin et la taille un peu raide paraît appartenir à quelque orfévre qui aurait gravé cette pièce d'après un dessin du Pérugin.[1] H. 14 p. 5 l. L. 39 p.

On en trouve un exemplaire entier dans la Coll. de Gotha et seulement la moitié au Musée brit. H. 14 p. 2 l. L. 18 p. 9 l.

115. Guerino, surnommé Meschino. Le jeune héros de roman est en armure complète, vu de face, la tête couverte d'une toque à plumes et penchée à droite, et tenant, de la main droite, une masse d'armes appuyée sur le terrain tandis qu'il pose la gauche sur sa hanche. En haut, à droite, sur trois lignes l'inscription GVERINO DIT MESCHĪ. H. 6 p. 6 l. L. 6 p. 8 l. Musée brit. Paris. Berlin.

Cette pièce intéressante a été gravée avec beaucoup de simplicité par un excellent artiste. Les détails de la figure rappellent le style du Signorelli dans sa composition du Jugement dernier, tandis que l'expression de la tête indique l'école du Pérugin. Rumohr a cru, en conséquence, que cette gravure pourrait être un essai de Raphaël, ce que nous ne pouvons admettre, car il nous eut certainement donné quelque chose de mieux encore que cette figure du jeune héros d'un roman très-répandu en Italie dans le XV. Siècle.

Ce qui est plus remarquable encore c'est que la pièce en question a été gravée sur la planche rognée et repolie sur laquelle se trouvait la Vierge d'Einsiedeln du maître ℭ𝔖 1466. (Bartsch No. 35.) On trouve dans l'estampe du Meschino certaines parties de la gravure allemande conservées dans l'impression, entre autres quelques lettres de l'inscription sur le cintre, une partie du tapis formant

---

[1] Il semblerait que cette composition du maître ait été souvent reproduite dans son école, puisque l'on en connait une petite copie à la détrempe, peinte dans la manière de Gian Nicolai et qui porte la date de M D.

13*

le fond de la tribune, quelques restes d'architecture au bas. L'exemplaire du Musée britannique est d'un ton vigoureux, celui de Berlin au contraire d'une impression assez faible. Le filigrane du papier dans cette dernière épreuve est une haute couronne, différente de celle qu'on retrouve sur le papier allemand ou néerlandais du XVI. Siècle.

L'Ecole de Bologne.

Francesco Raibolini,

surnommé

le Francia;

né en 1450, mort en 1517.

Cet artiste célèbre n'était d'abord qu'un orfévre distingué et un excellent graveur en creux, mais après avoir vu, selon Vasari, les ouvrages du Mantègne et d'autres peintres de l'époque, il voulut appliquer ses grands talents à la peinture et son coup d'essai en ce genre, un tableau d'église pour Bartolomeo Felicini, en 1490, attira l'attention universelle. Parmi les écrivains anciens aucun ne dit qu'il ait gravé sur cuivre [1]) et le premier qui, à notre connaissance, lui ait attribué des travaux de ce genre est J. A. Calvi dans sa vie du Francia publiée à Bologne en 1802. Cet auteur lui donne, entre autres, un Baptême de Jésus que Bartsch décrit sous le No. 22 dans l'oeuvre de Marc Antoine comme un des premiers travaux de ce maître. Nous ne pouvons que nous rallier à l'opinion de Calvi, car non seulement la composition de cette pièce, ainsi que de quelques autres, est indubitablement du Francia, mais la manière uniforme, nette et un peu maigre est bien celle d'un orfévre. Il est vrai que quel-

---

1) Le passage de Camillo Leonardi (Speculum lapidum. Venitiis 1516 fol. p. 48) ne peut se référer qu'aux Nielles exécutés par Francia:

„Virum cognosco in hac celeberrimum, ac summum nomine Franciscum Bononiensem aliter frāzā (franzam), qui adeo in tam parvo orbiculo, seu argenti lamina, tot homines, tot animalia, tot montes, arbores, castra ac tot diversa ratione situque posita, figurat, seu incidit, quod dictu ac visu mirabile apparet.“

ques - unes des premières gravures de Marc Antoine sont exécutées
dans le même goût, mais le dessin en est beaucoup plus faible et la
taille, qu'il n'améliora qu'après avoir vu les gravures d'Albert Durer,
beaucoup plus irrégulière. Il faut ajouter encore que Marc Antoine
a toujours revêtu de son monogramme ses grandes pièces et cela dès
le commencement, et on ne saurait alors expliquer pourquoi il n'en
aurait pas fait autant pour les plus belles gravures de cette catégorie
qu'on voudrait lui attribuer. De plus, les relations intimes que Vasari
nous indique comme existant entre le Mantègne et Francia ont dû
porter l'attention de celui-ci sur les gravures du premier et l'engager
à les imiter.

Nous voyons par le passage de Camillo Leonardi, cité dans la
note précédente, quelle était la réputation que le Francia s'était acquise
par ses excellents Nielles; d'autres écrivains du temps en parlent également. Nous ne mentionnerons ici qu'un passage des „Annali di Bologna“ de Negri, 1494, où cet écrivain mentionne que Francia avait
exécuté une Paix d'argent de la valeur de 300 florins par les ordres
de Giovanni Bentivoglio qui en fit présent à Giovanni Sforza à l'occasion de son mariage avec Lucrezia Borgia.[1]) Negri ne nous dit pas
quel était le sujet que le Francia y grava, et ce travail, comme tant
d'autres du même genre, sera irréparablement perdu. Par contre, nous
possédons d'autres nielles du Francia ou des épreuves de nielles faits
par lui et dont nous avons déjà donné une liste dans notre Catalogue de
Nielles. Nous croyons cependant devoir en reproduire, plus bas, la
description, afin d'avoir en un coup d'oeil tout ce qu'il nous est réussi
de retrouver de l'oeuvre du maître.

Le Bibliothécaire en chef du Musée de Londres, M. Panizzi, a,
dans une brochure italienne publiée en 1858 et dédiée au duc d'Au-
male sous le titre „Chi era Francesco di Bologna“, cherché
à prouver que le graveur des célèbres caractères italiques des Aldes,
Francesco Bolognese n'était autre que Francesco Francia. Alde,
il est vrai, s'attribue le mérite d'avoir inventé ce genre de caractères,
en obtenant un privilège du Pape et des autres puissances pour cette
invention, mais il dit lui-même à la fin de son édition du Virgile
de 1501:

In grammatoglyptae laudem.
Qui graiis dedit Aldus, in latinis

---

1) Vasari. Ed. Lemonnier, Vol. VI. p. 2 Note.

Dat nunc grammata sculpta daedaleis
Francisci manibus Bononiensis.

S'il y a quelque doute qu'Alde ait été réellement l'inventeur des premiers caractères italiques, il est certain qu'ils ont été gravés par François de Bologne qui, en 1503, a dû avoir quelque différend avec le célèbre imprimeur de Venise, puisqu'il grava cette même année les matrices des caractères italiques dont Girolamo Soncino de Fano se servit pour publier les „Sonnets du Pétrarque." Dans sa dédicace au duc Valentino, Soncino reproche à Alde de s'être attribué l'honneur de l'invention et de l'application des caractères italiques, honneur qui doit être donné exclusivement à Francesco da Bologna.

Ce François établit ensuite une imprimerie à Bologne et publia, du 20 Septembre au 20 Décembre, cinq volumes, format in 16, qui sont devenus de la plus grande rareté. Tous ces livres sont en caractères italiques, d'un type plus petit que celui d'Alde et gravés par Francesco lui-même. La circonstance que le dernier de ces volumes (Cicero Epistolae ad familiares) parut le 20 Décembre 1516, paraît être une preuve en faveur de l'opinion qui en attribue la publication au Francia qui mourut du 5. au 6. Janvier 1517. Cependant cette opinion ne nous paraît pas encore assez fondée pour être admise sans conteste.

On croit également que le Francia a gravé en pierres dures et on s'appuie pour cela sur un passage de Pompeio Gaurico dans son livre „De sculptura", publié à Florence en 1504, et où il mentionne, en parlant des célèbres graveurs sur pierre de son temps, Caradosso et Franciscus Furnius de Bologne; mais comme dans l'histoire de l'Art il n'est fait aucune mention d'un François Furni ou Forni, Mariette dans son „Traité des pierres gravées" p. 116, avait déjà émis l'opinion que ce Furnius ne devait son existence qu'à une erreur typographique et que l'on devait lire Francia.

Nielles du Francia.

1. **Le Christ en croix entouré de Saints.** D'une part, la Vierge à côté de St. François à genoux; de l'autre, St. Jean et derrière lui St. Jérôme pareillement agenouillé. Dans les airs, aux deux

côtés du crucifix, deux anges en larmes.   Pièce cintrée. H. 2 p. 7 l.
L. 1 p. 7 l. Duchesne No. 101.

Francia grava cette Paix en argent pour l'église de St. Jacques
de Bologne et elle se trouve encore aujourd'hui dans la Collection de
l'Académie de cette ville.

Copie de ce Nielle chez Bartsch sous le No. 4.

2. La Résurrection.   Le Christ bénit de la droite. Aux
coins du sarcophage sont couchés quatre soldats endormis.   Dans la
bordure de feuillage qui entoure cette composition on voit les armes
des familles Ringhieri et Felicini.   Cette Paix aurait été donnée par
Bartolomeo Felicini à l'Eglise ,,della Misericordia fuori la porta di
Strada Castiglione'' près de Bologne et elle se trouve, comme la précédente, dans la Collection de l'Académie de cette ville. H. 3 p. 4$\frac{1}{2}$ l.
L. 2 p. 2$\frac{1}{2}$ l. Duchesne No. 121.

3. La Vierge avec deux Anges.   Elle est assise, tenant
l'enfant Jésus sur les genoux, dans une niche entre deux autres où
l'on voit debout deux anges tenant chacun une tige de lys. Le trône
sur lequel elle est assise a deux gradins. Pièce ovale. H. 2 p.
3 l. L. 1 p. 9 l.   Epreuve de Nielle dans la Coll. Albert. Cat.
No. 500.

4. St. Jérôme.   Il est agenouillé devant une caverne et se
frappe la poitrine d'une pierre. A gauche, un lion; à droite, une
lionne. Dans le fond, on voit de nouveau le Saint sur un rocher,
devant un crucifix et lisant dans un livre. Sur la montagne, le soleil
éclaire une chapelle. Sur la plaque d'argent niellée, les lions, les
arbres, la chapelle et le soleil sont dorés. Beau travail indubitablement du Francia. H. 3 p. L. 2 p. 1 l. Musée brit.

5. Hercule vainqueur de l'Hydre. Duchesne No. 248.
Cette épreuve de Nielle est d'une grande finesse de dessin et indubitablement du Francia. H. 1 p. 1 l. L. 1 p. 4$\frac{1}{2}$ l. Musée britannique. Duchesne en décrit une copie par Peregrini.

6. Orphée.   Il est assis, appuyé à un arbre et jouant de la
guitare devant les animaux qui l'entourent. Dans le haut, deux trous
entourés de fleurs. Duchesne No. 256.   Cette pièce est beaucoup
plus fine de dessin que la copie en contre-partie de Peregrini, Duchesne No. 255. La tête de l'Orphée, entre autres, est d'une grande
beauté et tout à fait dans le style du Francia. H. 1 p. 10 l. L. 11 l.
Musée brit.

7. L'Abondance.   Elle est assise tournée vers la gauche,

tenant des épis de la droite et, de la gauche, une corne d'abondance.
Belle pièce ronde, dans le goût du Francia, de 11 ½ l. de diamètre.
(Duchesne No. 327.) Musée brit.

8. La Justice, pendant de la pièce précédente et d'une exécution moins bonne. Probablement ces deux nielles ont été gravés
d'après un dessin du maître. (Duchesne No. 328.)

Appendice.

9. Une femme, trois hommes et un Satyre. (Duchesne
No. 243.) Pièce ronde de 2 p. 2 l. de diamètre. Musée brit.

Ottley croit que cette épreuve de Nielle est du Francia, mais le
dessin, surtout dans les têtes, n'est point assez bon pour qu'il soit de
ce maître. L'original, décrit par Duchesne No. 242, est du Peregrini.

Gravures sur cuivre du Francia.

1. Le Baptème du Christ. Il est debout au milieu de
l'estampe, dans le Jourdain, les mains jointes élevées. A gauche, St.
Jean Baptiste, un genou en terre, tient de la main gauche une longue
croix et de l'autre une coupe pour baptiser le Sauveur dont un jeune
homme garde les vêtements. En haut, plane le St. Esprit. (B. XIV.
No. 22.) H. 11 p. L. 8 p. 2 l.

Les premières épreuves où l'on ne voit pas encore d'auréole autour de la tête du Christ, sont exécutées avec beaucoup de finesse
dans le goût particulier du Francia. Les secondes, avec l'aureole, ont
été prises sur la planche rémaniée sans entente et ne donnent aucune
idée de la beauté de cette pièce.

2. La Vierge avec l'enfant Jésus et deux Saints. Elle
est assise sur un gradin élevé, la tête à droite, et tient des deux
mains sur ses genoux l'enfant Jésus tourné vers la gauche. A gauche,
St. François, à genoux, pose les mains croisées sur la poitrine; à
droite, St. Antoine de Padoue, également agenouillé, tient une tige de
lys. Dans le paysage montueux, on aperçoit deux petites villes sur
les bords d'un lac avec deux vaisseaux. Pièce non signée. L'exécu-

tion, à tailles fines serrées mais un peu irrégulières, ne ressemble point
à celle des gravures précédentes et suivantes, mais la composition appartient indubitablement au Francia. H. 9 p. 9 l. L. 9 p. 3 l. Berlin.
      Brulliot, dans son Dict. II. No. 559, cite cette gravure et ajoute
qu'elle porte la signature D̂ÂF [1]) qu'il croit identique avec celle de
Luca Antonio di Giunti dont le style de gravure assez rude diffère
cependant beaucoup de celui de la pièce qui nous occupe. Peut-être
ce dernier a-t-il acquis la planche dont il fit tirer des épreuves en y
ajoutant le chiffre ci-dessus. Ottley, p. 791, No. 35, attribue cette
gravure à Marc Antoine, tandis que d'autres la donnent à Giacomo
Francia.
      3.   Ste. Cathérine et Ste. Lucie.   Deux figures isolées,
tenant les instruments de leur martyre.   A droite, un arbre sec; à
gauche, un autre avec des feuilles.   Pièce non signée.   (Bartsch XIV.
No. 121.)   H. 10 p. 7 l. L. 7 p. 10 l.
      Ces deux figures semblent être des esquisses du Francia pour
son tableau de la Vierge dans les nuages, avec plusieurs Saints et
Saintes dans la partie inférieure du tableau, qu'il exécuta, d'après l'inscription qui s'y trouve, en 1502 et qui se conserve actuellement au
Musée de Berlin.
      4.   Le Jugement de Pâris.   Il est assis sur un tertre et
appuie le bras droit sur une grande houe; devant lui, les trois déesses
nues.   Junon lève la main gauche contre Vénus qui tient la pomme,
tandis que Minerve, debout à la gauche de Pâris, tient un petit
miroir, l'emblème de la prudence.   Dans le fond, un arbre isolé.
Pièce non signée.   (B. XIV. No. 339.)   H. 10 p. 5 l. L. 7 p. 9 l.
      Les premières épreuves sont d'une grande finesse, mais on en
trouve de plus récentes de la planche retouchée, qui ont un aspect
très-rude.

----

1) Il existait un exemplaire semblable dans la Collection Sykes et qui, passé
en la possession du Revd. M. Griffiths, fut exposée à Manchester en 1857.

Lorenzo Costa, de Ferrare;

né en 1460, mort en 1535.[1]

D'après Vasari ce peintre distingué de Ferrare avait beaucoup étudié à Florence les ouvrages de Fra Filippo Lippi et de Benozzo Gozzoli avant de se rendre à Bologne. C'est de lui dont l'Achillini parle dans son „Viridario" p. 187:

> Non lasciò (benchè Ferrarese) il Costa
> Stato a Bologna e quasi la sua etade,
> L'opra sua mostra quanto ha magiestade.

Plusieurs ont cru qu'il avait été élève du Francia, s'appuyant sur l'inscription:

LAVRENTIVS COSTA FRANCIAE DISCIPVLVS.

que l'on trouve sur un portrait de Giovanni Bentivoglio dans la Coll. Isolani. Mais Lanzi met en doute l'authenticité de cette inscription et nous n'avons point eu occasion de vérifier ce qu'il dit à ce sujet. Il est positif qu'il se fixa assez longtemps à Bologne où il peignit pour Giovanni Bentivoglio, en concurrence avec Francia, la Chapelle de l'église de San Jacopo Maggiore comme le prouve la peinture à fresque représentant la Vierge adorée par Jean Bentivoglio, sa femme Ginevra, ses quatre fils et six filles, et signée:

1488 Augusti Laurentius Costa Faciebat.

L'influence du Francia sur le jeune peintre est assez visible dans ces travaux, quoique dans ses tableaux à l'huile il ait adopté la manière toute spéciale de l'école de Ferrare, beaucoup de dureté dans le dessin et un coloris donnant sur le brun rouge. Depuis 1510 jusqu'à l'époque de sa mort, nous le voyons jouir à la cour des Gonzague à Ferrare du traitement annuel de 669 livres 12 sols. Il avait aussi une maison à Mantoue et paraît, du reste, avoir été fort à son aise.[2]

---

[1] Nous devons aux recherches du Comte Carlo d'Arco (Memorie di Belle Arti Italiane, pubblicate per cura di M. A. Gualandi. Bologna 1842) des notices certaines sur la date de la naissance et celle de la mort de Lorenzo Costa, tirées d'un Registre mortuaire de Mantoue:
„5 Marzo 1535. M. Laurentio Costa in contrada Unicorno: morto di febbre e un catar, infirmo di 5, d'età anni 75."

[2] Voyez Baruffaldi, „Vita di Lorenzo Costa", et Pungileoni, „Vita del Correggio, p. 44", où il est fait mention de l'invitation de François de Gonzague, le 10 Avril 1509, et du don de la maison „contrada del Unicorno" en date du 19 Juillet 1511.

A la vérité il n'est fait mention nulle part que Lorenzo Costa ait essayé de graver sur cuivre, mais il existe une estampe d'une de ses compositions qui, à part quelques légères variantes, est la même qu'il a peinte à l'huile dans un tableau d'autel daté de 1502. C'est celui de la Présentation au temple qui existe actuellement au Musée de Berlin. La gravure, exécutée d'après une esquisse pour le tableau en question, est conduite avec une entente de dessin qui révèle un maître consommé, mais l'exécution matérielle trahit une main peu habituée dans la partie technique de l'art, et indique qu'il s'agit ici d'un premier essai qui ne peut avoir complétement réussi; on doit remarquer la circonstance que cette pièce a paru en 1502, précisement à l'époque où le Francia exécutait la gravure des deux Saintes empruntées au tableau d'autel qui se trouve également à Berlin. Comme on doit considérer cette dernière gravure comme une des premières tentatives du Francia, on pourrait croire que les deux artistes, liés comme ils l'étaient d'une étroite amitié, se soient encouragés l'un l'autre à faire un essai dans ce genre encore nouveau dans cette partie de l'Italie et dans lequel le Francia, nielliste consommé, pouvait très-bien diriger son ami qui, selon toute apparence, ne nous a laissé que cette seule gravure dont les premières épreuves sont d'un ton assez vigoureux.

1. La Présentation au temple. La Vierge et St. Joseph tiennent devant eux l'enfant Jésus couché sur une draperie. Plus en arrière et au milieu, on voit Simon les bras étendus. Dans le fond, s'élève l'autel ou la table avec les „Pains de proposition", aux côtés de laquelle se tiennent deux enfants de choeur. Sur les degrés on voit, de part et d'autre, deux personnages; tandis que sur le premier plan sont agenouillés, à gauche, un homme barbu; à droite, la vieille prophétesse. Pièce non signée. H. 5 p. 9 l. L. 4 p. 11 l. Paris. Dresde, Francfort s/M., Copenhague, Cab. Sotzmann à Berlin et Coll. Wellesley à Oxford.

Zani (Encycl. II. 5. p. 223), croit que cette gravure est de l'ancienne école florentine, ce qui est évidemment une erreur. Les changements faits par Costa dans le tableau, se trouvent principalement dans le groupe du milieu, où la Vierge est isolée, tandis que le grand prêtre tient l'enfant Jésus qu'il reçoit de sa mère. Les personnages sur les degrés différent également de ceux de la gravure; la jeune fille, à gauche, tient dans les mains un vase au lieu des colombes, et St.

Jean Baptiste a remplacé le jeune homme avec une coupe. Le tableau a également, dans les coins, des indications de paysage qui ne se trouvent point dans la gravure.

P, **P**, **P**, ·O·P·D·C·, DE. OPVS. PEREGRINI. CEᵃ.

Peregrini (da Cesena?).

(Bartsch XIII. 205.)

Les anciens écrivains ne font aucune mention de cet artiste, quoiqu'il ait gravé une quantité de petites pièces très-belles et les recherches les plus récentes n'ont donné sur lui d'autres résultats que ceux que l'on peut déduire des différentes signatures dont il a révêtu ses travaux. Zani (Encycl. I. 15. p. 332), a été le premier qui ait expliqué la dernière des signatures ci-dessus par Peregrini da Cesena, quoiqu'il ne donne aucune autorité en faveur du lieu d'origine et qu'il avoue que l'abbréviation CEˢ peut également se rapporter à d'autres villes d'Italie. Cicognara a, du reste, observé relativement à cette opinion de Zani que, comme Peregrini appartenait indubitablement à l'école du Francia à Bologne, on devait chercher le lieu de sa naissance plus près de cette ville et mentionne Cento, située entre Bologne et Ferrare, comme étant plus probablement la patrie de notre artiste; on devrait donc, selon lui, lire CEˢ— CENTENSIS. Les auteurs Vénitiens, qui revendiquent Peregrini comme appartenant à leur école, ont émis une opinion encore plus hasardée que les deux que nous venons de citer selon laquelle notre maître serait natif de Ces, petit village entre Feltre et Bellune et cette donnée est d'autant plus conjecturale que le CEˢ de la signature est évidemment un nom abrégé. Nous devons encore faire observer à ce propos que plusieurs sujets d'arabesques, tout à fait dans le style de Peregrini, portent les signatures S C, S. C et SCOP dont le S indiquerait le nom de baptême de l'artiste. Duchesne a cherché à expliquer ces initiales par Stephanus Caesenas et Stephani Caesenatensis opus. Nous ne chercherons point à nous prononcer à cet égard. L'oeuvre de l'artiste, au moins en ce qui regarde son école et l'époque où il florissait, nous donne des résul-

tats plus certains que ceux des recherches sur son prénom ou sur le
lieu de sa naissance. Son style de dessin et de composition s'har-
monise tellement avec celui du Francia, qu'on doit le considérer
comme ayant été l'élève de celui-ci. Il a même copié, d'après ce
maître, les deux Nielles d'Hercule vainqueur de l'Hydre et de
l'Orphée. Si les deux pièces que nous venons de citer nous donnent
une indication assez précise sur l'époque de son activité, nous en trouvons une autre dans la circonstance qu'il a fait une copie du Porte-
enseigne de Durer, B. No. 87. Il a dû fleurir, par conséquent, vers
le commencement du XVI. Siècle. [1])

Bartsch pense que Peregrini a été orfévre et nielliste sans voir
cependant dans les petites pièces qu'il décrit du maître des épreuves
de Nielles, comme Duchesne l'a découvert plus tard. Nous sommes
néanmoins de l'opinion de Bartsch sur ce point, puisque la figure du
Christ de la Résurrection dans ces gravures, donne la bénédiction de la
droite et que, dans celles des guerriers, l'épée est toujours du côté
gauche et que presque toutes les signatures de Peregrini se lisent de
droite à gauche, tandis que ce serait le contraire s'il s'agissait de
Nielles. Il existe, il est vrai, une gravure mentionnée par Duchesne
sous le No. 261, et représentant un Diomède avec les initiales O.P.A.D.C,
à rebours, mais cette pièce est une copie de l'original du Peregrini
où la signature O.P.D.C se lit de gauche à droite, et la lettre qui se
trouve ajoutée dans la copie pourrait en indiquer le graveur qui s'est
signé également d'un A dans sa reproduction en contre-partie de
Peregrini. (Duchesne No. 267.)

Comme on trouve un nombre assez considérable d'épreuves de
chaque pièce du maître, on pourrait en conclure qu'elles ont été exécutées pour servir de modèles aux orfévres, selon l'usage adopté depuis
par les petits maîtres allemands.

Il n'est pas à dire cependant que Peregrini n'ait pas exécuté des
Nielles si l'on veut regarder comme lui appartenant le Nielle pour
manche de couteau, No. 73, et ceux des Paladins 41—45 qui lui
sont assez généralement attribués.

---

1) Dans la Coll. de la Bibl. imp. de Vienne on trouve, il est vrai, comme
nous l'avons déjà dit dans notre Catalogue de Nielles, deux épreuves représentant
un Sacrifice et un général Romain signées du P avec les dates de 1459
et 1460. Mais ce travail n'a point la moindre analogie avec celui de notre maître.
Les autres épreuves de ces pièces ne portent point les dates qui paraissent être
une falsification ajoutée à celles de Vienne.

Nous devons encore faire mention ici de deux gravures signées d'un P et dont l'une porte, en outre, la date de 1511 et que Bartsch a enregistrée sous le No. 1 dans l'oeuvre du maître. Ces deux pièces sont très-inférieures de dessin et de taille, quand on les compare aux autres travaux de Peregrini et sont, du reste, d'un plus grand format que celui qu'il a généralement adopté pour ses estampes. Nous reviendrons sur ces gravures dans un article spécial.

Bartsch ne connaissait que neuf gravures du maître en y comptant une de celles que nous venons de citer. Nous donnerons, par conséquent, un catalogue de son oeuvre aussi complet que possible en y intercalant les pièces décrites par Bartsch, et en nous référant au catalogue de Duchesne qui les décrit comme des épreuves de Nielles. La plupart de ces pièces portent sa signature; d'autres qui ne l'ont point, sont évidemment de lui. Mais nous traiterons dans un Appendice à part des gravures trop inférieures et de dessin et de taille pour être attribuées à un maître qui s'est distingué surtout par une bonne entente de dessin et une grande finesse d'exécution.

Gravures de Peregrini.

1—5. Sujets de l'histoire d'Abraham. (Duchesne Nos 9—13.) H. 1 p. 9—10 l. L. 1 p. 7—8 l.

— 1. Abraham charge du bois sur un âne. Pièce signée, au bas, du troisième des monogrammes ci-dessus. Musée brit. Paris. (Duchesne No. 9.)

— 2. Abraham se rend à la montagne de Moriah. Pièce signée au bas du premier des chiffres ci-dessus. (Duchesne No. 10.) 2 Exempl.

— 3. Les serviteurs d'Abraham s'arrêtent au pied de la montagne. Au milieu du bas, le même chiffre qu'au No. 2. (Duchesne No 11.) 3 Exempl.

— 4. Abraham sur la montagne. Isaac chargé du bois du sacrifice le suit. (Duchesne No. 12.) 1 Exempl.

— 5. Abraham sur le point de sacrifier son fils. L'Ange lui apparaît en haut, à droite.

6. David vainqueur de Goliath. Il pose le pied gauche

sur la tête · de Goliath ét tient de la droite une fronde. Pièce non signée. H. 1 p. 3 l. L. 8 l. (Duchesne No. 17.) 1 Exempl.

7. Sampson déchire la gueule du lion. Il est tourné à droite. H. 1 p. 6 l. L. 9 l. (Duchesne No. 18.) 1 Exempl.

On trouve de cette pièce une imitation dans laquelle Sampson pose le genou gauche sur le lion tourné à droite, et lui déchire la gueule. Un bouclier couvre l'épaule du héros juif; à gauche, un petit arbre. Fond noir. Pièce ronde de 1 p. 2 l. de diamètre. Musée britannique.

8. Tobie et l'Ange. Celui-ci conduit le jeune Tobie vu de profil; la marche est à droite et un petit chien les précède. H. 1 p. 9 l. L. 10 ½ p. (Duchesne No. 20.) 1 Exempl.

9. Judith. Elle est debout à droite, tenant, de la main droite, une épée et, de la gauche, la tête d'Holopherne. En haut, sur une banderole: IVDE TA. H. 1 p. 6 l. L. 10 l. (Duchesne No. 21.) Londres et Paris.

10. Même sujet. Judith est tournée vers la gauche, tenant élevée de la main droite une épée et, de la gauche abaissée, la tête d'Holopherne. Dans le fond, la ville de Béthulie. H. 1 p. 7 l. L. 10 l. (Duchesne No. 22.) Musée britannique et Paris. 2 Exempl.

11. Même sujet. L'héroïne juive est tournée à gauche comme dans la pièce précédente. Les deux tours, à droite, se trouvent ici sur le même plan. La partie supérieure de la planche est un peu échancrée. H. 1 p. 7 l. L. 10 l. (Duchesne No. 23.) Musée brit. 1 Exempl.

12. L'Annonciation. Deux médaillons avec demi-figures de profil. A gauche, l'Ange donnant la bénédiction; à droite, la Vierge, les mains jointes, devant un prie-Dieu. Au-dessus, le St. Esprit dans une gloire. La première des signatures ci-dessus se trouve entre les deux médaillons. H. 10 p. L. 1 p. 8 l. Chaque médaillon a 8 l. de diamètre. (Duchesne No. 127.) 1 Exempl.

13. La Résurrection. Le Christ bénit de la main droite (au lieu de la gauche comme dans une épreuve de Nielle) et tient de l'autre main l'étendart de la croix, debout sur des nuages soutenus par des têtes de chérubins. Au milieu du bas, le sarcophage ouvert près duquel sont couchés trois soldats. Dans le fond, la ville de Jérusalem et le Calvaire avec beaucoup de figures. Dans la marge du bas, DE — OPVS — PEREGRINI — CEˢ. H. 2 p. 10 l. L. 2 p. Avec

la signature et le petit arc supérieur. H. 3 p. 2 l. (Duchesne No. 122.) Musée britannique, où il s'en trouve encore une copie.

14. La Vierge, St. Paul et St. François. Elle est assise sur un trône avec l'enfant Jésus entre St. Paul, à gauche, et St. François, à droite; au milieu, le petit St. Jean agenouillé. Pièce signée du premier des chiffres ci-dessus. H. 2 p. 5 l. L. 1 p. 8 l. (Duchesne No. 58.) 2 Exempl.

15. St. Sébastien. Il est vu de face, le bras attaché au-dessus de la tête à un arbre. A droite, un laurier; à gauche, sur un rocher, un if. H. 2 p. 1 l. L. 1 p. 3 l. (Duchesne No. 76.) Paris. 1 Exempl.

16. St. Jérôme. Il est agenouillé tourné vers la droite, tenant de la main gauche une pierre devant un crucifix, près duquel on voit un livre. Derrière lui, le lion. A la marge du bas, la troisième des signatures ci-dessus. H. 2 p. 3 l. L. 1 p. 10 l. (Duchesne No. 179.) 2 Exempl.

17. St. Roch. Il est debout et montre de la gauche le bubon pestilentiel sur sa cuisse nue. Du même bras il tient un bourdon, tandis qu'il lève la main droite. En haut, Dieu le père donne sa bénédiction au Saint. De chaque côté s'élèvent deux palmiers. H. 2 p. 3 l. L. 1 p. 3 l. (Duchesne No. 188.) Paris. 2 Exempl.

Il existe de cette pièce une copie un peu plus grande que l'original. H. 2 p. 5 l. L. 1 p. 5 l. Coll. Albert.

18. Le triomphe de Mars. Le dieu, en armure complète, est assis sur un char traîné par deux lions que conduisent, à gauche, deux hommes nus. Vénus est assise sur les genoux de Mars. En haut, le char du Soleil dirigé à droite. Devant le char marchent deux hommes dont un tient un long bâton surmonté d'un croissant. Derrière le char, Mercure et un autre personnage tiennent les chaînes dont Mars et Vénus se trouvent liés. La première des signatures que nous avons données se trouve sur le globe surmonté de l'Amour. H. 2 p. 2½ l. L. 3 p. 5 l. (Bartsch No. 4. — Duchesne No. 221.) 2 Exempl.

On trouve de cette pièce deux états, une épreuve très-faible où le sujet se trouve seulement indiqué et une autre très-vigoureuse de la planche terminée. Le peintre Trimolet de Lyon en possédait une épreuve d'un ton bleuâtre.

19. Le triomphe de Neptune. Le dieu est porté sur un char traîné par des chevaux marins et dirigé vers la gauche. Il tient

de la main gauche le trident. A la marge du bas, la quatrième des
signatures ci-dessus. H. 1 p. 2 l. L. 2 p. 4 l. (Bartsch No. 5, Duchesne No. 215.) 2 Exempl.

Le Cabinet de Bruxelles en possède quatre exemplaires et on
en trouve deux autres dans la Bibl. de Vienne et dans la Coll. Malaspina.

20. Minerve. La déesse est debout, vue presque de face, levant la main droite et tenant de la gauche la lance et le bouclier avec
la tête de Méduse. En haut, un ornement de feuillage. Pièce non
signée. H. 1 p. 4½ l. L. 8½ l. (Duchesne No. 215.) Musée brit.
1 Exempl.

21. Une bacchanale. A droite, Bacchus, avec barbe et vêtu,
tient une coupe de la main gauche; une bacchante nue lui présente
une tasse afin qu'il la remplisse de vin, derrière celle-ci une autre
tient sa tasse élevée. A droite, deux autres bacchantes tenant également des coupes. Un des compagnons de Bacchus tire du vin d'un
tonneau couronné de fleurs qui est au milieu de l'estampe. Au milieu
du haut est suspendu un ballon. Aux coins, des génies ailés assis.
Ottley a donné un fac-simile de cette pièce. H. 1 p. 9 l. L. 1 p. 5 l.

On en trouve un exemplaire dans le Musée britannique et trois
dans la Coll. de Bruxelles. (,,Les Nielles de la Bibl. roy. de Bruxelles"
etc., où l'on en trouve une photographie.)

22. Psyché. Elle est assise sur un tertre au pied d'un arbre
auquel elle est attachée. Derrière elle, Cupidon. Dans le fond, s'avance
un monstre pour la dévorer. Au bas, un chiffre ressemblant à la première des signatures ci-dessus. Le sujet n'est pas très-clair et pourrait être celui d'Andromède. H. 1 p. 3 l. L. 10 l. (Duchesne No. 132.)
1 Exempl.

23. La Nymphe attachée à un arbre. Elle est nue entre
un Faune, à gauche, un Satyre, à droite. Au bas, une marque qui
ressemble à la signature de Peregrini; cette petite pièce est donc bien
de lui. H. 1 p. 6 l. L. 10 l. Musée brit. 1 Exempl.

24. Une femme, trois hommes et un Satyre. Au milieu,
une femme presque nue, assise entre deux hommes dont l'un tient
une lance surmontée d'une tête de taureau avec celles d'un lion et
d'un sanglier, tandis que l'autre, portant de la main gauche un
bouclier orné de deux petits Amours, tient de la droite un flambeau
auquel un troisième personnage allume sa torche. A droite, un Satyre
porte, sur le dos, une autre femme. Pièce non signée, mais d'une

exécution très-fine dans le genre de Peregrini; ronde de 2 p. 1 l. de diamètre. (Bartsch XIII. 101. No. 6.) Duchesne No. 242.

Il existe de cette pièce une copie dans le sens de l'original avec une bordure de deux traits, mais beaucoup plus rude d'exécution et d'un dessin peu correct et que Ottley attribue, par erreur, à Francesco Francia. Duchesne No. 243. 2 Exempl.

25. Hercule vainqueur de l'hydre. Il lève la massue de la main droite, tandis qu'il saisit de la gauche une des têtes du monstre. Les deux autres têtes mordent le héros au genou et au bras. A droite, deux arbres. H. 1 p. 9 l. L. 1 p. 2 l. (Duchesne No. 247.) 2 Exempl.

Cette pièce est une copie, avec quelques différences, du Nielle de F. Francia. Duchesne No. 248 et No. 5 de notre catalogue.

26. Même sujet. Il lève sa massue de la droite et saisit le monstre avec la gauche. La première des signatures ci-dessus est au milieu du bas. H. 1 p. L. 1 p. 2 l. Avec la marge H. 1 p. 3 l. L. 1 p. 1 l. (Bartsch XIII. 54. No. 12. — Duchesne No. 249.) 2 Exempl.

Les premières épreuves sont très-faibles d'impression et les secondes plus vigoureuses.

27. Hercule et Déjanire. Ils sont debout, l'un vis à vis de l'autre, et s'embrassent. Sur une banderole, à droite, HERCVLE, à gauche, DEIANIRA. Au milieu du bas, le premier des chiffres ci-dessus. H. 1 p. 10 l. L. 1 p. 2 l. (Bartsch XIII. p. 54, No. 11. Duchesne No. 253.) 3 Exempl.

28. Hercule étouffant Anthée. Le héros est vu de dos et soulève de terre Anthée qu'il enlace de ses deux bras. A droite et à gauche, de petits arbres. Pièce non signée, mais tout à fait dans la manière du maître. H. 1 p. 5 l. L. 10 l. (Duchesne No. 246.) 2 Exempl.

29. Dieu marin et Néréide. Il a une double queue de poisson et embrasse la Néréide qui se trouve à sa gauche. De la main droite, il tient une grande voile, dont la partie inférieure couvre les jambes de la Nymphe, tandis que l'extrémité supérieure est coupée par la bordure du haut. Dans le fond, quelques roseaux. Au bas, le premier des chiffres ci-dessus. H 10 l. L. 1 p 4 l. (Duchesne.)

30. Triton caressant une Nymphe. Il nage vers la droite et semble vouloir forcer la Nymphe à se rendre à ses désirs. Pièce

non signée, mais d'un beau travail dans la manière de Peregrini. H. 1 p. 7 l. L. 11 l. Duchesne No. 238.

31. Une Muse. Elle est assise, tournée vers la droite, et joue d'une longue flûte. A ses pieds, un luth et, près d'elle, un tambourin. Pièce non signée, mais dans la manière du maître. Ronde 1 p. 2¹/₂ l. de diamètre. (Duchesne No. 222.) Paris.

32. Autre Muse. Elle est assise, tournée à gauche, et joue de la lyre. Devant elle et au pied de quelques arbres, divers instruments de musique. Pièce ronde de 1 p. 2 l. de diamètre. (Duchesne 223.)

Le Cabinet de Paris possède de cette pièce deux épreuves, une terminée et l'autre qui ne l'est pas.

33. L'Amour debout sur un vase. Sur le pied d'un grand vase est assis un enfant tenant de la main droite une torche, de la gauche une boule. Trois autres enfants, avec des torches, sont assis sur le vase surmonté de l'Amour, tenant l'arc et la flèche et posé sur un pied. Tout à fait en haut, deux petits disques en blanc. Pièce non signée, mais dans le genre du maître. H. 1 p. 3 l. L. 1 p. (Duchesne No. 216.) Paris et Musée britannique.

34. Une femme et cinq Amours. Elle est assise sur une butte au-dessous d'un oranger, tenant du bras droit une corne d'abondance et, de la même main étendue, le pétase de Mercure vers lequel un petit Amour tend les mains, tandis qu'à gauche quatre autres sont groupés autour de la femme; un d'eux s'appuie par derrière à son épaule, un second est assis près d'elle, le troisième souffle dans une corne et le quatrième, agenouillé devant elle, pose la main droite sur son genou. Pièce non signée, mais exécutée tout à fait dans le goût de Peregrini. H. 1 p. 7¹/₂ l. L. 1 p. Bibl. de Bruxelles en trois exemplaires. (Voyez „les Nielles" etc. par M. L. Alvin. Bruxelles 1857, No. 12, avec une photographie de cette pièce.)

35. Léda. Elle est assise, à droite, sous un arbre entouré de lierre et tient le cygne embrassé. Dans le fond, une ville, plusieurs montagnes, et la mer. Pièce non signée, mais dans la manière du maître. H. 2 p. 1 l. L. 1 p. 4¹/₂ l. (Duchesne No. 235.) Paris.

36. Arion porté sur un dauphin. Le poète barbu est couronné de laurier et assis sur le dauphin nageant vers la droite. Il tient de la main gauche le violon et l'archet et lève la main droite. Dans le fond, à droite, le vaisseau d'où il a été précipité; à gauche, la ville

de Corinthe. H. 1 p. 6 l. L. 10¹/₂ l. (Duchesne No. 247.) Paris et Cab. Malaspina.

37. **Le même poète débarquant au Pyrée.** Sa tête sans barbe est entourée d'un bandeau. Il est porté par le dauphin vers la gauche et tient, de la main gauche, le violon; de la droite, l'archet. Dans le fond, quelques montagnes; sur celle de droite des arbres; à gauche, une église avec une tour ou clocher surmonté d'une croix. H. 1 p. 1 l. L. 11 l. Duchesne No. 258. 2 Exempl.

38. **Orphée.** Il est appuyé à un arbre sur lequel perchent divers oiseaux et joue de la guitare; divers animaux l'entourent. Dans la marge du bas, la quatrième des signatures ci-dessus. H. 1 p. 9 ¹/₂ l. L. 1 p. 1 l. (Bartsch No. 6. — Duchesne No. 255.)

Cette pièce est une copie en contre-partie du Nielle de Francia, D. 256 et de notre Cat. No. 6.

39. **Diomède.** Il est vu de face, nu et la tête couverte d'un casque, la droite appuyée sur un bouclier rond et tenant de la gauche le Palladium. A la marge du bas, la quatrième signature. H. 1 p. 6 l. L. 10¹/₂ l. La marge a un peu plus de 1 l. (Duchesne No. 260, avec un fac-simile.) On en connait 3 Exempl.; à Paris, dans le Cabinet Malaspina et à Oxford, Coll. Wellesley.

Une imitation libre de cette pièce avec un paysage dans le fond porte, à rebours, l'inscription O.P.A.D.C dans laquelle la lettre A peut indiquer le nom du graveur. H. 2 p. 10 l. L. 1 p. 8 l. (Duchesne No. 261.)

40. **Mutius Scaevola.** A droite, sur un trône, Porsenna vu de profil. Le guerrier romain tient sa main dans le feu; autour de lui plusieurs cavaliers et fantassins portant des insignes militaires. Sur la base du trône, la première des signatures. H. 2 p. L. 2 p. 1 l. (Duchesne 263.) 4 Exempl. Bartsch en décrit une copie. (XIII. p. 53. No. 10.)

41—45. **Cinq héros de Chevalerie en armure complète.** Pièces ovales H. 1 p. 7 l. de diamètre au Musée britannique et qui paraissent être des épreuves de Nielles dans le goût du Peregrini.

— 41. **Orlando.** Il est tourné vers la droite, la tête à gauche, appuyé sur un bouclier qui porte son nom. Il tient de la gauche une grande épée, la pointe à terre. Fond noir.

— 42. **Ricardo.** Il appuie, de la main gauche, son épée à terre et tient la droite sur la hanche; son casque est sur une pierre qui porte son nom à rebours.

— 43. D u d o n dans la même position que Roland. Le nom est sur le bouclier.

— 44. D a n e s e. Il est debout, les jambes écartées et porte une épée en travers; de la main droite, il tient un bouclier avec son nom.

— 45. D u c h a m a i n o. Il est debout, appuyé sur sa lance et tient de la main gauche un bouclier avec son nom à rebours.

46. U n e A p o t h é o s e. A droite, un héros nu et la tête couverte d'un casque est debout près d'un autel sur lequel on voit un aigle comme symbole de l'objet de l'Apothéose. A gauche, une jeune femme vêtue porte de la main gauche un vase, pour faire une libation à l'aigle. Pièce à triple cintre avec têtes de chérubins dans les coins. Au milieu de la marge du bas, la première des signatures ci-dessus. H. 1 p. 7 l. et avec la marge 1 p. 8½ l. L. 11 l. (Duchesne No. 266.) 2 Exempl. Bartsch décrit cette pièce (XIII. 209, No. 7) sous le titre de l'A i g l e o f f e r t e n s a c r i f i c e.

On en trouve une copie en contre-partie de la fin du XVI. Siècle un peu plus grande que l'original et signée d'un A. H. 2 p. 7 l. L. 1 p. 10 l. (Duchesne No. 267), et dont la planche rognée (H. 1 p. 11 l. L. 1 p. 3 l.) se trouve au Musée britannique.

47. L e p o r t e - e n s e i g n e. Copie en petit de la gravure d'A. Durer, B. No. 37. Sur un petit écusson carré, à gauche, la première des signatures ci-dessus. H. 1 p. 10 l. L. 1 p. 4 l. Musée britannique. Epreuve d'un ton bleuâtre.

48. L e s d a n s e u s e s. Elles se donnent la main et dansent vers la gauche. Chacune d'elles porte trois branches de laurier. Pièce à double cintre avec cul-de-lampe au milieu. Dans la marge du bas, la première des signatures du maître. H. 1 p. 8 l. L. 1 p. 8 l. (Duchesne No. 287.) Cab. Malaspina et 2 Exempl. dans la Bibl. de Bruxelles. Paris.

49. T r o i s e n f a n t s q u i d a n s e n t. Ils se donnent la main. Au bas, la première des signatures. H. 1 p. 5 l. L. 10 l. (Duchesne No. 291.) 3 Exemplaires dans la Bibl. de Bruxelles.

50. A l l é g o r i e s u r l a g u e r r e. Trois hommes nus debout et le casque en tête, dont celui du milieu tient, de la main droite, une guirlande et, de l'autre, une torche renversée. Celui de gauche veut saisir la guirlande, il est vu de dos près d'une torche enflammée. Le troisième, la main sur la hanche, lève de la gauche une torche allumée. Toutes ces torches ont la forme de cornes d'abondance.

Dans la marge du bas, la seconde des signatures ci-dessus. H. 2 p.
3 l. L. 1 p. 9 l. (Duchesne No. 300.) Pièce décrite par Bartsch
sous le nom des T r o i s g u e r r i e r s (XIII. 200, No. 10). Coll.
Albert. Paris et Cab. Durazzo.

51. A l l é g o r i e s u r l a C o n c o r d e. Au milieu est assis un
roi qui tient les deux morceaux d'une baguette rompue. A gauche, trois
soldats et un jeune homme avec quatre drapeaux. A droite, deux
vieillards, la tête couverte de bonnets et qui paraissent discourir; à
côté d'eux, un autre soldat avec un drapeau. Sur le devant on voit
un faisceau de baguettes et deux autres rompues. Au-dessus de la
tête du roi est suspendu un globe. Sur le degré du trône on lit:
VN. FO. DI. FRA. (Un fondamento di fraternità?) H. 2 p. 2 l. L.
1 p. 2 l. Dans la pièce que nous avons eue sous les yeux la marge
inférieure, où se trouve probablement la signature, manque. (Duchesne No. 301.) Ottley p. 571.

52. A l l é g o r i e s u r l a R e n o m m é e. Un homme agenouillé
dans l'attitude d'un suppliant et tourné à gauche, près d'un livre ouvert, s'adresse à un génie vêtu qui, avec un homme nu, tient une
grosse guirlande de fruits. Au milieu, on voit une demi-figure de
femme qui souffle dans deux trompettes; à gauche, une autre femme
tient au-dessus de sa tête un livre ouvert. Pièce cintrée avec des
arabesques dans les coins. H. 2 p. L. 1 p. 6 l. (Duchesne 302.)
2 Exempl.

53. A l l é g o r i e s u r l a N a v i g a t i o n. Trois femmes tournées
vers la gauche sont debout, en pleine mer, sur des boucliers portés
par des dauphins. Celle du milieu est nue, les deux autres vêtues à
l'antique et elles tiennent toutes trois une voile gonflée par le vent.
Au bas, une tête de vent. Dans la marge inférieure, la quatrième signature. H. 2 p. L. 1 p. 2 l. (Duchesne 303.) Cab. Sykes à Bristol.
Bibl. de Bruxelles. (Alvin, Cat. avec une photographie.)

54. A l l é g o r i e s u r l'A b o n d a n c e. Deux femmes tiennent
au-dessus de la tête un vase rempli de fruits. Celle de gauche est
nue et tient élevée une corne d'abondance; l'autre vêtue à l'antique
tient une corne renversée. Entre elles, un enfant qui tient également
une corne remplie de fleurs et de fruits joue avec un chien. Dans
la marge du bas la quatrième des signatures ci-dessus. H. 1 p. 6 l.
L. 1 p. (D. 306.) 3 Exempl.

55. L a P r u d e n c e. Elle est vêtue à l'antique, assise sur un
dragon et tient, de la main droite, une corne d'abondance; de la

gauche, un miroir rond. Fond noir, avec quatre arbres. Pièce cintrée en ogive, signée, au bas, du premier des chiffres du maître. H. (avec la bordure) 2 p. L. 1 p. 5 l. B. No. 3. Duchesne No. 208, sous le nom de Ste. Marguerite. Cat. Wilson sous celui de l'Orgueil. 4 Exempl.

56. **Jeune femme avec une pomme et une épée.** Une jeune femme vêtue à l'antique s'avance vers la droite, tenant de la main gauche une pomme, de la droite, un glaive. Dans le fond, à droite, s'élève un arbre. Pièce sans la signature qui se trouvait probablement sur la marge qui manque dans l'exemplaire que nous décrivons. H. 1 p. 9 l. L. 8 l. Bartsch No. 2. Duchesne No. 314. Un exemplaire du Cabinet de Durazzo se trouve actuellement à Turin.

57. **L'homme assis sous un arbre.** Il est tourné vers la gauche, vu de dos et la tête de profil, et tient de chaque main un serpent dont l'un a une tête d'homme barbu et l'autre une tête de femme. Il est couvert d'une légère draperie qui retombe en partie sur le tertre où il est assis, le pied posé sur un casque. Au milieu du bas, la première des signatures. H. 1 p. 9 l. L. 1 p. (Duchesne No. 319.) 2 Exempl.

58. **Tête d'homme avec bonnet de fourrure.** Il est vu de trois quarts tourné vers la gauche, avec une longue chevelure frisée et les bras croisés. De chaque côté s'élève un ornement surmonté d'une banderole avec l'inscription: SPES ME (A?) Pièce non signée. H. 1 p. 9 l. L. 8 l. Bartsch No. 9. Duchesne No. 329. 1 Exempl.

59. **Jeune homme avec une toque à plumes.** Demi-figure, de profil à droite, à longs cheveux plats couverts d'une barette ornée de plumes d'un côté. Il est entouré de quatre ornements. Pièce non signée. H. 1 p. 1 l. L. 9 l. Bartsch No. 8. Duchesne No. 332. 1 Exempl.

60. **Buste de jeune femme.** Elle est tournée vers la droite, coiffée d'une longue chevelure, un collier de perles au cou avec les deux bras croisés sur un mur d'appui. Dans le fond, des arabesques et, en haut, une branche de fruits avec un ruban noué. La signature se trouve à la marge du haut. H. 1 p. 2 l. L. 9 l. Cab. Sotheby? (Duchesne.)

61. **Arabesque aux grappes de raisin.** Au bas, une touffe d'Acanthe dans les feuilles de laquelle se trouvent des grappes de raisin. Pièce non signée, mais finement exécutée dans le style de

Peregrini. H. 3 p. 5 l. L. 7 l. Duchesne No. 354. Musée brit.
1 Exempl.

62. Arabesque au Sphinx. L'animal chimérique a des ailes
et souffle dans deux trompettes. Au bas, on voit deux Satyres assis
sur des animaux fantastiques à tête de bélier et à queue de poisson.
Au milieu, un médaillon avec la première signature. Vient ensuite un
vase porté par deux chimères assises dos à dos; entre elles, un mascaron sur lequel pose le Sphinx vu de face. Tout à fait dans le haut,
deux hippocampes. H. 3 p. L. 1 p. 3 l. (Duchesne No. 356.) 2
Exempl.

63. Arabesque aux Chimères ailées. Au milieu un cais-
son avec la première des marques ci-dessus. En haut, la demi-figure
d'une chimère femelle tenant des deux mains un voile. H. 2 p. 11 l.
L. 10 l. (Duchesne No. 357.) 1 Exempl. à Paris.
    On trouve une copie allemande de cette pièce.

64. Arabesque aux deux enfants à cheval. Au bas,
deux animaux fantastiques à tête d'oiseau et à queue de poisson; au-
dessus un enfant à cheval. Au milieu, un mascaron soutenant un
vase et des Satyres, mâle et femelle. La signature P est sur le pied
d'un candélabre. H. 2 p. 9 l. L. 1 p. 3 l. (Duchesne No. 358.)
2 Exempl.

65. Arabesque à la cuirasse. Au bas, une cuirasse surmontée
d'un casque ayant une double aigle pour cimier. Plus haut, une
tablette avec la première des signatures. Viennent ensuite plusieurs
animaux et mascarons entremêlés puis, sur une autre tablette, les initiales S. C. H. 2 p. 9 l. L. 1 p. 4 l. (Duchesne No. 359.) 2
Exempl.

66. Arabesque aux attributs de Neptune. Au bas, deux
Tritons sur une tête de dauphin. Entre eux, un navire surmonté d'un
mascaron et au milieu, une espèce de gondole. Plus haut, un vase
où s'appuient deux Satyres enchaînés. A la partie supérieure de l'estampe, une écrevisse entre deux chimères avec un petit Amour. Pièce
non signée, mais d'une excellente exécution dans le style du maître.
H. 2 p. 8 l. L. 1 p. 7 l. (Duchesne No. 360.) 3 Exempl.

67. Arabesque aux deux chèvres. Au bas, deux chèvres
agenouillées qui soutiennent un ornement avec une chimère aux ailes
doubles déployées. Au milieu du bas, un chiffre ressemblant à un P.
Excellent travail. H. 2 p. 4 l. L. 1 p. (Duchesne No. 361.) 2
Exempl.

68. **Arabesque à la femelle de Satyre allaitant ses petits.** Au bas, un Faune ailé assis tient de chaque main une torche et pose le pied sur la queue d'un dauphin monté par un Triton soufflant dans une conque. Au milieu, une gondole portant un vase avec deux Satyres dont l'un pose le pied sur une tête de chevreuil, l'autre sur une tête de brebis. En haut, une femelle de Satyre allaitant ses deux petits. Au milieu, dans un médaillon, la première des signatures ci-dessus. Au-dessus des genoux du Faune, on voit sur une petite tablette SCOF. H. 2 p. 7 l. L. 1 p. 7 l. Duchesne No. 362. 4 Exempl. Les premières épreuves sont très-faibles, les secondes plus vigoureuses avec des tailles croisées. On en trouve une copie B. XIII. 61. No. 30.

69. **Arabesque au mascaron de dieu marin.** Ce mascaron est au milieu de l'estampe, entouré de feuilles d'Acanthe. Le chiffre est à la marge du bas. H. 2 p. L. 7^1/$_2$ l. (Duchesne No. 365.) Musée britannique. Coll. Santini.

70. **Arabesque aux deux dauphins.** Au bas, deux dauphins surmontés de deux cornes d'abondance dont deux oiseaux becquettent les fruits. Au milieu du haut, une tête ailée. Pièce non signée. H. 1 p. 10 l. L. 1 p. 2 l. (Duchesne No. 366.) Musée brit. et Coll. Santini.

71. **Arabesque aux deux trophées.** Au milieu la dépouille d'un oiseau surmontée de deux écussons chantournés, ornés d'une tête d'homme vue de profil. De chaque côté et au-dessous de serpents suspendus à la dépouille, deux gros oiseaux le bec dirigé vers des dauphins sortant d'ornements. Au-dessus de ces dauphins, deux Satyres jouant du châlumeau. Aux deux côtés extrêmes, pendent des trophées avec des boucliers ovales ornés d'une tête de Méduse. Au bas, trois mascarons barbus et un écusson avec les initiales SCOF. H. 2 p. 1 l. 3 p. 5 l. (Duchesne No. 370.) Paris, Munich, Santini, Langalière d'Orléans et Brisard de Gand. Ce dernier exemplaire se trouve actuellement à la Bibl. de Bruxelles. (Voyez Nielles etc. par Alvin, avec une photographie.)

72. **Deux manches de couteaux.** Le bout du manche de gauche termine en médaillon orné d'une tête de Méduse et a, au bas, une espèce de grenade. Au-dessus du médaillon, s'élève un candélabre soutenant deux chimères à têtes de bélier, puis deux Satyres, dos à dos, qui paraissent vouloir atteindre deux mascarons placés au-dessus d'eux. Deux Sphinx posent sur une tablette signée P. C et, tout à fait en haut,

deux Satyres, le dos appuyé l'un contre l'autre. H. 3 p. 3 l. L. au haut 6 l. au bas 8 l.

Sur le manche, à droite et au bas, entre deux volutes, un Triton à double queue de poisson. L'arabesque nait d'un petit Amour qui tient deux rinceaux de feuillage. Presque au milieu, deux autres Amours assis et, au-dessus d'eux, un vase supportant un Faune barbu au milieu d'un ornement de feuillage. H. 3 p. 3 l. L. au haut, 4 l. au bas, 7 l. La planche entière mesure H. 3 p. 5 l. L. 1 p. 9 l. (Duchesne No. 394.) Cet écrivain ajoute qu'il existe trois exemplaires de cette pièce.

Nielle en argent.

73. Un manche de couteau. D'un côté et sur la partie inférieure du manche, se trouvent deux guitares posées en sautoir, du milieu desquelles s'élève un arabesque de feuillage. En haut, un écusson et une tablette avec les initiales S C, et au-dessus une tête de chérubin.

L'autre côté du manche porte deux flûtes surmontées d'un écusson vide d'où s'élève un ornement de feuillage soutenant un écusson et une tête de boeuf. H. 2 p. 8 l. L. en hant, 4 1/2 l. en bas, 5 1/2 l. (Duchesne No. 399.) Cab. Revil.

Appendice.

74. St. Jean Baptiste. Il est debout, tenant de la main droite un long bâton surmonté d'une croix avec un médaillon où se trouve figuré l'Agneau divin. De la gauche, il indique une banderole sur laquelle on lit l'inscription: ECE AGNVS, mais à rebours, ce qui indique que cette pièce est une épreuve de Nielle. Le jet des draperies est excessivement mauvais et le travail que Duchesne croit être de Peregrini n'est certainement point de ce maître. H. 2 p. 5 l. L. 1 p. 2 l. (Duchesne No. 170.)

Bartsch (XIII. p. 53, No. 8) en décrit une copie moderne que, par erreur, il indique comme ayant pour sujet St. Jean l'Evangéliste.

75. Sacrifice au dieu Mars. Devant la statue du dieu

s'élève un autel orné d'un bas-relief. La Victoire y conduit trois guerriers qui portent des insignes militaires et des trophées. Au milieu d'eux, se trouve un homme qui semble conduire un taureau. Sur le devant de la pièce, on voit un chien. A en juger par les formes arrondies dans les figures, on pourrait conclure que ce travail est de l'école vénitienne. (Bartsch XIII. p. 139, No. 69.) H. 2 p. 3½ l. L. 2 p. 3 l. (Duchesne No. 221.) 3 Exempl.

On trouve de cette pièce deux états, le premier au simple contour; le second terminé, à hachures croisées.

76. Arabesque. Au milieu, un enfant portant sur la tête un vase. Au bas, un autre vase avec feuillage et mascaron. Beau nielle dans le goût de Peregrini. H. 3 p. 5 l. L. 6 l. Musée britannique. 1 Exempl.

77. Combat de deux cavaliers. Ils sont en armure complète, la visière baissée et s'élancent, l'épée au poing gauche, à l'encontre l'un de l'autre. Celui de droite dirige la pointe de son arme en bas, l'autre lève l'épée pour en frapper son adversaire. Au-dessus de leurs têtes flottent deux banderoles. Dans le fond, à gauche, un bel arbre. Nielle dans le goût du Peregrini, mais d'une taille un peu raide. H. 1 p. 8 l. L. 2 p. 3 l. (Duchesne No. 278.) Musée brit. Berlin.

78. Combat de deux hommes nus. Ils semblent se battre avec des branches d'arbres. Celui de gauche est vu de dos et tient un bouclier du bras droit. L'autre est monté sur un cheval qui se cabre. Dans la partie supérieure de l'estampe, on voit deux disques laissés en blanc et entourés de feuilles d'acanthe. Le dessin de cette pièce est un peu trop faible pour qu'on puisse l'attribuer à Peregrini. H. 1 p. 7 l. L. 1 p. (Duchesne 281.)

Le maître ₽ 1511.

(Bartsch XIII. 205. No. 1.)

Ottley et plus tard Duchesne ont observé avec beaucoup de raison que la pièce décrite par Bartsch et représentant un enfant assis ne peut, quoiqu'elle soit signée d'un P, être attribuée à Peregrini, puisque le dessin en est trop faible et la taille trop rude pour être de ce

maître. D'après l'assertion fort peu prouvée, du reste, de Ticozzi[1]), le
graveur P de 1511 serait un certain Pietro natif de Cesi qui aurait
abandonné son art pour se livrer entièrement à celui de la gravure.
En attendant Ticozzi ne nous donne rien à l'appui de son opinion qui
est d'autant moins admissible que nous ne connaissons de ce maître
que deux gravures fort médiocres. Nous ne pouvons, par conséquent,
rien dire à son égard sinon qu'il a été un graveur fort médiocre de l'école
vénitienne au commencement du XVI. Siècle, qui en 1511 a fait quelques essais de gravure, autant que nous le sachions, se limitant
aux deux pièces suivantes.

　1. Un enfant nu assis. Il se trouve sur une draperie qui
recouvre en partie le terrain[2]), vu de profil et tourné vers la droite.
Sur la branche d'un arbre, à droite, pend une tablette avec la signature
ci-dessus et la date de 1511. H. 4 p. 4 l. L. 3 p. 2 l.

Appendice.

　2. La Vierge avec St. Sébastien et Ste. Cathérine. La
Vierge, avec l'enfant Jésus, est debout dans une niche entre St. Sébastien et Ste. Cathérine. Au bas sont assis deux Anges qui font de la
musique. Sur les degrés de la niche, l'inscription:

O MATER DEI MEMENTO MEI.

Puis sur la marge du bas.

O bEATE ZEbASTIANE. MILES XPI. bEATISSIME QVIA MAGNA
EST. FIDES TVA INTERCEDE PRO NOBIS AD DOMINVM VT A
PESTE SIVE MORbO EPIDEMIE LIbEREMVR. P.

H. 9 p. 6 l. L. 6 p. 9 l. Paris.

　Cette pièce de l'ancienne école italienne est bien meilleure d'exécution que celle de l'Enfant assis et nous n'avons été porté à
l'ajouter ici que parce que les signatures dont elles sont revêtues sont les
mêmes.

　3. La Vierge et Ste. Anne. Nous avons encore une pièce

---

1) „Storia dei Letterati e degli Artisti del dipartimento della Piave." Belluno
1813. Tom. I. p. 39.

2) Pelgrave remarque que cet enfant se trouve introduit par G. Antonio di
Brescia dans une gravure au Musée britannique qui n'a pas encore été décrite.
On pourrait croire que ce graveur l'a emprunté au maître P.

signée d'un ⊞ et que nous hésitons d'autant plus à attribuer au
maître, que nous n'avons point eu l'occasion de la comparer avec ses autres
gravures.   C'est une copie en contre-partie d'après la gravure d'Albert
Durer représentant la Vierge et Ste. Anne. (B. No. 29.) Le chiffre
se trouve au-dessous de la figure de celle-ci. H. 4 p. L. 2 p. 6 l.

Quoique l'on ait cherché évidemment à imiter la manière du
maître allemand dans cette copie, la taille a quelque chose de plus libre
et de plus large qui forme un contraste avec celle de l'original et
qui nous indique que cette pièce appartient plutôt à l'école italienne
qu'à l'école allemande de l'époque.

Heller mentionne cette copie sous le No. 487 de son livre sur la
Vie et les ouvrages d'Albert Durer et on en trouve un exemplaire
dans la Collection du Staedel'sche Kunst-Institut à Francfort s/Mein.

I·F·

Jacopo Francia.

(Bartsch XV. 455.)

Jacopo ou Giacomo Francia, fils ainé de Francesco, était comme son
père orfèvre et peintre en même temps. On ne connait point l'année
de sa naissance, mais on sait qu'il mourut en 1557. Il a peint beaucoup de tableaux d'autel avec le concours de son frère Jules, né en
1487, et qui sont ordinairement signés J. J. FRANCIA. Deux de ces
tableaux portent la date de MDXVIII. et sont les plus anciens que nous
connaissons de lui.[1] Aucun des anciens écrivains ne fait mention
que Giacomo se soit occupé de gravure et Ottley fut le premier qui,
suivant l'indication de Bartsch, lui attribua avec raison les pièces signées I. F., frappé comme il l'était de la grande analogie qu'il trouvait
entre elles et les compositions bien connues de l'artiste. Il est probable, si l'on tient compte des relations qui existaient entre eux, que

---

1) Voyez le Commentaire sur les vies de Francesco et Giacomo Francia dans
l'Edition du Vasari de Le Monnier. Vol. VI. p. 22—26.
Un tableau dans la Galerie de Bréra à Milan, représentant une Vierge entourée de Saints, porte l'inscription: JACOBVS. FRANCIA. P. MDXLIIII.

Marc Antoine exerça une certaine influence sur la manière de graver de son condisciple, mais il ne paraît pas que celui-ci ait gravé d'autre chose à l'imitation de Marc Antoine que le Christ à table chez Simon le pharisien, copie dont Bartsch fait mention sous le No. 29 et qui porte les initiales I. F. avec la date de 1530. Il est prouvé également que Giacomo s'est trouvé en rapport avec Agostino Veneziano et cela par les deux gravures (B. No. 566 et 576) de la série de 20 planches d'ornement que cet élève de Marc Antoine grava d'après les dessins de Giovanni da Udine. On doit en conclure que Giacomo se trouvait à cette époque à Rome. La manière de notre maître s'approche de celle de Marc Antoine, mais elle s'en éloigne souvent dans la taille moins regulière de ses pièces, ce qui arrive souvent quand il s'agit d'un peintre qui s'est adonné en même temps à la gravure. A cette seconde manière appartiennent quelques estampes qui ne portent point sa signature mais qui sont analogues à ses travaux connus, tels que l'Amour et Psyché d'après Raphaël et la grande tête de femme qui sont traitées de la même manière que la gravure de Bartsch No. 1, signée I.F. et représentant un Saint évêque entouré de quatre Saints. Le Saint évêque est St. Pétrone, patron de Bologne.

Additions à Bartsch.

8. Jésus à la table de Simon le pharisien. Copie dans le sens de l'original de Marc Antoine No. 23, signée, au bas sûr une tablette, I.F. 1530. Pièce d'une excellente exécution. B. XIV. p. 30. Copie B.

9. La Sainte famille. La Vierge est assise à droite, sur un escabeau, et tient de la gauche l'enfant Jésus debout dans une cuvette et qui regarde le vase avec lequel une femme agenouillée s'apprête à verser de l'eau sur lui. Un autre petit enfant est assis près de cette dernière et sur le devant, à gauche, se trouve une guenon. La chambre semi-circulaire où se passe la scène est ouverte par le haut. A travers la porte, on voit un passant au milieu du paysage. Cette pièce sans signature paraît être un des premiers essais du maître. H. 6 p. 9 l. L. 6 p. Musée britannique, où se trouvent deux épreuves l'une terminée et l'autre qui ne l'est pas.

10. La Vierge avec l'enfant Jésus. Elle est assise sur des nuages, tournée vers la gauche, les pieds à droite appuyés sur le

croissant, et la tête entourée d'une auréole. Elle soutient du bras gauche l'enfant Jésus assis-sur son bras droit et qui, donnant la bénédiction, tient de la main gauche une banderole avec l'inscription:

EGO SVM, NOLITE TIMERE.

H. 9 p. 3 l. L. 6 p. 4 l.

Les premières épreuves n'ont point de signature et l'inscription est encore incomplète. Les secondes signées I. F. ont été fortement retouchées et la masse des nuages se trouve très-élargie. L'auréole, ainsi que la figure entière de la Vierge, est entourée de rayons et le fond est couvert de tailles horizontales. Ces dernières épreuves ont une apparence très-rude qui contraste désavantageusement avec la finesse d'exécution que l'on trouve dans les premières. Berlin. Paris.

11. L'enfant Jésus endormi sur la croix. Il est légèrement vêtu, tourné vers la droite et la tête ceinte d'une auréole. Devant lui, on voit une couronne d'épines et une banderole avec l'inscription:

IN SOMN....MEO REQVIE....

Aux côtés, deux enfants tiennent la draperie du baldaquin sous lequel repose l'enfant Jésus; sur le fond obscur se trouve une tablette avec l'inscription:

EGO DORMIO ET COR MEVM VIGILAT.

Pièce non signée. H. 5 p. 2 l. L. 7 p. 5 l. Munich. On trouve chez Ottley, p. 774, le fac-simile d'une partie de cette pièce.

12. Vénus et l'Amour. Elle est debout, sur les nuages, vue de profil et tournée vers la gauche, tenant de la main droite étendue une flèche et de la gauche la draperie dont elle est en partie couverte. Devant elle l'Amour qui, ainsi que sa mère, a la tête couverte d'une espèce de coiffe; il s'appuie de la main gauche sur un arc. Pièce non signée. (B. XV. p. 37. No. 6.) H. 1 p. L. 7 p. 9 l. Paris. Francfort s/M.

13. Psyché et l'Amour. Groupe tiré du Banquet des dieux de Raphaël à la Farnesina. Cupidon est couché sur un coussin, tourné à droite, et tient Psyché embrassée du bras gauche. Celle-ci pose la main gauche sur son sein et tient l'autre sur ses genoux. Pièce non signée. H. 7 p. L. 10 p. Coll. Albert. Musée britannique. Francfort s/M.

14. Figure de femme vêtue. Elle est vue de face, la tête inclinée à gauche, et tient de la main gauche un disque d'où s'échappent, en haut et en bas, deux rayons. Un manteau jeté sur sa tunique légère recouvre son épaule droite et la partie inférieure de son

corps. Pièce signée au bas I.F. H. 8 p. 1 l. L. 6 p. 3 l. Oxford
Coll. Dr. Wellesley. M. Henri Wellesley en possède une copie.

15. Tête de femme. Probablement celle d'une Muse, presque
de grandeur naturelle, un peu tournée du côté gauche tandis que le
corps est vers la droite. La bordure de son vêtement a en haut, sur
la poitrine, un ornement de feuillage sur fond noir dans la manière
des Nielles. Pièce non signée. H. 12 p. 9 l. L. 9 p. 8 l. Bibl. de
Vienne. Musée brit. Paris. (B. XIII. 103. No. 3.)

Rumohr a été le premier d'avis que cette pièce a été gravée par
Giacomo Francia, et le faire dans les cheveux et la draperie s'accorde
parfaitement avec celui que l'on observe dans le St. Pétrone, No. 1
de Bartsch. Le fond est couvert de tailles horizontales et de petits
points à guise de traits, comme dans la gravure de Psyché et
l'Amour. La tête ressemble beaucoup à celle d'une des Muses
de Raphaël dans sa fresque du Parnasse et celle-ci semble avoir servi
de modèle à Giacomo Francia pour sa gravure.

16. Le peuple pleurant sur le corps de Gattamelata.
Le célèbre général vénitien, mort en 1440, est étendu nu sur une
table. Dix hommes et femmes nues entourent le cadavre en pleurant.
Pièce signée I. F. H. 10 p. 8 l. L. 15 p. 10 l. (?) Voyez Brulliot,
Dict. II. No. 1433. Il faut observer que cette pièce n'a jamais été
vue par personne.

On en trouve une copie par Alaert Claessen et que Bartsch (IX.
130, No. 30) croit, par erreur, avoir été copiée d'un original du Mantègne.

17. Panneau d'arabesque. Au bas, une femme et un
homme qui terminent par des ornements de feuillage. Pièce signée I. F.
(Bartsch XIV. p. 566.)

18. Autre panneau semblable. Avec deux petits temples
sur les côtés et au milieu un vase d'où s'élancent des flammes. Pièce
signée I. F. (B. XIV. No. 576.)

Quelques maîtres inconnus du commencement du XVI. Siècle.

Les gravures que nous allons décrire et qui appartiennent à l'ancienne école italienne ne portent point l'empreinte d'une école particulière et nous n'avons point le moindre indice sur les maîtres auxquels nous en devons l'exécution. Nous avons, par conséquent, cru devoir leur reserver une place ici avant de passer à l'oeuvre de Marc Antoine et à celle des graveurs de son école.

---

1. Une Sainte famille. La Vierge est debout, à gauche, couronnée de roses et tenant une guirlande des mêmes fleurs à la main droite. L'enfant Jésus habillé tend la main vers cette guirlande tandis qu'il prend de la droite l'extrémité d'une branche que tient St. Joseph. Celui ci a une tige de lys dans la main gauche et, entre les deux, plane le St. Esprit. Dans le haut, on voit Dieu le père entouré de quatre anges qui font de la musique. Fond de paysage avec deux, vaisseaux sur un fleuve. Au bas, à droite, on voit le monogramme du maître qui semble avoir vécu au commencement du XVI. Siècle. II. 6 p. 8 l. L. 4 p. 10 l. Paris.

1511

1. **La fontaine de Jouvence.** Dans une vasque octogone entourée de feuillage, au milieu de l'estampe, et d'où s'échappe l'eau par un conduit à gauche, se baignent plusieurs figures nues. Un homme portant sa femme sur les épaules est dans l'acte de monter sur le bord dans le but de plonger sa moitié dans le bain. A droite, et plus près du premier plan, on voit plusieurs autres figures, entre autres celle d'un homme avec un bonnet carré et une autre figure dont la tête est enveloppée. Du milieu du bassin s'élève un jet d'eau près duquel se trouvent trois enfants. Une colombe est perchée sur les bords de la vasque, tandis qu'une seconde s'envole vers la gauche tenant dans le bec une tablette sur laquelle on croit lire la date de 1511. A la marge de droite, à côté de l'enfant près de l'homme à la tête enveloppée, se voit le monogramme ci-dessus. Cette pièce un peu rude semble avoir été exécutée par un orfévre. H. et L. 9 p. 9 l. Oxford, Bodleian Library.

1. **Arabesque.** Deux vieillards nus sont assis sur des dauphins et ont les bras attachés à un bâton qui s'élève au milieu et auquel se trouve attaché l'écusson ovale ci-dessus, avec les lettres D A, l'une en haut l'autre au bas de deux épis attachés en sautoir. Sur la tête des deux premières figures se trouvent deux Amours tenant l'écusson attaché à un ruban. Les deux vieillards tiennent de la bouche des rinceaux soutenant des corbeilles de fruits, tandis que deux oiseaux becquettent les raisins qui s'y trouvent. Brulliot croit devoir attribuer cette belle pièce, finement traitée, à Nicoletto da Modena. Le

15*

filigrane du papier est une ancre dans un cercle et doit, si nous ne nous trompons, être une marque vénitienne. H. 3 p. 1 l. L. 7 p. 10 l. Berlin.

————————

1. Un chasseur à cheval. Il galope vers la droite sur le point de lancer un javelot contre un lièvre. Il est vu de profil, la tête couverte d'une toque ornée d'une longue touffe de plumes. Au milieu du premier plan, on voit un pilastre renversé et plus loin, vers le fond, un groupe d'arbres. Près d'une rivière, on voit une figure d'homme et, dans le fond, un château. La marque ci-dessus ressemblant à une tache en forme de tortue, se trouve sur une pierre à droite près de la jambe de derrière du cheval. Belle pièce finement exécutée dans le style de Nicoletto da Modena. H. 6 p. L. 4 p. 4 l. Oxford.

————————

1. Mercure et Argus. Le gardien aux cent yeux est nu et endormi sur le terrain, à gauche. Près de lui, Mercure debout près d'un coq et soufflant dans une trompette. Sur le tronc d'un arbre on voit une signature qui ressemble aux deux lettres P T, à rebours. C'est probablement une épreuve de Nielle. H. 1 p. 6 l. L. 2 p. 7 l. Coll. Weber à Bonn.

————————

F. PHIL. CINERICIVS. 1516.

Ce nom doit se lire Frater Philippus Cinericius et désigne probablement le graveur de la pièce que nous allons décrire quoiqu'il n'ait point de F. (fecit) à la fin. Ce maître qui paraît

avoir été un moine de l'ordre de St. Dominique, a fait ici un essai
de gravure pour représenter le Saint patron de son ordre et St. Pierre
le martyr devant lequel on le voit lui-même agenouillé. La feuille
notée qui se trouve près de son nom nous prouve qu'il joignait les
talents du chantre à ceux de l'artiste. Le nom Cinericius paraît être
la traduction latine du nom allemand Ascher, mais le style de ses
gravures répond entièrement à celui de l'école italienne du commencement du XVI. Siècle, sans pourtant appartenir à une école distincte.
Nous croyons, par conséquent, que ce graveur, allemand de naissance,
aura vécu dans un cloître d'Italie où il aura formé sa manière d'après
les modèles de cette époque et de ce pays.

1. St. Dominique. Il est tourné vers la gauche; derrière lui
est agenouillé un moine de son ordre avec une banderole chargée de
notes de musique avec l'inscription: DO — NE — SE — ET — CON; au-
dessus sur un écusson le nom CINCERICIVS 1516. En haut de
l'estampe:

S. DOMINICVS

et au bas:

PRIMVS PATER ORDíNIS PREDICATORVM.

H. 3 p. 4 l. L. 2 p. 4 l. Paris.

2. St. Pierre, le Martyr. On le voit debout, un poignard
enfoncé dans la poitrine, tandis qu'il tient de la gauche une épée dont
la pointe repose sur le terrain. Tout près, la figure en petit d'un homme
armé est couchée à terre. A gauche, devant le saint, est agenouillé
un moine de l'ordre de St. Dominique, avec une banderole sur laquelle
on voit, comme dans la pièce précédente, des notes de musique avec
l'inscription DO — NE — SE — ET — CON. Un petit ange allume deux
lampes suspendues au-dessus de sa tête. Des pilastres richement ornés soutiennent une architrave où on lit: S. PETRVS MARTIR. 1516.
et sur le pilastre de gauche, le nom du graveur: P. PHIL. CINERI-
CIVS. H. 3 p. 6 l. L. 2 p. 4 l. Paris.

M A 1524. M T ꝗ ⩘

La manière de cet artiste est d'un genre tout particulier et
quoiqu'appartenant à l'école italienne par un bon style de dessin, on

ne peut le ranger dans aucune des écoles de son époque, c'est à dire du commencement du XVI. Siècle. Les seules pièces que l'on connaisse de lui sont les suivantes qui se trouvent dans la Collection Albertine à Vienne.

1. St. Jean Baptiste. Il est debout, la main droite sur la poitrine et montre de la gauche l'Agneau couché sur le terrain avec une croix et un livre. La tête du Saint, tournée à droite, est entourée de rayons. En haut, la première des signatures ci-dessus, avec la date de 1524 et le second au-dessous. H. 5 p. 2 l. L. 1 p. 7 l.

2. St. Antoine. Il est debout, vers la gauche, vêtu d'une longue robe blanche et tient, de la main droite, le bâton surmonté d'une croix auquel est suspendue une clochette. A ses pieds, le pourceau. Au bas, et près de la bordure de l'estampe, la première des marques ci-dessus sans la date. H. 5 p. 2 l. L. 2 p. 7 l.

3. La Vierge debout sur le croissant et tenant l'enfant Jésus. Elle est vue de face, tenant l'enfant Jésus sur le bras droit. Sa tête couronnée est entourée d'une auréole. Cette pièce, quoiqu'elle ne porte aucune signature, est indubitablement du même maître que les deux gravures précédentes. H. 5 p. 3 l. L. 2 p. 6 l.

TABLE DES GRAVURES

Vierges et Saintes Familles.

La Vierge avec l'enfant, demi-figure. Maître Gherardo No. 3.

La Vierge au chat. N. da Modena 76.

La Vierge allaitant l'enfant Jésus d'après A. Durer. B. Montagna No. 39.

La Vierge avec l'enfant, debout. Anonyme 9.

La Vierge repoussant le petit St. Jean.

La Vierge sur un trône, entourée de Saints. Nic. da Modena 74. F. Francia 2.

La Vierge, l'enfant et des Anges. Anonyme 8, 68, 88, 89, 99.

La Vierge entre deux Saints. Anonyme 67.

La Vierge entourée de Saints. Robetta 32. Anonyme 7, 67. Giov. Ant. da Brescia 33. B. Baldini 99*.

La Vierge apparaissant à St. Bénoît. Robetta 35.

La Vie de la Vierge, onze compartiments. B. Baldini 99*—115.

Sujets de la Vie de la Vierge. Fra Fil. Lippi 1—15.

La Ste. Famille. Robetta 31. F. Francia 9.

La Vierge évanouie. Anonyme 10.

Mort et couronnement de la Vierge. Anonyme 11, 69.

L'Assomption. B. Baldini 100, 116. Fra Fil. Lippi. 15, 16. Anonyme 12.

La Vierge, entourée de plusieurs sujets plus petits. Nielles 387.

Sujets pieux et Saints.

L'enfant Jésus endormi sur la croix. J. Francia 11.

Le Christ entouré de six anges. Maître Gherardo 1.

La Vierge tenant le corps de son fils. Anonyme 15.

L'homme de douleurs entre la Vierge et St. Jean. B. Baldini 156. Maître Gherardo 2. Anonymes 4, 13*, 14.

L'homme de douleurs soutenu par un Ange. Anonyme No. 13.

— avec Dieu le père et des Saints. Anonyme 13*.

St. Jean Baptiste. Anonyme 17. Peregrini 74.

St. Paul, copie d'après A. Durer. B. Montagna 57.

St. George. Anonyme 70, 90.

St. Sébastien. Anonyme 16, 91. Giov. Ant. da Brescia 34, 35. Peregrini 15.

St. Jérôme. Robetta 33. Anonyme 19, 20, 21. Nicol. da Modena 114. G. Ant. da Brescia 36. Dom. Campagnola 14.

St. Augustin. Anonyme 22.

St. Bénoît. Anonyme 93.

St. Antoine Abbé. B. Baldini 119. Anonyme 80.

St. Paul, ermite. B. Montagna 42.

St. Dominique. Anonyme 23.

SS. François et Antoine de Padoue. Anonyme 94*.

St. Antoine de Padoue. Anonyme 95*.

St. Bernardin de Sienne. Anon. 24, 95*.

St. Nicolas de Bari. Anonyme 92.

Trois Saints religieux, Légende. 28*.

St. Ange de Jérusalem. Anonyme 94*.

Un Saint la poitrine percée de trois flèches. Anonyme 25.

Un Saint debout. Anonyme 18.

Deux ermites. Anonyme 101.

Les Sibylles. Bartsch XIII. 91, 9—20, Deux Sibylles et un Ange d'après Raphaël. Giov. da Brescia 38.

Stes. Catherine et Lucie. Fr. Francia 3.

Ste. Barbe. G. Antonio da Brescia 37.

Ste. Cécile. Nicoletto da Modena 85.

Ste. Catherine de Sienne. Anonyme 26.

Ste. Gertrude de Nivelle. Anonyme 5, 27.

Le Jugement dernier. Anonyme 72.

L'Enfer. B. Baldini et Sandro Botticelli 100, 101, 102.

Sujets mythologiques.

Cérès. Nicoletto da Modena 94.

Vénus. Benedetto Montagna 49.

Vénus et l'Amour. Gia. Francia No. 12.
L'Amour maltraité par 4 femmes. B. Baldini 71—72.
L'Amour tenant l'arc et les flèches. B. Baldini 88.
Triomphe de l'Amour. B. Baldini 89.
L'Amour avec têtes de pavots. B. Baldini 106.
L'Amour assis sur un aigle. B. Baldini 107.
L'Amour couché sur un dauphin. B. Baldini 108.
L'Amour sur un rocher au milieu de la mer. B. Baldini 109.
L'Amour endormi. Dom. Campagnola 22.
L'Amour chevauchant un bouc. G. Ant. da Brescia 43.
L'Amour monté sur un bélier et accompagné d'un Satyre. Anonyme 31.
Quatre Amours faisant de la musique. Altobello de' Melloni 2.
Cinq Amours. Maître .Я.Я.
Bain d'Amours. Anonyme 100.
Psyché et l'Amour d'après Raphaël. Giac. Francia 13.
Psyché et l'Amour enchaînés. Anonyme 81.
Hercule domptant le taureau. Nic. da Modena 95.
Torse de l'Hercule. G. Ant. da Brescia 41.
Bacchus enfant. Anonyme 96.
Bacchus et Ariane. B. Baldini 104.
Silène entouré d'enfants. Zoan Andrea 39.
Satyre, bacchante et enfant. Maître de 1515, 39.
Le Satyre et le pasteur. Dom. Campagnola 15.
Pan, dieu d'Arcadie. Nic. da Modena 96.
Léda. Robetta 36.
Une Nymphe endormie. Mocetto 12. Ben. Montagna 51. Jul. Campagnola 11. Anonyme 103.
Nymphe attachée à un arbre. Peregrini 23.
Frise aux Tritons. Mocetto 14.

La mort d'Orphée. B. Baldini No. 120.
Le Labyrinthe· B. Baldini 105.
Le Jugement de Pâris. Franc. Francia 4.
Cyparissus. B. Montagna 53.
Les Parques. Giac. Francia 19.
Troilus. Anonyme 28ᵇ.
Thésée. Anonyme 29.

Histoire profane.

Jason et Medée. Anonyme 82. B. Baldini 83.
Pâris et Oenone. Maître de 1518, 46.
Cléopâtre. Maître de 1515, 37.
Apelles. Nic. da Modena 104.
Virgile l'enchanteur. Anonyme 42.
Fra Marco di Monte S. M. in Gallo. Anonyme 72.
Un roi offrant à un évêque une épine de la couronne du Christ. Anonyme 68.
Martyre de l'enfant Simon de Trente. Anonyme 43.
Cinq héros de Roman, debout. Peregrini 69 — 73.
Un conquérant reçoit les clés d'une ville. Anonyme 33.
L'Orateur. Anonyme 37.
Le même. Anonyme 38.

Sujets allégoriques.

La Justice. J. J. Campagnola 3.
La Victoire. Maître de l'an 1515, 38.
Rome ou la Victoire. Anonyme 33.
Combat de la Civilisation contre la Barbarie. B. Baldini 111.
Allégorie sur la vie et la mort éternelle. Anonyme 71.
Le Jugement de Midas. Mocetto 11.
Les Triomphes du Pétrarque. Bartsch XIII. 116, 12—17. Anonyme 73—78.
Les Planètes. B. Baldini 61—67.
La Nef de Fortune. Anonyme 44.
Spes publica etc. Nic. da Modena 100.
Allégorie sur la Victoire. Nic. da Modena 101.

Deux femmes assises dont une avec une Victoire. Anonyme No. 34.

La fontaine d'Amour et les combattants. Anonyme 45.

Jeune homme au milieu d'un paysage. Altobello 25.

Mars et Octobre. Anonyme 84, 85.

Figure de femme avec une disque. Giac. Francia 14.

La femme à la licorne. B. Baldini 79.

Homme et femme tenant une Sphère. B. Baldini 84.

Une femme arrache le coeur à un homme enchaîné. B. Baldini 86.

Ecusson à l'Esperance tenu par deux guerriers. B. Baldini 91.

Le jeune homme couronné. B. Baldini 91.

La femme assise sur un dragon. Anonyme 97.

La femme assise sur un canon. Anonyme 83.

Allégorie sur le Pape et l'Empereur. Bartsch XIII. 110, 8. Anonyme 106.

Pronostico dell' anno 1510. Anonyme 107.

Rota di Pio IV. Anonyme 108.

Monstres à têtes d'âne. G. A. da Brescia 52.

Enfant avec une tête de mort. Anonyme 35.

Sujets fantastiques et de Genre.

Sacrifice d'un taureau. Anonyme 40.

Sacrifice d'un pourceau. Nicoletto 15.

Bain de femmes. Anonyme 99.

Femme couchée. B. Baldini 68.

Un jeune homme et une jeune fille auprès d'un disque. B. Baldini 69.

Le joueur de guitare, demi-figure. B. Baldini 70.

Cavalier et dame dansants. B. Baldini 74.

Le Jardin d'Amour. B. Baldini 76.

La promenade. B. Baldini 82.

Un jeune homme et une dame tenant une couronne de lauriers. B. Baldini 85.

Deux femmes assises, tenant des cornes d'Abondance. B. Baldini No. 90.

Un jeune homme contemplant une tête de mort. Jules Campagnola 12.

Le jeune homme mort et son amante. Anonyme 96.

La jeune mère. Anonyme 98.

La femme appuyée contre un arbre. Giov. Ant. da Brescia 49.

L'homme assis avec un bâton. G. Ant. da Brescia 50.

Deux jeunes Seigneurs italiens. Anonyme 102.

Guerino detto il Meschino. Anonyme 115.

Un général Espagnol. Anonyme 109.

Une bataille. Mocetto 8.

Le combat pour la bannière. Giov. Ant. da Brescia 46.

Un général à cheval et des suppliants. Anonyme 41.

Un Cavalier. Maître de 1515, 40.

Un homme embrassant une femme. Zoan Andrea 44.

Une chasse au lion. G. Ant. da Brescia 47.

Une chasse à l'ours. Anonyme 104.

Le marchand de lait. Anonyme 51.

Deux mendiants. Mantègne 24.

Un mendiant aveugle. Cartes de Tarots 30.

Le marchand et les singes. Anonyme 105.

Le gagne-petit. Anonyme 36.

Trois Académies. G. Ant. da Brescia 48.

Vendange d'enfants. Anonyme 32. B. Baldini 121.

Un enfant avec trois chats. J. Campagnola 13.

Trois enfants et un chien. Gravure sur bois. Domenico Campagnola 10.

Un ours attaqué par quatre chiens. B. Baldini 75.

Têtes de chevaux. A. del Verrochio 3. Leonardo da Vinci 9.

Statue équestre. L. da Vinci 3.

Bêtes fauves et chiens. Anonyme 46.

Animaux d'après A. Durer. Jules Campagnola 14.

Le chevreuil debout.   Jules Campagnola No. 16.

Le chevreuil couché.   Jules Campagnola 17.

Un lièvre couché.   Anonyme 47.

Portraits, bustes et têtes.

Alexander Pius.   Anonyme 47*.

Julia Pia.   Anonyme 48.

Charles Quint.   Zoan Andrea 46.

Gonsalve de Cordoue.   Anonyme 109.

Deux têtes avec casques.   Anonyme 51.

Un vieillard.   Anonyme 49.

Tête d'homme sans barbe.   A. del Verrochio 2.   Anonyme 50.

Tête virile.   Leonardo da Vinci 2.

Buste de jeune homme.   B. Baldini 112.

Bustes d'homme et de femme dans un médaillon.   Baccio Baldini 73.

Tête de femme, grandeur presque nature.   A. del Verrochio 1.

Tête de femme grandeur naturelle.   F. Francia 15.

Tête de femme.   Zoan Andrea 45.

Mascarons en caricature.   B. Baldini 77.

Sujets inanimés et nature morte.

Trois vaisseaux.   Anonyme No. 111.

Deux vaisseaux et la Mort.   Anonyme 112.

Deux vaisseaux sans figures.   Anon. 113.

Un vaisseau.   Anonyme 67, 110.

Parties de colonne.   Maître de l'an 1515, 44—45. Giov. Ant. da Brescia 60—62.

Trophées.   Maître de l'an 1515, 41—42.

Un calice.   Mantègne 26.

Gaînes de poignards.   Anonyme 61—64.

Bordure d'Assiette.   Anonyme 65, 66.

Ornements et Arabesques.   B. Baldini 113. Anonymes 52—60. Zoan Andrea 55—59. Nicoletto da Modena 107, 109, 112, 115, 116. Maître de l'an 1515, 43. G. Ant. da Brescia 54, 55, 58.

Ornement triangulaire.   G. Ant. da Brescia 59.

Un Paysage.   Dom. Campagnola 24.

Un calendrier.   B. Baldini 60.

Cartes de Tarots.   Originales.   Copies de 1485. Copies par Hans Ladenspelder. Copie de l'an 1070 depuis la fondation de Venise. Mendiant aveugle, gravure sur bois. Anonyme 30. Cartes de Tarots gravés sur bois du XVI. Siècle. Cartes de Trappola.

TABLE ALPHABÉTIQUE

DES MAÎTRES MENTIONNÉS DANS CE CINQUIÈME VOLUME.

TABLE DES MONOGRAMMES

QUI SE TROUVENT DANS CE CINQUIÈME VOLUME.

 184.

 Giovanni

Battista del Porto. 149.

I · F · Jacopo Francia. 222.

· I · I ·
· CA ·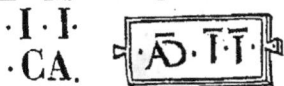

J. J. Campagnola. (?) 160.

Φ𝔄𝔅 , 10 · ΛΝ · B̂X,

𝔗ᵥ𝔄ᵧB𝕏ᵥ , 10 · AN BX̄V9

Giovan Antonio da Brescia. 103.

Ⓜ, Ⓜ ℞ M, N R,

Ⓡ NICOLET DE MVTINA ,

NI RO. Nicoletto da Modena. 92.

M A 1524. M𝔗ᵠ𝔄

229.

NA DAT, et TN, Le maitre à la
ratière. 173.

𝔓, ℰ, ℰ, ⌐O⌐P⌐D⌐C⌐,

DE. OPVS. PEREGRINI. CE⌐. Peregrini (da Cesena?). 205.

𝔓 1511. 220.

𝔓 222.

ᴄɪ ᴄɪ , 𝔓𝔓 Martino da Udine.
140.

∧𝔓∧ 152.

T ¶ 228.

ℤ·A: ꝫ>A> ·ꝫ·A.D.

I. A, 𝔦𝔞, ꝫa · Zoan. Andrea
Vavassori. 79.

228.

Leipsic, Imprimerie de J. B. Hirschfeld.

www.ingramcontent.com/pod-product-compliance
Lightning Source LLC
Chambersburg PA
CBHW070809270326
41927CB00010B/2360